W0368997

Mosaik bei
GOLDMANN

Buch

Benimm ist in! O.K., das hat sich mittlerweile herumgesprochen, und alle haben artig gelernt, wie man sich im Büro, im Theater und bei den Schwiegereltern benehmen soll. Aber wie zieht man sich elegant aus der Affäre, wenn man splitterfasernackt in einem fremden Bett aufwacht und sich beim besten Willen nicht erinnern kann, zu wem der verstrubbelte Kopf neben einem gehört? Das romantische menschliche Miteinander hält viele, außerordentlich peinliche Fettnäpfchen bereit, die nach der Lektüre dieses Buches – Em & Lo sei Dank – nun großräumig umschifft werden können.

Autorinnen

Em & Lo, wie sich Emma Taylor und Lorelei Sharkey nennen, sind durch die freche Internet-Seite zum Thema Sex (www.nerve.com) zu Amerikas beliebtesten Dating-Expertinnen geworden. Nach »Die Position des Tages« und »Sex for Winners« helfen sie ihren Lesern nun in puncto Sex-Etikette auf die Sprünge. Die beiden Freundinnen leben in New York.

Von Emma Taylor und Lorelei Sharkey
außerdem bei Goldmann
Die Position des Tages (16633)
Sex for Winners (16674)

Emma Taylor
Lorelei Sharkey

Der Knigge fürs Bett

Wie Sie eine gute Figur machen
vom ersten Flirt
bis zum Frühstück danach

Aus dem Amerikanischen
von Beate Gorman

Mosaik bei
GOLDMANN

FSC
Mix
Produktgruppe aus vorbildlich
bewirtschafteten Wäldern und
anderen kontrollierten Herkünften

Zert.-Nr. SGS-COC-1940
www.fsc.org
© 1996 Forest Stewardship Council

Verlagsgruppe Random House FSC-DEU-0100
Das FSC-zertifizierte Papier *Munken Print* für Taschenbücher aus dem Goldmann Verlag liefert Arctic Paper Munkedals AB, Schweden.

1.Auflage
Deutsche Erstausgabe September 2005

Originaltitel: Nerve's Guide to Sex Etiquette
for Ladies and Gentlemen
Originalverlag: Plume Books,
a member of the Penguin Group (USA), Inc.
Umschlaggestaltung: Design Team München
Umschlagfoto: Zefa/Fotostudio FM
Redaktion: Karen Nike Müller
Satz: Barbara Rabus
Druck und Bindung: GGP Media GmbH, Pößneck
WR · Herstellung: Han
Printed in Germany
ISBN 3 442 16725 6

www.goldmann-verlag.de

Inhalt

Liebe Leserin, lieber Leser,

in der Zivilisationgeschichte wurde der Etikette nachgesagt, dass sie recht fade sei. Doch Etikette ist nur ein feines Wort für Rücksichtnahme den Mitmenschen gegenüber – sei es, nicht mit vollem Mund zu sprechen oder zu duschen, bevor man den Partner um Analsex mit der Zunge bittet.

Zum Teil ist es Ansichtssache: Was für den einen gutes Benehmen ist, wird dem anderen wie penibles Festhalten an Regeln um der Regel willen vorkommen. Wir alle beurteilen den Charakter auf unterschiedliche Art und Weise (normalerweise so, wie es uns die Eltern eingetrichtert haben), auch wenn wir das nur ungern zugeben. Überkommt Sie das Schaudern, wenn Sie eine E-Mail mit schlechter Grammatik und Rechtschreibfehlern erhalten? Bestehen Sie darauf, in einem vollen Fahrstuhl Richtung Tür zu schauen? Wischen Sie immer die Klobrille ab, wenn beim Pinkeln etwas daneben geht? Bieten Sie immer oralen Sex an, bevor Sie selbst darum bitten?

Die einzigen Ansichten, die hier eine Rolle spielen, sind natürlich unsere eigenen, und daher lautet die *richtige* Antwort auf alle oben erwähnten Fragen *ja, ja, ja* und nochmals *ja*! Auf Höflichkeit zu bestehen ist besonders dann angebracht, wenn man an ihren Ursprung denkt: Gutes Benehmen ist Teil des Gesellschaftsvertrags, den wir alle freiwillig abschließen, um ein harmonisches Miteinander zu schaffen. Und wo wäre ein wenig Harmonie angebrachter als im Boudoir?

Es stimmt – zum Teil ist Etikette ziemlich spießig, wie beispielsweise die Regel, bei einer offiziellen Dinnerparty nie stark gewürzte indische oder spanische Gerichte zu servieren. Einige Regeln sind altmodisch – etwa, dass der Herr seinen Mantel über eine Pfütze legt (im Grunde ist diese Vorstellung einfach nur lächerlich). Andere Regeln wiederum beinhalten verkappten Sexismus, wie etwa die Vorstellung, dass allein der Mann für den Kauf der Kondome verantwortlich ist. Des Weiteren würden wir unsere Pflichten vernachlässigen, wenn wir nicht zugeben würden, dass auch ein gewisses Neandertaler-Verhalten ein willkommener Gast im Schlafzimmer ist. Die Ausnahme bestätigt die Regel, und bisweilen ist es durchaus akzeptabel und angemessen, offizielle Regeln außer Acht zu lassen. Denn wenn der Herr immer ein Herr wäre und die Dame ganz und gar Dame, hätte nie jemand oralen Sex. Aber es gibt einige grundlegende Regeln, die nie altmodisch werden. Das Wohlergehen anderer ist immer wichtiger als das eigene (es sei denn, sie gehen mit einem Masochisten aus).

Die übrigen Regeln entwickeln sich ständig weiter und spiegeln Lebensweisen der verschiedenen Generationen wider. Wir sind hocherfreut, unsere Position in der langen Tradition von Nestorinnen der Etikette einzunehmen, um ältere, geltende Regeln zu bestätigen und neue, frechere Vorschläge zu den Grundsätzen für unsere modernere, heißere Zeit hinzuzufügen. Natürlich erwarten wir, dass wir einen hochroten Kopf bekommen, wenn wir Handbücher mit sexuellen Benimmregeln lesen, die in 50 Jahren veröffentlicht werden. Aber vielleicht gibt es dann ein nennenswertes Genre für sexuelle Benimmregeln. Es ist unser unbescheidenes Ziel, die Welt lebenswerter zu machen – Sexualakt für Sexualakt.

Mit größtem Vergnügen stellen wir hiermit den *Knigge fürs Bett* vor. Wenn Sie zumindest teilweise die darin enthaltenen Richtlinien befolgen, sollten Sie mit dem vulgärsten, unzivilisiertesten Sex Ihres Lebens belohnt werden.

Mit den besten Wünschen *Em & Lo*

Flirten

Dating – gibt es das überhaupt noch? Allein die Vorstellung scheint so altmodisch wie ein Filzhut. In unserer modernen Zeit hängen besonders junge Leute einfach nur miteinander ab. Doch egal, ob es sich bei dieser gemeinsam verbrachten Zeit um einen schnellen Drink in einer Kneipe oder um ein Fünf-Gänge-Menü in einem feinen Restaurant mit anschließendem Besuch einer Vernissage handelt: Die Damen und Herren wissen, dass es eine Unterhaltung für den Freitagabend mit einem fast Fremden ist, mit dem man möglicherweise den Rest des Lebens verbringen wird – oder zumindest die restliche Nacht. In der Kleinstadt oder in der City, traditionell oder unorthodox, Jung oder Alt, herkömmlich oder extravagant – das Dating-Spiel, Schmeicheln, Umwerben, den Hof machen, egal, wie Sie es bezeichnen wollen, liebe Leser, sollte Klasse haben.

Die Kunst des Flirtens

Als der Beginn des Flirtens damit signalisiert wurde, dass die Dame ihr Taschentuch fallen ließ und der Herr es aufhob, war alles noch ganz einfach. Die Dinge sind seitdem sehr viel komplizierter geworden (obwohl wir uns heute zumindest alle darauf verständigen können, dass es vulgär ist, die Rotzfahne eines anderen zu berühren). Aber es gibt keinen Grund, warum »kompliziert« mit »erniedrigend«, »stumpfsinnig« oder irgendeinem anderen Adjektiv gleichgesetzt werden sollte, das dafür sorgt, dass der Betreffende sich nach den Annehmlichkeiten seines Landhauses sehnt. Die Frau von heute wartet nicht darauf, angesprochen zu werden; vielmehr ist sie eine proaktive Verführerin, die selbst einen erniedrigenden und/oder stumpfsinnigen Prozess mitträgt.

Vor allem sollte man sich vor Augen führen, dass jede Dame und jeder Herr begehrt werden möchten. Selbst wenn Sie zufällig einem Menschen Ihre Aufmerksamkeit schenken, der verlobt ist oder für das andere Team spielt, oder jemandem, der eigentlich lieber Bridge spielen würde, wird es dem Betreffenden schwer fallen, sich nicht geschmeichelt zu fühlen, wenn Sie mit gutem Benehmen und Ehrlichkeit auf ihn zugehen, ohne in seine Privatsphäre einzudringen. Damen oder Herren empfinden Ablehnung nicht als Unzulänglichkeit und sind stets bestrebt, dies nicht (zu) persönlich zu nehmen. Vielmehr akzeptieren sie die Interaktion gern, da die Betreffenden wissen, dass auf diese Weise ein gutes sexuelles Karma verbreitet wird. Wir versichern Ihnen, verehrte Leser, dass Sie es auf Ihrem Sterbebett nicht bedauern werden, wenn Sie Sidney aus der Rechnungsabteilung zu einem Rendezvous eingeladen haben. Wenn Sie also auf der Suche nach einem Liebespartner sind, sollten Sie Ihre schönste Unterwäsche anziehen, sich mit einem großen Vorrat an interessantem Smalltalk bewaffnen und furchtlos aufbrechen.

Es ist ein Zeichen schlechter Erziehung, kleine Männer automatisch nicht zu berücksichtigen. Und nette Männer. Und mollige Damen. Und Rechtsanwälte.

Kontakt aufnehmen

Wenn ledige Herren und Damen die Kunst der Kontaktaufnahme diskutieren, wird der einleitende Satz als solcher meist überbewertet – als ob ein perfekt formulierter Satz das Herz des oder der Auserwählten im Sturm erobern und ihn oder sie in ein warmes Bett befördern könnte. Kein Wunder also, dass vielen allein bei dem Gedanken, einen solchen Satz formulieren zu müssen, der kalte Schweiß ausbricht – wie sollen 15 einzelne Wörter solch bahnbrechende Arbeit leisten? Die Vernunft gebietet, dass man den Eröffnungssatz auch als solchen betrachten sollte: ein Eisbrecher, als Initiator für ein Gespräch, als Einführung und kurzen Gruß. Grundsätzlich können wir offiziell nur folgenden Satz gutheißen: »Hallo, ich heiße [hier setzen Sie Ihren Namen ein].«

Doch im richtigen Leben (speziell auf Hochzeiten) könnte eine altmodische Bemerkung wie: »Haben Sie Lust zu tanzen?« funktionieren. Obwohl wir uns keinesfalls nostalgisch an das groteske Mantel-auf-die-Pfütze-legen-Manöver erinnern, gibt es Kniffe aus vergangener Zeit, die bei der modernen Anmache eingesetzt werden können. Wenn Sie in einer Stadt leben, in der in Bars geraucht werden darf, sollten Sie ein Feuerzeug bei sich haben, um gegebenenfalls mit einer schwungvollen Bewegung Feuer zu geben. Reichen Sie während eines Konzerts oder in der Bibliothek einen gefalteten Zettel weiter – er könnte sogar einen Fragebogen mit den entsprechenden Kästchen zum Ankreuzen wie in der Grundschule enthalten. Wenn Sie sich besonders mutig oder lustig vorkommen und die fragliche Person auf die witzigen Bemerkungen anzusprechen scheint, sollten Sie sich von all den siebenjährigen Jungen auf dem Schulhof inspirieren lassen, die Mädchen, die ihnen gefallen, boxen. (Eine Anmerkung für Trottel: Boxen Sie die Dame oder den Herrn nicht *wirklich.*) Machen Sie sich über die Bestellung an der Bar, den Tanzstil, den Billardstoß, die Wahl an der Jukebox, die Visitenkarte oder den komisch geformten Hut des oder der Betreffenden ein wenig lustig. Sie könnten auch Gastgeber eines Tanztees im Stil der sechziger Jahre spielen, um in Ihrem Freundeskreis das Retro-Verhalten wieder zu beleben, angefangen bei den Verabredungen bis hin zum Überreichen eines Blumenstraußes und Vereinbarungen auf dem Rücksitz einer weißen Limousine.

Bisweilen bietet sich die Möglichkeit für den Einsatz situationsspezifischer Eisbrecher, die zu natürlicheren Übergängen bei ernsthaftem Flirten führen könnten. Der kultivierte Verführer könnte in diesen Szenarien folgende Gesprächseröffnungen ausprobieren:

- An der Jukebox: »Haben die hier Dolly Parton/Rick Astley/Whitesnake [hier den Künstler einsetzen, der am jeweiligen Standort völlig ungehörig scheint]?«
- Im Waschsalon: »Haben Sie Wechselgeld für einen Euro?«

- Am Buffet: »Darf ich Ihnen etwas Wackelpudding auf den Teller tun?«
- In der Bücherei: »Schsch!« [Setzen Sie dabei ein freches Grinsen auf, während er oder sie vorbeigeht.]
- In einer langen Schlange: »Sieht man, dass ich gerade meine Kegel-Übungen mache?«
- Am Billardtisch: »Guter Stoß!«/«Hier werden Doppel gespielt – haben Sie Lust, mein Partner zu sein?«
- Auf der Straße: »Entschuldigung, bitte, ich glaube, Sie haben das hier fallenlassen …«
- Im Gang im Supermarkt: »Sie sollten mal dieses Müsli ausprobieren – es hat mein Leben verändert. Wirklich.« [Mit etwas Glück errät der andere, was Sie eigentlich sagen wollen: »Die Ballaststoffe machen mir Appetit auf analen Sex! Wirklich.«]
- Im Fitnessstudio: »Wissen Sie, wie dieses Gerät funktioniert?«
- Am Wasserspender im Büro: »Hallo, ich heiße [Ihr Name], ich glaube, man hat uns einander noch nicht vorgestellt. Wie lange arbeiten Sie schon hier?«
- Bei einer Demonstration: »Lust darauf, high zu werden?«

Eine traditionelle oder gewagte Anmache mit bissiger Ironie zu würzen können wir guten Glaubens nur Fortgeschrittenen empfehlen. Das hat sich im Film öfter als erfolgreich erwiesen als im wirklichen Leben. Doch die richtige Dame oder der rich-

Das Händeschütteln

Kein Element der Begrüßung ist stärker unsäglichen Ungezogenheiten unterworfen als das Händeschütteln. Also aufgepasst bei dieser äußerst wichtigen Lektion: Vermeiden Sie extremes Zupacken – Ihre Hand ist kein Schraubstock, sollte aber auch nicht mit einer nassen Nudel verwechselt werden. Vielmehr sollte sich Ihr Händedruck fest, aber angenehm anfühlen, ähnlich wie der Riemen des Blutdruckmessgeräts nach einmaligem – wohlgemerkt *einmaligem* – Zusammendrücken der Pumpvorrichtung. Schauen Sie Ihrem Gegenüber für die Dauer des Händedrucks in die Augen. Dreimaliges Schütteln genügt. Diese Regeln gelten unabhängig vom Geschlecht des Schüttelnden. Frauen und Männer sind gleichberechtigte Partner, was Arbeit, Freizeit und Rammeln betrifft, und der richtige Händedruck sollte dies widerspiegeln. Und, verehrte Herren: Die einzige Hand, bei der Sie nur die Finger und nicht die ganze Handfläche berühren, ist die Hand Ihrer Großmutter.

tige Herr kann in der richtigen Situation mit dem richtigen schelmischen Augenzwinkern im richtigen Licht während der richtigen Mondphase bisweilen eine abgedroschene und prosaische Kontaktaufnahme *im Scherz* aussprechen ... obwohl wir natürlich alle wissen, dass die Wahrheit immer im Scherz gesagt wird. Damen oder Herren könnten im Vorbeigehen bemerken: »War Ihr Vater ein Dieb? Er muss die Sterne gestohlen und in Ihre Augen gestreut haben«, oder »Schöne Schuhe. Lust auf einen Fick?«, solange es für alle Umstehenden, die mithören können, ersichtlich ist, dass es in ironischer Absicht gesagt wird (und der Betreffende keine schwere Goldkette oder einen Schutzhelm trägt). Alternativ können Damen oder Herren versuchen, eine Person, die häufig angesprochen wird (beispielsweise eine Barfrau oder einen Barmann), mit Zeilen wie: »Sie werden wahrscheinlich die ganze Zeit angequatscht«, oder: »Darf ich Sie anquatschen?« anzumachen. Dieser unerwartete Auftakt zur Verführungsszene könnte die Phantasie des Betreffenden anregen. Oder er könnte mit einer Ohrfeige reagieren. Verehrte Leser, wir haben gewarnt.

Drinks ausgeben

Eine Dame oder einen Herrn auf einen Drink einzuladen ist ein altbewährtes Mittel. Wir müssen jedoch darauf hinweisen, dass dies in manchen ironiefreien Zonen eher als geschmacklos denn als kitschig interpretiert wird, vor allen Dingen von Damen, denen häufig ein Cocktail wie Sex on the Beach ausgegeben wird. Daher können wir dieses Manöver in gutem Glauben nur Damen empfehlen, die einem Herrn einen Drink ausgeben möchten. Wenn Sie diesen Rat ignorieren, halten Sie sich bitte an die folgenden unumstößlichen Regeln: Der wohlerzogene und freundliche Spender gibt immer eine ganze Runde aus, wenn die Angebetete mit Freunden zusammen ist. Wenn Getränke für die ganze Gruppe an den Tisch gebracht werden, wäre es unhöflich, sie nicht anzunehmen (dies würde auch dem gesunden Menschenverstand widersprechen). Wenn man jedoch allein ist und sich lieber die Nasenhaare mit einer Pinzette herauszupfen würde, als sich fünf Minuten lang mit dem Käufer zu unterhalten, lehnt man den Cocktail höflich ab. Eine Dame oder ein Herr darf zudem *nie* davon ausgehen, dass der Kauf eines Getränks bedeutet, der andere schulde ihm etwas (Zeit, Unterhaltung, eine Telefonnummer). Es ist jedoch taktlos, ein *zweites* Getränk als Geschenk anzunehmen und dann die Teilnahme an einem Gespräch zu verweigern. Nach einem dritten kostenlosen Getränk sind Damen und Herren ohne romantisches Interesse am Käufer verpflichtet, ihre platonischen Absichten zu offenbaren.

Sich die Lippen zu lecken oder mit der Zunge über die Zähne zu fahren gilt bei Menschen mit gutem Geschmack nicht als wirkungsvolle Verführungsmethode.

Das Gespräch aufrechterhalten

Oh, Glückseligkeit! Ihr Einleitungssatz (oder vielleicht auch nur Ihre großzügige Brieftasche an der Bar) hat ein Lachen, ein Lächeln hervorgezaubert, ein »Es freut mich, Ihre Bekanntschaft zu machen.« Herzlichen Glückwunsch, jetzt müssen Sie Persönlichkeit demonstrieren! Entspannen Sie sich, verehrte Damen und Herren, atmen Sie tief durch und geraten Sie nicht in Panik. An dieser Stelle wird von Experten der so genannte »Smalltalk« erwartet – und nur Plebejer tun dieses Geplauder als kindisch oder kleinkariert ab. Tatsächlich ist es nur mit Hilfe jener Menschen möglich, die Freundlichkeiten flüssig austauschen können, dass unsere Gesellschaft funktioniert. Es ist ungehörig, sich für etwas Besseres zu halten – wenn Ihr Gehirn so voll beansprucht ist und Sie es wirklich ermüdend finden, diesen kleinen Höflichkeiten Ihre Aufmerksamkeit zu schenken, möchten wir Ihnen dringend raten, zu Hause zu bleiben. Damen und Herren stellen höfliche Fragen, tauschen witzige Bemerkungen aus, machen Komplimente, wobei sie Anzüglichkeiten und kontroverse Themen meiden. Es ist unbedingt erforderlich, Selbstbewusstsein zu zeigen (egal, ob dies die tatsächlichen Gefühle widerspiegelt oder nicht), ohne sich anmaßend aufzuführen: Wohlerzogene Damen und Herren fühlen sich irgendwo in der Mitte zwischen prahlerischer Aggression und stotternder Fügsamkeit wohl. Sagen Sie nicht stammelnd: »Ich störe Sie doch nicht, oder? Wollen Sie wieder zu Ihren Freunden gehen?« Aber drängen Sie den Betreffenden auch nicht drei Stunden lang in die Ecke, während Sie ihn mit Geschichten über Ihre athletischen/intellektuellen/komischen Fähigkeiten erbauen. Leute, die zu viel erzählen, sind überall unwillkommen – speziell beim Flirten.

Meine Herren, das Rezitieren von Zitaten aus Ihren Lieblingsfilmen stellt an einem unterhaltsamen Abend kein angemessenes Gesprächsthema dar.

Diplomatische Damen oder Herren vermeiden es, um eine Verabredung oder Telefonnummer zu bitten, bis dies absolut notwendig ist (d. h. einer von Ihnen begibt sich auf den Nachhauseweg). Haben Sie die Initiative ergriffen, ist es höflich, schneller zu sein und zuerst zu gehen. Wenn es so weit ist, sagen Sie nicht: »Wie kann ich Sie erreichen?« (zu anmaßend), oder: »Geben Sie mir Ihre Telefonnummer« (zu fordernd). Ein einfaches: »Es wäre nett, Sie wieder zu sehen. Darf ich Sie kontaktieren?« genügt. So kann die Person Ihrer Zuneigung entscheiden, ob sie Ihnen a) eine Telefonnummer, b) eine E-Mail-Adresse, c) die Telefonnummer der Person geben will, mit der der Ex-Partner zurzeit ausgeht, d) Sie stattdessen um *Ihre* Kontaktinformationen bittet oder e) Sie angewidert ansehen will, bevor sich der Betreffende zurückzieht. Egal, wie die Antwort ausfällt, sollten Sie Ihr Schicksal würdevoll akzeptieren und einen Schlussstrich ziehen. Im Fall von e) könnte es klug sein, sich auf die Toilette zurückzuziehen, vor allem dann, wenn Sie spüren, dass Tränen aufwallen, Ihr Gesicht rot wird oder ein Wutanfall kurz bevorsteht. Übrigens: Wenn die Dame oder der Herr eine E-Mail-Adresse nennt oder um *Ihre* Adressendaten bittet, sollte dies nicht unbedingt als Zurückweisung interpre-

Sehr kultivierte Vermittler behalten ihre Absichten für sich, arrangieren das »zufällige« Treffen der beiden unglaublich kompatiblen Bekannten und überlassen es dem Schicksal, für den Rest zu sorgen. Alles, was direkter wäre – zum Beispiel: »X und Y sollten sich treffen; X backt die besten Plätzchen, und Y ist wirklich gut gebaut« –, ist taktlos.

tiert werden – manche Menschen (besonders diejenigen, die häufig von Stalkern verfolgt werden) bevorzugen dies einfach.

Die zehn Gebote des Flirtens

Menschen, die sich so geben, wie sie sind, meistern die Kunst der Verführung am besten. Aufrichtige, ernsthafte Damen oder Herren werden von den meisten als Gesprächsteilnehmer willkommen geheißen, vorausgesetzt, der oder die Betreffende verfügt über Natürlichkeit, Witz oder Charme. Wenn die Annäherungsmethode charakterfremd ist, wird die ganze Begegnung (auch für den Auserkorenen) peinlich. Mit einer Lüge anzufangen kann später zu Problemen führen. Dennoch sollten bestimmte Dinge beim Flirten *nie* gesagt oder getan werden, egal, wie »natürlich« sie dem Betreffenden scheinen mögen:

1. Damen oder Herren unternehmen keine Annäherungsversuche beim Arzt (beim Zahnarzt ist dies unter Umständen akzeptabel), auf einer Beerdigung oder vor den Eltern des Objekts der Begierde. Damen oder Herren versuchen nie, einen Arzt, Zahnarzt, eine Zahnarzthelferin, einen Fitnesstrainer, Professor (zumindest nicht während einer Vorlesung), Chef, die Sekretärin oder die Mitarbeiterin im Kosmetikstudio beim Entfernen der Schambehaarung anzusprechen. Und Damen oder Herren versuchen nie, einen Patienten, Kunden oder Untergebenen anzumachen.
2. Der Herr wirft sich auf dem Tanzparkett nicht wortlos von hinten an eine Fremde heran (dasselbe gilt für Damen).

3. Wenn sich der erste Satz zu einem Gespräch auswächst, raten wir ernsthaft, die Unterhaltung nicht auf das Wetter und die heiße Luft im Raum zu beschränken – dies zeugt von einer bedauernswerten Ideenarmut. Außerdem ist es taktlos, folgende Themen zu diskutieren: Astrologie, Studienabschlüsse, Ex-Partner, die Gesetzgebung zum Thema Fortpflanzung, Untreue oder Kinder. Harmlose Themen sind etwa die Bar, in der Sie sich befinden, ob sie oder er in der näheren Umgebung wohnt, was sie oder er beruflich tut, irgendein albernes Gesetz, das Ihr Bürgermeister kürzlich erlassen hat, ihre oder seine Fähigkeiten beim Dart-Spiel oder Vokuhila-Webseiten (vorne kurz, hinten lang, z. B. www.fiese-scheitel.de).

4. Damen oder Herren bitten nie um Kontaktinformationen, nur um möglichst viele zu sammeln; die Anmache ist kein Zahlenspiel. Es ist jedoch durchaus akzeptabel, sein Selbstbewusstsein zu stärken, indem man überall mit Fremden spricht, auch wenn man kein Interesse hat, sie ins Bett zu entführen. Vorausgesetzt, man lässt die Betreffenden über die eigenen Absichten nicht im Unklaren. Das Flirten ist immer anfällig für Falschinterpretationen. In der Tat sind die echten Flirts der Damen und Herren irgendwo in der Mitte zwischen leichtsinniger Hemmungslosigkeit und zwanghafter Zurückhaltung angesiedelt.

5. Einst galt es als taktlos, wenn eine Dame sich den Aufmerksamkeiten eines Herrn widersetzte und am selben Abend die eines anderen Herrn akzeptierte oder – schlimmer noch –

die Aufmerksamkeiten von zwei Männern am selben Abend akzeptierte. Menschen, die auf der Suche nach einer romantischen Verbindung sind, haben heute Verständnis dafür, dass ledige Damen und Herren Aufmerksamkeiten nach eigenem Gutdünken erwidern – egal, ob es sich dabei um Drinks handelt, die ausgegeben werden, um Telefonnummern, die man tauscht, oder vage Versprechungen, die angedeutet werden. Nach dem Austausch von Speichel gilt es jedoch als höflich, die Aufmerksamkeit etwas mehr auf *ein* Objekt der Begierde zu konzentrieren.

6. Damen oder Herren lügen niemals während einer Anmache (was den Beruf, die Position, Absichten usw. betrifft). Der Zweck (eine Telefonnummer zu erhalten) heiligt nicht die Mittel (den anderen zu täuschen).

7. Damen oder Herren machen dem Gegenüber nie Komplimente über ein Körperteil. *Ernsthafte* Komplimente werden gewürdigt, wenn sie sich auf etwas Spezifischeres und Unerwartetes konzentrieren, wie beispielsweise ein Kleidungsstück, eine gewisse Technik mit dem Queue, die Wahl eines bestimmten Artikels im Lebensmittelgeschäft usw.

8. Damen oder Herren starren während eines Gesprächs nie auf den Busen oder die Genitalien des Gegenübers, selbst wenn der waghalsige Ausschnitt der Betreffenden oder die sichtbare Hosenlinie eine lähmende Wirkung auf den Denkprozess ausübt. Allen Bürgern – seien sie noch so geschmacklos oder leichtsinnig gekleidet – gebührt größter Respekt. *Augenkontakt* ist das schönste Kompliment.

9. Ein Herr nimmt niemals an, dass eine Dame, die in der U-Bahn die Beine übereinander schlägt und dabei zufällig ihren Slip offenbart oder die sich an der Theke nach vorne beugt, wobei ein BH-Träger oder etwas mehr Dekolleté sichtbar wird, besagten Herrn ködern will. Es ist die Höhe der Vulgarität, auf dieses Kleidungsstück zu starren, als hätten Sie den Verdacht, dass man es Ihnen gestohlen hat oder dass die Betreffende etwas trägt, das nicht ihr gehört. Die Mehrzahl der Frauen ist sich einer vorübergehenden Sharon-Stone-Imitation in der überfüllten U-Bahn vor einem hektischen Arbeitstag oder in einer überfüllten Bar nach einem hektischen Arbeitstag nicht bewusst. Eine echte Dame reagiert verärgert auf fremde Männer, die unter ihren Rock oder in ihre Bluse schauen. Und wir haben den Verdacht, dass ordinäre Kerle nur deshalb an hypnotischen weißen Dreiecken Interesse haben, weil sie so viel Zeit damit verbringen, den Schritt und die Brust von Frauen zu beäugen.

10. Damen oder Herren sollten den persönlichen Raum eines anderen nicht durch zu häufiges Berühren des Ellbogens, Knies oder Rückens mit der Hand oder durch zufällige Berührungen beim Flüstern usw. verletzen, es sei denn, sie verfügen über schlüssige Beweise, dass dies dem anderen willkommen ist. Alle Damen und Herren haben eine Schwelle, was diese Berührungen betrifft: Was der eine als lüsternes Verhalten betrachtet, ist für den anderen lediglich eine Freundlichkeit. Im Zweifelsfall sind Damen oder Herren immer übervorsichtig.

Sollten Sie die oben aufgeführten zehn Gebote nicht befolgen, dürften Sie umgehende Bestrafung in Form einer Ohrfeige, eines Knies in der Leistengegend oder eines Lebens in Einsamkeit und Onanie erwarten und akzeptieren. Sollten Sie sich andererseits in der Gegenwart eines solchen Sünders wiederfinden, ist es als Dame oder Herr unter Ihrer Würde, die Ignoranz des Betreffenden mit einer Schimpftirade oder körperlicher Gewalt zu würdigen, egal, ob er dies verdient hat oder nicht. Stattdessen lässt man ihn einfach stehen und erlaubt es dem Karma, die Esel dieser Welt zu bestrafen. In Extremsituationen ist allenfalls eine rücksichtsvolle Beschimpfung angebracht (»Mein guter Herr, ich glaube, ich muss Farbe beim Trocknen beobachten – bitte entschuldigen Sie mich«); damit wird ihm nicht die Lektion in Etikette erteilt, die er nötig hätte, aber es verhindert wahrscheinlich, dass Ihnen vor Wut der Kragen platzt.

Störungen beim Flirten

Damen oder Herren provozieren nie; zu Untreue darf weder ermutigt noch darf sie belohnt werden. Um die Verheirateten unter uns zu erkennen, denke man an diese einfache Tatsache: Ringfinger, neben dem kleinen Finger, an der *rechten* Hand. Wenn Sie sich in einer Hotelbar in der Nähe von Teilnehmern einer Vertreterkonferenz aufhalten, sollten Sie auf einen Bereich leicht eingekerbter, ungebräunter Haut an besagtem Finger bei demjenigen achten, der Ihr Interesse erweckt hat. Und hier etwas für die Spießer unter Ihnen, die den Ehering für einen Zug durch die Kneipen abnehmen: Schämen Sie sich. Dre-

Eine Verabredung mit dem Verwandten eines Freundes

Niemand sollte leichtherzig dem Mitglied der Familie eines Freundes nachstellen (für lange verloren geglaubte Cousins dritter Ordnung gilt dies jedoch nicht). Bisweilen schlägt Amor jedoch ohne unsere Zustimmung zu, und ohne dass wir uns dessen bewusst sind; plötzlich ist der Bruder der besten Freundin, den wir schon in der Grundschule geneckt haben, erwachsen und ein heißer Typ. Eine derartige Erotisierung lässt, wenn sie einmal entfacht ist, wenig Raum für Vernunft oder Gewissen. Im Fall eines sehr engen Freundes oder sehr engen Verwandten ist es ratsam, einen bis zwei Monate abzuwarten, um zu sehen, ob die Verliebtheit anhält. Ist das der Fall, müssen Sie Ihrem Freund Ihre Absichten beichten – bitten Sie nicht um seine Erlaubnis, wenn Sie nicht gewillt sind, ein »Nein« als Antwort zu akzeptieren – und machen Sie dann dem Objekt Ihrer Begierde den Hof. Und hier, verehrte Damen und Herren, lernen wir, wie wichtig es ist, *immer* gutes Benehmen an den Tag zu legen und Etikette zum wesentlichen Bestandteil des Charakters zu machen, statt nur für das schönere Geschlecht (egal, welches Geschlecht Sie für das schönere halten) von ihr Gebrauch zu machen. Ihr bester Freund ist mit Ihrem *wahren* Charakter vertraut, mit all Ihren Schwächen und vielleicht sogar einigen Ihrer Fetische. Wenn Ihr wahres Ich flegelhaft und vulgär ist, müssen Sie möglicherweise eine Freundschaft für die wahre Liebe opfern; wenn Sie jedoch andererseits durch und durch ein echter Herr oder eine echte Dame sind, ist es sehr viel wahrscheinlicher, dass Sie in der Familie dieses Freundes willkommen geheißen werden.

hen Sie sich um, damit wir Ihnen gründlich den Hintern versohlen können. Zudem gibt es jede Menge Spießer, die es gerade heiß finden, verheirateten Personen nachzustellen. Auch für diese Spießer gilt: Schämen Sie sich. Die Ehe ist kein Experiment, das man auf die Probe stellt, um zu sehen, ob sie Ihrem Charme standhalten kann – als würde man eine Katze von einem Wolkenkratzer werfen, um festzustellen, ob die Gerüchte über die unheimlichen Landefähigkeiten von Katzen wirklich stimmen. Es ist gleichgültig, ob es Ihr Kätzchen ist oder nicht – es ist dennoch ein niedliches, kuscheliges kleines Tier, das freundlich behandelt werden sollte.

Bei fehlendem Ring gibt es leider keinen geheimen Handschlag oder komischen kleinen Tanz, der einer Dame oder einem Herrn zeigt, ob jemand zu haben ist oder nicht (und die Ampel-Partys, auf denen die verfügbaren Kandidaten Grün tragen und die vergebenen ein leuchtendes Rot, gibt es schon seit der Zeit nicht mehr, als Korsetts unmodern wurden). Aber spielt das überhaupt eine Rolle? Angenommen, es besteht die 50-prozentige Chance, dass dieses charmante junge Ding glücklich und unverheiratet mit jemandem zusammenlebt. Doch vielleicht besteht auch eine *hundertstel* Chance, dass die

Pheromone von Ihnen beiden zusammen anmutig über den Tanzboden schweben, was dazu führt, dass Sie albern lachen und bei einem Song, den Sie noch nie gehört haben, wie aus einem Mund »Ich liebe diese Band!« rufen und den restlichen Abend nur noch miteinander tanzen. Es ist nicht erforderlich, von Ihrem Flirtversuch abzulenken, indem Sie herauszufinden versuchen, ob die oder der Betreffende solo ist. Es ist ihre oder seine Aufgabe, Ihnen dies mitzuteilen, wobei wir davon ausgehen, dass a) sie oder er nicht zu den oben erwähnten Spießern gehört und b) die oder der Auserkorene nicht mit einem Marktforscher oder Spendensammler für Greenpeace verwechselt werden kann.

Weiterhin werden empfindsame Damen oder Herren verständlicherweise die Wahrscheinlichkeit senken wollen, zufällig jemanden um eine Verabredung zu bitten, der für das andere Team spielt. Leider gibt es für Heteros ohne Schwulen-Radar oder Schwule ohne Hetero-Alarm keinen Ringfinger für die sexuelle Ausrichtung. Checklisten für Schwule/Heteros gibt es nur in Sitcoms zur besten Sendezeit. Und nur ein vulgärer Mensch würde jemanden zur Mittagszeit mitten in einer Bar befragen: »Stellen Sie sich vor, Sie gewinnen fünf Millionen Dollar in einer Verlosung. An dem Tag, als man Ihnen den Scheck überreicht, landen Außerirdische auf der Erde und sagen, dass sie die Welt in zwei Tagen explodieren lassen. Sind Sie schwul?« Wie bei zweideutigen Singles sollte man auch bei zweideutigen Schwulen/Heteros wie bei jeder Anmache vorgehen; und falls Ihre eleganten Schachzüge zufälligerweise offensichtlicher sind als die sexuellen Vorlieben des oder der Betreffenden, wird man Ihnen sagen, dass Sie auf dem schwulen Holzweg sind. Denken Sie daran, dass eine Zurückweisung aufgrund der Tatsache, dass Sie Mitglied des anderen Teams sind, sehr viel angenehmer ist als eine Zurückweisung, weil Sie einfach nicht anziehend genug sind, obwohl Sie dem richtigen Team angehören.

Diejenigen, die das Gefühl haben, angemacht zu werden, aber bereits anderweitig gebunden sind, sollten sich irgendwo zwischen Überheblichkeit und der unredlichen Auslassung wichtiger Tatsachen bewegen. Leider gibt es keine Geheimformel, um zu entziffern, welcher speziellen Sorte des Flirtens sich jemand verschrieben hat, sodass es bei einem romantischen Verstoß das Beste ist, den Partner so zufällig und lässig zu erwähnen, als ob Sie über das Wetter reden. Wenn Sie in einer festen, monogamen Beziehung leben, aber die Freiheit eines unschuldigen Flirts »erlaubt« ist, dürfen Sie Ihrem Gegenüber keinesfalls den Eindruck vermitteln, dass Sie baldmöglichst für einen Nachmittag mit Hardcore-Sexpiraterie zur Verfügung stehen.

Die Kunst der Zurückweisung: Fremde

Aufmerksamkeit schmeichelt immer, erregt aber häufig beispielsweise wegen hervorstehender Nasenhaare, Hosen mit Bügelfalte, dem falschen Geschlecht und so weiter keine Lust. Während es nicht fair ist, jemanden an der Nase herumzuführen, indem Sie dem Betreffenden eine falsche Telefonnummer geben (ganz, ganz *schlechtes* Benehmen) oder eine dieser kommerziellen Abfuhrfloskeln aufsagen (noch viel *schlimmeres*

Benehmen), gibt es so etwas wie das sanfte Abtöten von Gefühlen. Sie machen die Welt lebenswerter, wenn Sie freundliches Verhalten an den Tag legen. Versuchen Sie es auf diese Weise: »Sie schmeicheln mir, aber ich bin zurzeit liiert.« Natürlich empfehlen wir Ihnen hier nicht zu lügen ... aber ein klein wenig *Übertreibung* ist durchaus zulässig. Vielleicht machen Sie zurzeit eine etwas permanentere Pause, was Verabredungen mit Männern betrifft, die der ehemaligen amerikanischen Justizministerin Janet Reno ähneln, oder mit Frauen, die das Charisma eines Schuhlöffels haben, wobei in diesem Fall ein einfacher Hinweis wie »Ich verabrede mich zurzeit mit niemandem« reicht. Dies ist nicht völlig gelogen, denn Sie legen ja tatsächlich eine kleine Verabredungspause ein, bis dieser qualvolle Versuch, Sie anzusprechen, vorüber ist. Natürlich ist eine einfache, höfliche Bemerkung wie »Ich fühle mich geschmeichelt, habe jedoch kein Interesse, vielen Dank« bewundernswert ehrlich. Aber, verehrte Leser – niemand bewirbt sich hier um ein politisches Amt, sodass niemand die Pferde scheu zu machen braucht. Bei einem der vielen Lieblingsthemen der Etikette geht es darum, leicht verletzbare Egos sanft zu behandeln.

Ein Hinweis an die Hetero-Herren unter Ihnen: Sie sind weniger häufig der Empfänger einer Anmache und daher weniger geübt, einen unwillkommenen Annäherungsversuch abzuweisen. Vielmehr reagieren Sie häufig linkisch und merkwürdig. Die Herren der Schöpfung sollten hinsichtlich der Etikette Zurückweisungen besondere Aufmerksamkeit schenken, weil es äußerst wichtig ist, dass die Damenwelt bei Verführungen nicht entmutigt wird. Spielen Sie nicht einfach mit, um die Gefühle der Betreffenden nicht zu verletzen, aber behandeln Sie sie auch nicht wie eine verzweifelte Donna. Sie versucht nicht verzweifelt, bei Ihnen zu landen (wo ist *Ihre* Selbstachtung geblieben?) – sie weiß, was sie will, und packt die Gelegenheit beim Schopf. Für die Damen gilt: Nehmen Sie es nicht persönlich, wenn Sie von einem Herrn unhöflich abgewiesen werden; er hat einfach weniger Übung in der Kunst der Zurückweisung als Sie.

Ein Hinweis für Hetero-Damen: Sie sind nicht so häufig aktiv auf der Jagd und daher mit schmerzhaften Abweisungen weniger vertraut. (Aus diesem Grund sollte es jede Dame mindestens einmal probieren, einen Herrn anzusprechen, um einen solchen Korb aus erster Hand zu erleben, genau wie alle Bürger der Oberschicht mindestens einmal Kellner spielen sollten, um zu wissen, wie das ist.) In einer Bar auf eine Person zuzugehen erfordert mehr Mut, als sich einer Wurzelkanalbehandlung zu unterziehen oder sich ein Celine-Dion-Album ganz anzuhören. Also, liebe Leserinnen, seien Sie sanftmutig. Und, liebe Herren, nehmen Sie es nicht persönlich, wenn Sie von einer Dame unhöflich abgewiesen werden; sie hat in ihrem Leben viele vulgäre Pfiffe und unerwünschte Bemerkungen gehört und ist daran gewöhnt, eine Mauer um sich herum zu errichten.

Eine Anmerkung zum Schluss: Wenn Ihr glühender Verehrer jede Regel in Bezug auf die Anmache verletzt, ist es Ihnen freigestellt, den Betreffenden wie einen schmutzigen Hund zu treten.

Die Kunst der Zurückweisung: Freunde

Einen Freund höflich abzuweisen ist eine beschwerliche Aufgabe, vor allem, wenn der Betreffende mehr wiegt als Sie. *Haha!* Aber ganz im Ernst, verehrte Damen und Herren, es kommt äußerst selten vor, dass Fremde Sie in der U-Bahn ansprechen, Ihnen ein Kompliment über Ihre Kleidung machen und Sie um eine Verabredung bitten (auch wenn die Reklame für Pfefferminzbonbons und reinen Atem einem dies vormacht). Sollte dies passieren, könnten Sie einfach antworten: »Danke, aber ich habe kein Interesse«, falls das der Wahrheit entspricht, und damit hätte es sich. Und wenn Sie ein Mitglied der ESA (Ego-Schutz-Agentur) wären, würden Sie eine der Übertreibungen verwenden, die wir unter »Die Kunst der Zurückweisung« vorgestellt haben. Aber es ist viel wahrscheinlicher, dass Ihnen jemand einen Antrag macht, den Sie kennen – ein Bekannter, ein Kollege, möglicherweise sogar ein guter Freund –, und Sie kein Interesse haben.

Es ist stümperhaft und rücksichtslos, eine Einladung zu einer ersten Verabredung oder irgendetwas, das auch nur im Entferntesten einer Verabredung nahe kommt, anzunehmen, wenn Sie in Ihrem Innern davon überzeugt sind, dass Ihnen Affen aus dem Hintern kriechen würden, bevor die betreffende Person überhaupt eine Chance bei Ihnen hätte. Wenn der Betreffende Ihnen seine Absichten nicht ausdrücklich mitgeteilt hat und Sie dennoch spüren, dass er Sie mit den Augen entkleidet, ist es höflich, ein paar Andeutungen zu machen – große, schwere, Zwei-Tonnen-Andeutungen über andere Personen, an denen Sie Interesse haben, über Dinge, die Ihren (echten oder Phantasie-) Partner betreffen, wie erfrischend es ist, einen platonischen Freund zu haben, mit dem man über diese Dinge reden kann, und so weiter. Das *sollte* funktionieren. In einer rationalen Welt, in der Hormone nicht unsere Logik und den gesunden Menschenverstand trüben, *würde* es funktionieren. Aber leider, liebe Leser, leben wir nicht in einer solchen Welt! Ihr Bewunderer könnte Gespräche über Ihr Liebesleben als sichere Anzeichen für Ihr romantisches Interesse an *ihm* missdeuten. Er könnte so von Ihnen fasziniert sein, dass er die Art und Weise, wie Sie Ihren Kaffee umrühren, als schlagenden Beweis für Ihre unvergängliche Liebe und Lust auf ihn interpretieren könnte. (Die Hoffnung ist ein gefiedertes Wesen ohne Hirn.)

Wenn Sie den Verdacht haben, dass Ihre Geschichten ihn nicht beirren konnten oder, schlimmer noch, dass er versucht, Ihnen den Hof zu machen, ist es an der Zeit, »Das Gespräch« zu führen. Wohlerzogene Damen oder Herren prägen sich für solch schwierige Zeiten Sätze der folgenden Art ein: »Ich mag dich wirklich als *Freund*«, »Ich weiß unsere Freundschaft sehr zu schätzen und möchte sie nicht aufs Spiel setzen«, »Danke, aber ich habe kein Interesse ...« [Hier irgendeine Plattheit einsetzen.] Wenn Sie fürchten, dass Sie den Betreffenden hinters Licht führen, sagt einem die Vernunft, dass Sie das in seinen Augen wahrscheinlich auch tun. Der Herr oder die Dame hat zu bestimmen. Der Herr oder die Dame ist ein Fels, eine Insel.

Erste Verabredungen

Mit Ihrem sicheren Auftreten, Ihrer Gelassenheit, Ihrer Kaltblütigkeit, Ihrem *je ne sais quoi* konnten Sie sich eine Telefonnummer verschaffen – aber was nun? Wenn doch der Besuch von Disney World eine mögliche Option wäre. Doch vermutlich wohnen Sie auch nicht in der Nähe von Dollywood, sodass die Bürde auf Ihnen lastet, einen kultivierten Vorschlag zu machen. Bedenken Sie, dass es sich um eine erste Verabredung handelt, folglich ist es angebracht, etwas Einfaches auszuwählen – Damen oder Herren verjubeln ihr Geld nicht vorzeitig. Außerdem sollte man die erste Verabredung nicht als »Herausforderung« gestalten, um das Geschick des Begleiters oder der Begleiterin auf dem Tennisplatz, die Reaktion auf ein Kunstwerk oder das Aussehen in Badebekleidung einzuschätzen. (Wir bestehen darauf, dass Sie sich diese Dinge für die dritte oder vierte Verabredung aufsparen, siehe auch »Zweite Verabredungen und mehr«.) Bei dieser Verabredung sollte es auch nicht zu einer Unternehmung kommen, bei der Gespräche ausgeschlossen sind (ein Besuch der Oper beispielsweise). Doch niemand möchte den ganzen Abend in einem leeren Raum verbringen, der nur mit Gesprächen gefüllt wird – das wäre keine Verabredung, sondern ein Polizeiverhör. Stattdessen wählen Damen oder Herren Aktivitäten, die leichte Ablenkung und Potenzial für Unterhaltungen bieten. Ein Moshpit hat kaum etwas Romantisches an sich, aber ein honigsüßes Konzert in einer kleinen Bar im Viertel liegt über dem Erträglichen. (Es ist angebracht, Folkmusik zu meiden – die würde sogar Hugh Hefners Sexualtrieb ersticken.) Damen oder Herren könnten in ein Viertel der Stadt einladen, das sie besonders mögen und einigermaßen gut kennen, um beispielsweise Dim Sum im Chinesenviertel, gefolgt von grünem Tee in dem kleinen Teeladen um die Ecke zu genießen. Wenn Sie gemeinsam Pläne schmieden, sollten Sie Ihre Vorschläge nicht aufdrängen, aber auch nicht unschlüssig sein: »Ist mir egal – ich richte mich ganz nach Ihren Wünschen« ist nie eine gute Antwort auf eine Frage. Damen oder Herren bilden sich immer eine Meinung.

Damen oder Herren schalten immer das Handy aus und vermeiden es, während einer Verabredung auf die Uhr zu schauen.

Vorbereitungen

Bei den Vorbereitungen auf eine Verabredung legen Damen oder Herren eine lockere, aber rücksichtsvolle Einstellung an den Tag. Es ist nicht empfehlenswert, in einem Kostüm oder Anzug zu erscheinen, es sei denn, man möchte den Anschein erwecken, anal verklemmt zu sein. Doch den Eindruck zu vermitteln, dass man zumindest etwas Wert auf sein Äußeres legt, macht liebenswert. Sie sollten jedoch nicht versuchen, sich anders zu geben, als Sie sind. Wenn Sie beispielsweise nie Make-up tragen, wäre es töricht, eine Avon-Freundin darum zu bitten, Ihnen vor der Verabredung ein Makeover zu verpassen. Meine Herren, Tank-Tops sind einzig und allein der Damenwelt und Calvin-Klein-Models vorbehalten. Und *entfernen Sie Nasenhaare*. Das gilt auch für die Damen. Eine herabhängende, verirrte Strähne wirkt wie die Niagarafälle auf die heißen Flammen der Libido Ihres Gegenübers. Und, meine Herren: Waschen Sie nicht nur Ihre Eier – der wohlerzogene Herr nimmt ein Ganzkörperduschbad. Ein Rat zum Schluss: Wenn Sie sich krank fühlen, verschieben Sie die Verabredung – niemand will Ihre Bazillen. Doch wenn Sie anrufen, um die Verabredung abzusagen, geziemt es sich, in demselben Gespräch einen neuen Termin zu vereinbaren, damit der oder die Betreffende davon überzeugt ist, dass Sie die Wahrheit sagen.

Der große Auftritt

Nur Wilde kommen zu einer Verabredung zu spät. Verfechter der Pünktlichkeit sagen gern: »Wenn ich nicht pünktlich komme, können Sie davon ausgehen, dass ich tot bin.« Machen Sie sich dies zu Ihrem Mantra, verehrte Leser, denn was erste Verabredungen betrifft, gibt es keine höfliche Viertelstunde. Wenn sich der andere verspätet und nach 20 Minuten nicht mit einer überzeugenden Entschuldigung angerufen hat, gilt es nicht als ungnädig, sich davonzumachen, um eine andere Dame oder einen anderen Herrn in einer benachbarten Bar zu verführen.

Wenn Sie die oder den Auserkorenen erblicken, ist es vornehm, den Betreffenden mit Begeisterung zu begrüßen – keine schlaffen Händedrücke (siehe Kasten auf Seite 16). Ein trockener Kuss auf die Wange ist angemessen, und eine Umarmung ist nicht fehl am Platz, wenn Sie sich auf besonders intensive Art kennen gelernt haben oder die erste Verabredung *nach* der ersten sexuellen Begegnung stattfindet. Wenn Sie kein Franzose sind, beschränken Sie den Wangenkuss auf *eine* Wange; zwei Wangenküsse wirken unbeholfen oder auch anmaßend. Und denken Sie daran, von nun an den Augenkontakt zu halten (der gebildete Bürger kennt den Unterschied zwischen Augenkontakt und gruseligem Anstarren).

Leichte bis anspruchsvolle Unterhaltung

Gespräche zu führen ist eine Kunst. Damen oder Herren stellen stets Fragen ... und hören sich die Antworten an. Nichts zeugt von so widerwärtiger Unerzogenzeit wie geistesabwesendes Starren auf eine heiße Frau am Billardtisch, während Ihr weibliches Gegenüber Ihnen mitteilt, wie sie während der Schulzeit ihr Pausenbrot auf der Toilette verzehrt hat. Es ist die Höhe vulgären Benehmens, wenn Sie sich an diesem Abend nicht ausschließlich Ihrer Begleitung widmen. Derartiges Verhalten ist eine deutliche Erklärung Ihrerseits, dass Sie einer unbedeutenden Person mehr Aufmerksamkeit schenken als dem gegenübersitzenden Partner. Und was die Flegel betrifft, die mit Hilfe des Augen- und Gesichtstelegrafen während einer Verabredung mit anderen kommunizieren: diese verdienen die Aufmerksamkeit von niemandem, nicht einmal von uns. Guten Tag, der Herr!

Damen oder Herren stellen niemals Fragen, um dadurch die eigenen Antworten anzubieten. Und denken Sie daran, dass es dumme Fragen *gibt*. Es ist unangemessen, Fragen zu stellen wie: »Was werden Sie in fünf Jahren tun?«, »Erzählen Sie mir, was Sie über Gott denken ...«, »Sie sind gegen Abtreibungen, nicht wahr?«, »Wenn Sie sich wünschen könnten, ein Baum, Tier oder Burger-King-Gericht zu sein, was würden Sie am liebsten sein?«, »Was für einen Wagen fahren Sie?«, oder eine andere subtile Frage, um den Nettowert Ihres Gegenübers festzustellen. Und es ist taktlos, bei der ersten Verabredung über Ihren Ex zu sprechen; das führt nie zu etwas Gutem ... *niemals.* Wenn Ihr Ex das Tollste seit der Erfindung der Brotschneidemaschine war, geben Sie Ihrem Gegenüber das Gefühl, minderwertiger zu sein; wenn Ihr Ex verrückter als Norman Bates war, werden Sie Ihrem Gegenüber das Gefühl geben, überlegener zu sein – und zwar so sehr, dass der Betreffende sich fragen wird, warum er sich überhaupt mit Ihnen abgibt. Wie bei der Anmache sind sichere Unterhaltungsthemen bei der ersten Verabredung etwa der Job Ihres Gegenübers, Urlaubsreisen, wo der Betreffende aufgewachsen ist, wie er aufgewachsen ist, Kinofilme, Bücher, Fernsehsendungen der letzten Zeit und die Ironie von Slogans auf T-Shirts. Machen Sie Komplimente, Komplimente, Komplimente (aber nicht mehr als drei pro Abend). Und, verehrte Leser, denken Sie sich dabei keinen Mist aus. Wenn *Ihnen* ein Kompliment gemacht wird, nehmen Sie es mit Anstand an.

Anpassung der Einstellung

Selbstbewusstsein ist – im Gegensatz zu aufgeblasener Anmaßung – immer sexy. Wenn Sie den üblichen Bammel vor der ersten Verabredung haben, tun Sie alles Erforderliche, um die Nerven zu beruhigen – sei es Yoga, glücksbringende Unterwäsche oder ein Treffen mit einem guten Freund vor der Verabredung, der Ihnen Zucker in den Hintern bläst. Wenn Sie nicht selbstbewusst sind, sollten Sie so *tun als ob*. Allerdings sollten Sie sich (oder Ihr Gegenüber) nicht zu ernst nehmen – schließlich ist es lediglich die erste Verabredung mit der möglichen zukünftigen Mutter oder dem Vater Ihrer Kinder. (Ja, da liegt der Hase im Pfeffer!) Dasselbe gilt für nervöses Kichern. Verehrte Damen, möglicherweise hat man Ihnen früher einmal gesagt, das sei niedlich und liebenswert, aber 45 Minuten Gequietsche in den höchsten Tönen kann einem Herrn durchaus auf die Nerven gehen.

Zwischen sexuellem Selbstbewusstsein und sexueller Prahlerei besteht ein Unterschied. Es ist durchaus kultiviert, sexy zu sein, zu wissen, was man will, und dieses Ziel zu verfolgen. Doch beim Essen darüber zu schwatzen, wie gut Sie beim oralen Sex sind, ist provozierend und schäbig mit großem »S«. Meine Damen und Herren, tun Sie es einfach, *wenn es so weit ist*, und sparen Sie sich das Gerede.

Verehrte Damen, lesen Sie keine Frauenzeitschriften, um sich in Bezug auf Verabredungen beraten zu lassen – es sei denn, Sie sind auf der Suche nach einem Maxim*-Leser und/oder Flegel.*

Verehrte Herren, lesen Sie keine Männerzeitschriften, um sich in Bezug auf Verabredungen beraten zu lassen – es sei denn, Sie sind ein Flegel.

Mit Geld erreicht man alles

Eine Verabredung kann günstig sein, aber umsonst ist sie nie zu haben. Wer bezahlt? Immer der (oder die), der eingeladen hat. Wir leben im 21. Jahrhundert, verehrte Leser, und daher ist es provinziell und altmodisch, davon auszugehen, dass immer der Mann fürs Bezahlen aufkommt. Allerdings sollte der (oder diejenige), der eingeladen wurde, davon ausgehen, dass die Rechnung geteilt wird, um Enttäuschung zu vermeiden. Der oder die Betreffende sollte etwas Bargeld mitführen, um nach dem Essen im Restaurant nicht zum Tellerwaschen verdonnert zu werden. Wenn die Rechnung präsentiert wird, sollte man anbieten, die Hälfte zu übernehmen. Wenn Sie sich die Rechnung teilen, sollte derjenige, der die teureren Gerichte bestellt hat, anbieten, seinen Anteil ganz zu bezahlen, während derjenige, dessen Bestellung weniger als die Hälfte der Gesamtsumme ausmacht, dennoch anbieten sollte, genau die Hälfte der Rechnung zu übernehmen. Verwenden Sie das übrig gebliebene Bargeld für eine Kutschfahrt durch den Park oder das gemeinsame Eintrittsgeld für einen Strip-Club. Falls sich der Partner Ihrem Angebot, sich die Bezahlung zu teilen, widersetzt und alles bezahlen möchte, können Sie fest, aber freundlich darauf bestehen, sich zu beteiligen, wenn Ihnen danach ist. Wenn es dabei jedoch zu einer Schlacht der Amex-Karten kommt, müssen Sie sich demjenigen beugen, der eingeladen hat (möglicherweise möchte er sich die Membership Rewards verdienen). Der kultivierte Bürger könnte die Gelegenheit nutzen und eine Verlängerung der Verabredung – oder sogar eine zweite Verabredung – vorschlagen: »Beim nächsten Mal bezahle ich« oder: »Die Cocktails in der Bar um die Ecke gehen auf meine Rechnung.« Und obwohl wir gern glauben würden, dass es mittlerweile jeder besser weiß, möchten wir noch einmal darauf hinweisen, dass Sie unabhängig davon, wie viel der Partner für das Essen ausgegeben oder wie viele Komplimente er gemacht hat, ihm nichts in der Abteilung Sex schulden – nicht einmal einen Kuss.

Verabredungen mit Unbekannten

Verabredungen mit Unbekannten gibt es dank Anzeigen zur Partnersuche und wohlmeinenden Großmüttern noch immer. Dennoch kann allein der Gedanke daran auch den mutigsten Seelen Angst einjagen, denn Murphys Gesetz garantiert fast immer, dass der Unbekannte laut spricht, Mundgeruch und einen Kropf hat. Warum also lassen sich sonst ganz intelligente Menschen darauf ein? Vielleicht weil die Hoffnung über die Erfahrung triumphieren könnte. Oder einfach nur aus Abenteuerlust. Wir lullen uns mit dem Gedanken ein, dass wir bei diesem Date »den Richtigen« treffen könnten. Dabei versehen wir den Partner unabsichtlich mit 100 mystischen Eigenschaften, bevor wir ihn überhaupt kennen gelernt haben, sodass wir, wenn es endlich zum Treffen kommt, unausweichlich enttäuscht sein müssen. Der größte Fehler ist, diese Enttäuschung persönlich zu nehmen – und den Partner dafür zu bestrafen. Schließlich ist er ein völlig Fremder, dem wir nichts schulden. *Au contraire!* Denken Sie daran, verehrte Damen und Herren: Durch die Zustimmung zu einer Verabredung, ja, allein durch die Tatsache, dass Sie ein Mitglied dieser Gesellschaft sind,

sind Sie durch den Gesellschaftsvertrag gebunden, sich auch dann höflich und freundlich zu verhalten, wenn eine Wucherung in der Größe eines Fußballs am Hals des Gegenübers sichtbar ist.

Es gibt mehrere Möglichkeiten, den unausweichlichen Schmerz einer Verabredung mit einem Unbekannten zu lindern. Erstens: Planen Sie sorgfältig. Kein Restaurantbesuch (zu lang), keine Kinofilme (zu ungesellig), kein Wochenendtrip in den Bayerischen Wald (zu gruselig und unheimlich). Wir bestehen darauf, dass Sie sich mit einem Kaffee, einem Drink oder einem schnellen Essen in Ihrer Mittagspause begnügen – das Wort, auf das es hier ankommt, ist *ein*. Es ist immer angenehmer, eine Verabredung spontan zu verlängern, statt sie zu verkürzen. Wenn einer von Ihnen Billard- oder Dart-Fan ist, haben Sie Glück, liebe Freunde: Beide Aktivitäten lassen Gespräche zu, während sie gleichzeitig für leichte Ablenkung sorgen, falls sich diese Unterhaltung absolut nicht als Funken sprühend erweisen sollte. Planen Sie Ihren Fluchtweg vorab: Sagen Sie, dass Sie später noch einen Termin haben. Eine schlechte Verabredung wird erträglicher, wenn Sie sich anschließend auf etwas Schönes freuen können. Und es ist höflicher, dem Partner von vornherein zu sagen, dass Sie bald aufbrechen müssen. Wenn es gut läuft, können Sie altmodisch sein und etwas für die zweite Verabredung aufsparen – echte Damen und Herren wissen, dass aufgeschobene Befriedigung alles noch heißer macht.

Wenn die Verabredung begonnen hat, sollte man sie auch zu Ende führen. Wir sind der Meinung, dass ein Minimum von 45 Minuten eine nette Geste ist. Verehrte Damen und Herren, Sie haben einen Handel mit Amor abgeschlossen: Sie haben 45 Minuten Ihres Lebens für die Chance geopfert, die Liebe Ihres Lebens kennen zu lernen (oder zumindest den besten oralen Sex Ihres Lebens zu genießen). Wenn es nicht dazu kommt, haben Sie Pech gehabt. Aber als Mensch mit guten Manieren müssen Sie Ihren Teil des Abkommens einhalten. Nennen Sie es Karma. Und nein, wenn Sie bleiben, bis Sie Ihre Drinks ausgetrunken haben, führen Sie Ihr Gegenüber damit nicht an der Nase herum – es ist schlicht gutes Benehmen. Was auch für ein aufmerksames und freundliches Verhalten während dieser Dreiviertelstunde gilt. Es ist uns egal, ob Sie innerhalb der ersten 30 Sekunden erkennen, dass Sie keinerlei Wunsch hegen, diese Person kennen zu lernen oder mit ihr Sex zu haben. Rüdes Benehmen ist kein angemessenes Verhalten, um dem Gegenüber klar zu machen, dass Sie kein Interesse haben. Vor Ihnen sitzt ein Mensch, den Sie nicht einfach wie Ungeziefer zertreten dürfen. Zumindest können Sie die Begegnung in eine Lernerfahrung verwandeln – der andere muss etwas wissen, das Sie nicht wissen. Nur weil eine menschliche Interaktion ein isoliertes Ereignis ist, wird sie dadurch nicht bedeutungs- oder wertlos.

Also: Es ist nicht korrekt, das Aufsuchen der Toilette vorzutäuschen und nicht wieder an den Tisch zurückzukehren. Es ist absolut nicht korrekt, irgendetwas vorzutäuschen: einen Krampf, eine allergische Reaktion auf das Essen, einen epileptischen Anfall, starken Durchfall und so weiter. Es ist nicht korrekt, eine Freundin anrufen zu lassen, die einen Notfall vortäuscht – dieser Trick ist ein alter Hut. Ebenso wenig ist es angebracht, Freunde zu Ihrer Rettung vorbeikommen zu lassen.

Es gibt nur zwei Ausnahmen für die 45-Minuten-Regel: Wenn Ihr Partner ein Lügner oder ausgesprochen vulgär ist. Einige Bürger sind der Meinung, der Zweck heilige die Mittel und es spiele keine Rolle, wie man an eine Verabredung kommt, selbst wenn das unter Vorspiegelung falscher Tatsachen geschieht, Hauptsache, es klappt. Solche Neandertaler stellen jahrzehntealte Fotos oder entwendete Bilder ihrer attraktiven Cousins in ihre persönliche Online-Anzeige. Damit, liebe Leser, meinen wir nicht ein paar zusätzliche Pfunde oder eine Änderung der Länge der Koteletten. Wir meinen vielmehr 100 Pfund oder den plötzlichen Verlust eines vollen Haarschopfes. Vielleicht hat der Betreffende auch seine Größe um mehr als *30 Zentimeter* übertrieben. Zusätzlich fallen folgende Dinge in die Kategorie »ausgesprochen vulgär«: körperliche Gewalt, Rassismus, Homophobie, Sexismus, polnische Witze oder schwachsinnige Bemerkungen wie: »Schickes Outfit – es würde in einem Kleiderhaufen auf dem Boden bei mir im Schlafzimmer noch besser aussehen«, es sei denn, so etwas wird im Scherz gesagt (siehe »Anmache« weiter oben – doch wenn *Sie* es nicht amüsant finden, ist es nicht komisch). Bevor wir das vergessen – es gibt noch eine weitere Ausnahme für die 45-Minuten-Regel: Wenn der Partner in einem Cape auftaucht. In diesen Fällen ist es durchaus korrekt zu erklären, dass man Sie getäuscht hat oder dass Sie sich unwohl fühlen, bevor Sie sich davonmachen.

Es wirkt äußerst taktlos, mehr als eine Verabredung am Abend einzuplanen. Die einzige Ausnahme sind Verabredungen mit Unbekannten (dazu zählen auch erste Verabredungen mit Personen, die man über Partneranzeigen kennen gelernt hat).

Wenn sich jemand anders mit dem Auserkorenen verabredet hat

Was passiert, wenn Sie den perfekten Partner gefunden haben, jene Person, die der illustre »Richtige« sein könnte, und der Betreffende sich leider auch mit anderen verabredet? Sie können ehrlich sein, aber Sie sollten Ihre Ehrlichkeit mit Vorbehalt zeigen. Gestehen Sie Ihre Gefühle, aber sehen Sie davon ab, das Objekt Ihrer Besessenheit unter zu starken Druck zu setzen. Es wäre beispielsweise unter Ihrer Würde zu sagen: »Wenn ich dich nicht haben kann, soll dich auch niemand anders bekommen [irres Lachen]«, oder: »Ich werde meinen Goldfisch verschlingen, wenn du nicht mit mir ausgehst.« Wenn Sie Ihrem Gegenüber den Ball zugespielt haben, geben Sie ihm Zeit und Raum zu entscheiden, ob er ihn zurückspielen oder ins Netz schlagen will. Sie müssen ihm die Möglichkeit geben, diese Entscheidung allein zu treffen. Wenn Sie ihn dazu ermutigen, den derzeitigen Partner zu verlassen, zu belügen oder zu betrügen, sind Sie ein verzweifelter, jämmerlicher Heide, der es verdient, den Rest seines Lebens durch die verlassenen Straßen der Einsamkeit zu streifen. Wenn Ihre große Liebe schließlich Mitleid mit Ihnen hat und beschließt, Ihnen einen zweiten Blick zu schenken, müssen Sie dem Betreffenden etwas mehr als 24 Stunden Zeit lassen, damit er sich an ein Leben ohne den kürzlich fallen gelassenen Ex gewöhnen kann. Das dauert viel zu lange, sagen Sie! Wir empfehlen, die Zeit zu nutzen und sich Schach beizubringen. Wenn es tatsächlich der Richtige ist, lohnt sich das Warten. Wenn nicht, sind ausgefeilte Schachkünste für jede Dame und jeden Herrn ein Hilfsmittel im gesellschaftlichen Umfeld. Ein letztes Wort für die Weisen unter Ihnen: In manchen Fällen ist das, was zwei Menschen voneinander trennt, das, was sie gegenseitig anzieht. Das Hindernis ermöglicht es Ihnen, sich auszumalen, wie perfekt die Verbindung wäre, wenn es dieses Hindernis nicht gäbe – wie Romeo und Julia (ohne den doppelten Selbstmord). Wenn das Hindernis beseitigt würde, könnte sich die Wirklichkeit als ziemlich fade erweisen. Verehrte Damen und Herren, seien Sie mit Ihren Wünschen vorsichtig.

Tischmanieren

Sollten Sie während einer Verabredung kulinarische Delikatessen zu sich nehmen, helfen Ihnen die folgenden 20 Regeln, mit Anmut zu verdauen. Denken Sie daran: Sie sollten im Schlafzimmer ein Tier sein, nicht aber am Esstisch.

1. Setzen Sie sich nie nebeneinander an eine Seite des Tisches, es sei denn, Sie werden für eine Reality-TV-Show gefilmt. Es stört die anderen Gäste im Restaurant, die das Gefühl haben, Schauspieler auf einer Bühne zu sein, während Sie die Zuschauer sind. Das Geflüster, das Sie unausweichlich ver-

anstalten, weil Sie beschlossen haben, nebeneinander zu sitzen, wird bei anderen Gästen ebenfalls Unbehagen hervorrufen. Benehmen Sie sich wie Erwachsene, und setzen Sie sich einander gegenüber. Die Romantik, die entsteht, wenn man sich bei Kerzenlicht in die Augen schaut, sollte für jede Dame und jeden Herrn Grund genug sein.

2. Wenn Sie sich setzen, lieber Tischgenosse, legen Sie sich sofort die Serviette auf den Schoß.
3. Verehrte Herren, übernehmen Sie nicht die Bestellung für die Dame. Sie ist erwachsen und kann selbst entscheiden.
4. Bestellen Sie nicht einfach »nur einen Salat«. Das würde nahe legen, dass Sie sich lieber einer ungesunden Besessenheit mit Kalorien hingeben würden, statt die Verabredung und alle dazugehörigen Vergnügungen, einschließlich der gastronomischen, aufrichtig anzunehmen. Umgekehrt sollten Sie keinen Hummer bestellen, es sei denn, Sie haben bereits unzweideutig festgelegt, dass Sie bezahlen werden.
5. Kein Handy am Tisch, bitte, selbst wenn Sie in einem Hamburger-Imbiss dinieren. (Gute Manieren machen auch vor dem billigsten Esslokal nicht Halt.) Wenn Sie absolut und unbedingt einen Anruf annehmen *müssen*, stellen Sie das Telefon auf Vibrieren ein, aber, um Gottes willen, holen Sie es nicht aus der Tasche. Warten Sie auf eine entsprechende Pause in der Unterhaltung, entschuldigen Sie sich und stehen Sie vom Tisch auf, um den Anruf zu beantworten oder zurückzurufen. Wir können jedoch nicht genug betonen, dass es sich dabei besser um einen Notfall handeln sollte.

6. Wenn Sie die Toilette aufsuchen müssen, reicht es völlig aus, sich kurz zu entschuldigen. Ihr Partner muss nicht wissen, dass Sie sich auf den Weg machen, um Ihren Darm zu entleeren.
7. Nach einem Toilettenbesuch ist Händewaschen obligatorisch, selbst wenn Sie ein koordinierter, freihändiger Pinkler sind. Sie *allein* können die Verbreitung von Hepatitis A vermeiden.
8. Meine Damen und Herren, beginnen Sie nicht zu essen, bis Ihrem Gegenüber ebenfalls das Essen serviert wurde. Hüten Sie sich davor, Ihr Besteck zu berühren, bis das Gericht des Partners vom Kellner serviert wurde und der Teller das Tischtuch berührt hat. Nur wenn in der Küche des Restaurants ein Fehler gemacht wurde und Ihr Partner darauf besteht, dass Sie schon vorher mit dem Essen beginnen, ist dies erlaubt. Doch selbst dann ist es ratsam, den Kellner zu bitten, Ihr Gericht in der Küche warm zu halten oder neu zubereiten zu lassen, damit es zusammen mit dem des Partners serviert werden kann.
9. Ihr Tischpartner weiß, was Sie essen, denn er kann es auf Ihrem Teller sehen. Er muss es nicht in Ihrem Mund sehen. (Dies trifft selbst auf die zwanglosesten Anlässe zu, zu denen auch Kinobesuche zählen. Lautstarker Popcornverzehr kann sich in den Ohren Ihrer Nachbarn wie Gewehrfeuer anhören.)
10. Selbst wenn sich Ihre moderne Beziehung schnell bis zum Rülpsstadium entwickelt hat (siehe Seite 238f.), gibt es kei-

ne Entschuldigung dafür, dies in der Öffentlichkeit zu tun. Wenn es sich nicht vermeiden lässt, führen Sie nonchalant die Serviette an die Lippen, um die Emission bei geschlossenem Mund zu dämpfen. Und als echte Dame oder Herr sollten Sie sich automatisch entschuldigen und die Toilette aufsuchen, wenn Sie merken, dass der Bohnendip ein Fehler war. Der gelegentliche »Zieh an meinem Finger«-Witz unter wirklich, *wirklich* engen Freunden ist akzeptabel, aber niemals am Esstisch. Und niemals mit jemandem, den Sie später mit diesem Finger befingern wollen.

11. *Kauen Sie.* Und nehmen Sie sich Zeit, denn Essen ist ein Vergnügen, kein Wettrennen. Schlucken Sie hinunter, bevor Sie den nächsten Bissen nehmen. (Das unterstützt gleichzeitig die Nicht-in-der-Öffentlichkeit-furzen-Regel, da die unabsichtliche Aufnahme überflüssiger Luft die Hauptschuldige für Gasattacken ist.)
12. Damen und Herren sollten besonders vorsichtig sein bei heiklen Delikatessen wie Maiskolben, Frankfurtern, Bananen, Lutschern, Eiskrem und Austern, damit die Zurschaustellung nicht zu unerwünschten oder zumindest zeitlich unpassenden Avancen ermutigt.
13. Führen Sie angemessene Tischgespräche. Die Etymologie von »Dirty Sanchez« zu diskutieren ist nicht akzeptabel – sparen Sie sich das auf, bis Sie sich später an die Bar zurückziehen.
14. Wenn Sie etwas brauchen, sagen Sie: »Würdest du mir bitte das … reichen?«, statt über den Tisch danach zu greifen.

15. Selbst wenn Sie den Kellner höflich fragen, dürfen Sie *nie* das halb verspeiste Stück Tiramisu vom Nachbartisch aufessen oder das halb ausgetrunkene Glas Wein austrinken. Und gehen Sie nicht davon aus, dass Sie vom Essen Ihres Partners probieren dürfen, es sei denn, er bietet dies zuerst an.
16. Wenn der Partner offensichtlich unter Tellerneid leidet, dürfen Sie anbieten, die Gerichte zu tauschen. Dies ist nicht erforderlich, aber gesättigte Damen oder Herren sind normalerweise einem Gute-Nacht-Kuss, einer zweiten Verabredung oder Sex am späteren Abend viel eher zugeneigt.
17. Es beleidigt den guten Geschmack und den gesunden Menschenverstand, mit dem Besteck herumzufuchteln. Sie müssen kein farbenfroheres Bild schaffen, indem Sie eine mit der Gabel aufgespießte Kirschtomate als Zeiger verwenden – eine falsche Bewegung, und besagte Tomate fliegt durch das Restaurant in das Dekolleté eines ahnungslosen Gastes.
18. Setzen Sie keinesfalls Ihre Finger oder das Besteck ein, um Essensreste zwischen den Zähnen zu entfernen. Leiden Sie stillschweigend, bis Sie sich auf die Toilette zurückziehen können, um den anstößigen Leckerbissen zu entfernen.
19. Seien Sie höflich zum Bedienungspersonal. Schnipsen Sie nie mit den Fingern, klatschen Sie nicht in die Hände und rufen Sie nicht »Kellner!« oder schlimmer noch »Garçon!«, um Aufmerksamkeit zu erregen; warten Sie, bis Sie

Augenkontakt herstellen können, und nicken Sie einfach, heben Sie leicht die Augenbraue oder – als letztes Mittel – die Hand. Wenn Sie in irgendeiner Weise rüde und unangenehm zu den Profis der Dienstleistungsbranche sind, wird Ihr Gegenüber denken, dass Sie das Potenzial haben, jedem Menschen gegenüber rüde und unangenehm aufzutreten.

20. Wenn Sie die Rechnung bezahlen, geben Sie ein Trinkgeld von mindestens 20 Prozent, damit Sie nicht geizig wirken.

Gute Nacht sagen

Das Gute-Nacht-Sagen könnte auch ein »Aufnimmerwiedersehen« sein. Wenn die Verabredung gut gelaufen ist, könnte es natürlich auch bedeuten: »Wie magst du dein Frühstücksei?« Doch man sollte nie davon *ausgehen*, dass man einen Volltreffer gelandet hat. Und gleichermaßen sollte man niemanden unter Druck setzen, damit man von dem Betreffenden nach Hause begleitet wird. Wenn es so bestimmt ist, wird dies ganz natürlich geschehen, ohne jeden Zwang. Und zu betteln ist weder höflich noch sexy (es sei denn, Sie sind bereits nackt und gewillt, »Herr und Sklave« zu spielen). Selbst wenn beide Seiten erpicht darauf sind, den Freak in ihnen zur Schau zu stellen, ist es nicht unhöflich, den Genuss aufzuschieben und auf die zweite, dritte oder sogar zehnte Verabredung zu warten (mehr zum Abschluss des Handels finden Sie auf Seite 77f.).

Doch was tun, wenn Sie Ihren großen entkoffeinierten Soja-Eismokka ausgetrunken haben und in Ihrem tiefsten Innern wissen, dass Sie lieber im Studio die Anstößigkeiten beim Fil-

Der lange Nachhauseweg

Es ist höflich, dem Partner anzubieten, ihn – sei es per Taxi oder zu Fuß – nach Hause zu begleiten. Wenn er Ihr Angebot jedoch öfter als zweimal ablehnt, sollten Sie die Tatsache, dass er den Rest des Abends *allein* verbringen möchte, freundlich akzeptieren. Widerstehen Sie mit jeder Faser Ihres Wesens allen Versuchungen, zu schmollen oder es persönlich zu nehmen.

men der *Jerry-Springer-Show* über sich ergehen lassen würden, als eine zweite Verabredung zu treffen? Ein einfaches »Es war nett, Sie kennen gelernt zu haben« reicht aus. Widerstehen Sie dem natürlichen Instinkt, Versprechungen zu machen, die Sie nicht halten können oder wollen. Wenn es sein muss, fügen Sie hinzu, dass Sie eine E-Mail schreiben werden, um das Ganze auf nette Art und Weise zu beenden. Natürlich *müssen* Sie das dann auch einhalten. Trösten Sie sich mit der Tatsache, dass es möglicherweise leichter ist, jemanden freundlich per E-Mail zu enttäuschen. Wenn Sie in einem Augenblick der Schwäche unbeabsichtigt und unbesonnen sagen, dass Sie anrufen werden, dann müssen Sie sich daran halten. Jeder kultivierte Bürger, der in den Lektionen des Karmas bewandert ist, würde dies tun.

Wenn Sie anrufen oder besagte E-Mail schicken – sei es nach einer oder sogar mehreren Verabredungen –, müssen Sie nicht die ganze Wahrheit sagen (denn manchmal tut die Wahrheit weh, und manchmal können Menschen die Wahrheit nicht vertragen). Nicht nur Blanche in *Endstation Sehnsucht* ist von der Freundlichkeit fremder Menschen abhängig. Seien Sie spezifisch, was die bewundernswerten Eigenschaften des Betreffenden angeht (der hervorragende Geschmack in Bezug auf einheimische Biere beispielsweise), und sehr allgemein bei den Eigenschaften, die eine Beziehung unmöglich machen (versuchen Sie, nicht zu erwähnen, dass Sie keinesfalls mit jemandem in der Öffentlichkeit gesehen werden wollen, der Bootsschuhe trägt). Geben Sie den Pheromonen die Schuld, einem unglückseligen »Mangel an Chemie«. Das entspricht der Wahrheit, ist jedoch auch allgemein genug gehalten, um nicht zu sehr wehzutun – verabschiedet zu werden ist weniger schmerzhaft und bedauerlich, wenn man es der evolutionären Psychologie in die Schuhe schieben kann. »Es war nett mit dir, aber irgendwie hatte ich das Gefühl, dass da etwas fehlte. Viel Glück bei [das Projekt des Betreffenden, über das Sie gesprochen haben]. Alles Gute …« Sie sind nicht verpflichtet, weitere Erklärungen abzugeben, und Sie müssen nicht in Verbindung bleiben. Wenn es sich um einen sensiblen Charakter handelt, wird der Betreffende den Schlussstrich und die Geste zu schätzen wissen (selbst wenn er Ihre schlechten Lügen durchschaut). Auf diese Weise entgehen Sie auch dem Trauma, sich für den Rest Ihrer Tage vor der Person verstecken zu müssen.

Wenn man Ihnen mit der Bitte um eine zweite Verabredung zuvorkommt, verschieben Sie die konkrete Planung, indem Sie sagen: »Lass uns morgen darüber reden.« Dies hat den Vorteil, dass Sie in einem günstigen Licht erscheinen, da Sie offensichtlich keine vorschnellen Entscheidungen oder Urteile treffen. Wenn Sie jedoch der stolze Besitzer von Nerven aus Stahl sind, dürfen Sie den Mangel an Chemie gleich hier und jetzt *mit viel Feingefühl* erklären.

Der erste Kuss

Leider gibt es Gecken unter uns, die dies als »Abschuss« bezeichnen. Doch das Hinarbeiten auf den ersten Kuss sollte nicht als räuberischer Angriff betrachtet werden, als Gebisskauen mit übermäßig viel Speichelfluss. Stattdessen betrachte man es als intimen Augenblick zwischen *zwei* Menschen, dessen Skala von sanft und romantisch bis zu heiß und feurig reicht. Leider verwechseln zu viele Menschen »heiß und feurig« mit »feucht und schmatzend«. Dies sind die schlechten Küsser unter uns. Man sollte sie dafür nicht hassen, denn sie wissen nicht, was sie tun (weil niemand über den Mut oder die Geistesgegenwart verfügt, sie zu korrigieren). Daher glauben *alle*, dass sie die Berührung der Lippen zu einer Kunstform entwickelt haben. Doch *irgendjemand* muss schließlich die Quelle der unzähligen Berichte im Büro über die Sabberer sein. Wer weiß – vielleicht zählen Sie, lieber Leser, selbst zu dieser Gattung. Befolgen Sie die nachstehenden Regeln, damit dies nicht länger der Fall ist.

- Verehrte Damen und Herren, lecken Sie sich nicht die Lippen, wenn es ans Küssen geht. Berühmte Opernsänger rotzen auch nicht auf der Bühne herum, wenn sie sich vor einer Arie räuspern.

- Ihr Mund ist kein Schachtelmännchen. Das heißt, jedes Mal, wenn Sie ihn öffnen, sollte Ihre Zunge *nicht* automatisch hervorschnellen. Arbeiten Sie sich langsam zu diesem Manöver vor. Im Zweifelsfall halten Sie sich bei einer Kusssitzung an diese Reihenfolge: 1) geschlossener Mund, 2) geöffneter Mund, keine Zunge, 3) geöffneter Mund, nur eine Andeutung von Zunge, 4) Eindringen mit der ganzen Zunge. Egal, ob dieser vierstufige Prozess eine halbe Stunde oder 30 Sekunden dauert, die langsame Steigerung ist immer dem Herausstrecken der Zunge und dem »Ahh«-Sagen als patentierte Eröffnungsbewegung vorzuziehen.
- Öffnen Sie Ihren Mund nicht viel weiter als den Ihres Partners, sodass man nicht den Eindruck haben könnte, Sie wollten seinen Kopf verschlingen. Beim Küssen geht es nicht darum, Mick Jagger nachzuahmen.
- Zuckende Bewegungen mit der Zunge am Zäpfchen des Partners (als handle es sich um einen Boxsack) sollten niemals ausprobiert werden, wenn man hoch über den Tiefen der Vulgarität, ganz zu schweigen der Dummheit, schweben möchte.
- Tasten Sie sich mit den Händen *nicht* sofort zu den Titten, dem Hintern oder dem Schritt vor, sobald sich Ihre Lippen berührt haben, vor allen Dingen nicht beim ersten Kuss oder beim Küssen in den Anfängen des Dating-Prozesses. Es ist eine Sache, wenn Sie beide die Aufzugszene aus dem Film

Eine verhängnisvolle Affäre ausleben, aber eine ganz andere, wenn Sie bei Mondschein über die Promenade schlendern und bisher nur Händchen gehalten haben. In den meisten Fällen sollte Romantik den Vorrang vor reiner Lüsternheit haben; Sie werden beide den Augenblick genießen wollen und sollten sich daher auf das Küssen konzentrieren. Verunglimpfen Sie diesen Zeitpunkt nicht, und lenken Sie nicht von seiner Schönheit ab, indem Sie übereilt zu den ungezogenen Dingen übergehen. Echte Damen und Herren nehmen sich Zeit.

- Nur völlig hoffnungslose Tröpfe führen einen Überraschungsangriff durch. Sich an jemanden heranzumachen (vor allem an jemanden, den Sie noch nie geküsst haben) und ihn überraschend zu küssen, sodass der Betreffende nicht schnell genug handeln und Sie *nicht* küssen kann, ist die Höhe der Unhöflichkeit, ja Verzweiflung. Sie dürfen jedoch die Hand des Partners ergreifen, ihn gegen eine Wand drängen und leidenschaftlich küssen, *solange* nicht die leiseste Andeutung von Unschlüssigkeit auf seiner Seite vorhanden ist. Dieser dreistufige Prozess sollte Ihnen ausreichend Zeit geben, die Reaktion des Partners richtig einzuschätzen und den Kuss, falls erforderlich, abzubrechen.

- Auch das Gesicht des Gegenübers zu berühren ist romantisch, solange Sie nicht seinen Kopf festhalten, um ihn daran zu hindern, sich Ihnen zu entziehen. Jemanden in die Kopfzange zu nehmen ist nicht nur unhöflich, sondern kriminell.

- Wenn der Geküsste zurückweicht, vermeidet es der vornehme Küsser, wütend zu werden oder zu schmollen. Selbst wenn Sie vor Erniedrigung sterben oder in Ihrem Innern heulen, bewahren Sie eine ruhige Haltung. Sie haben später noch genügend Zeit, sich umzubringen.

- Wenn Sie einatmen und feststellen, dass Ihr Mund gerade am Abgrund des Ohrläppchens des Geküssten schwebt, gehen Sie zurückhaltend vor. Viele Menschen mögen das Spiel am Ohr grundsätzlich nicht, weil es sie an die Cocktails vom Vorjahr erinnert. Also, seien Sie vorsichtig, atmen Sie leicht, pusten Sie *ganz, ganz* sanft und setzen Sie die Zunge sparsam ein – sie sollte nur zart die Außenseite des Ohrläppchens berühren und nicht wie ein Wattestäbchen nach wächsernem Gold graben. Wenn sich der Partner sträubt, sollten Sie das Spiel am Ohr nicht ständig wiederholen, um den Betreffenden zu bekehren.

- Echte Damen und Herren frischen regelmäßig ihren Atem auf. Putzen Sie Ihre Zähne (und die Zunge) häufig, nehmen Sie stets Pfefferminz für unterwegs mit und bewahren Sie eine kleine Tube Zahnpasta in der Schublade Ihres Nachttisches auf, damit Sie – oder Ihr Partner – morgens nicht vorzeitig das behaglich warme Bett verlassen müssen.

- Damen oder Herren küssen während eines Ausbruchs von Lippen- und Mundherpes *nie* (und lassen sich auch nicht küssen). *Echte* Damen oder Herren mit oralem Herpes weisen auch *zwischen* Ausbrüchen auf diese Situation hin. Es stimmt, dass fast ein Viertel aller Küsser in den USA unter oralem Herpes leiden (die meisten wissen es nicht einmal), und es stimmt, dass die Chance, oralen Herpes *zwischen* Ausbrüchen zu verbreiten, äußerst gering ist (besonders, wenn man die entsprechenden Medikamente einnimmt). Aber echte Damen oder Herren würden – und sollten – es dennoch sagen. Es ist eine Sache der Höflichkeit, den Partner selbst entscheiden zu lassen, welches Risiko er eingehen möchte. Doch viele Damen und Herren sind sehr verständnisvoll, wenn der Partner bis zum zweiten oder dritten Kuss wartet, bevor er von seinem Zustand erzählt. Es liegt außerhalb unseres Zuständigkeitsbereichs, Unterlassungslügen zu billigen, doch viele Ärzte halten es heutzutage durchaus für fair, zwischen den Ausbrüchen nichts zu sagen. Ein warnender Hinweis: Diese Regel trifft *nicht* für genitalen Herpes zu, siehe Seite 314f.

- Damen oder Herren *erwarten* am Ende einer Verabredung niemals eine Knutscherei oder einen Gute-Nacht-Kuss auf die Lippen. Wir sollten daran denken, dass es selbst die von Julia Roberts gespielte Prostituierte in *Pretty Woman* nicht zuließ, dass ihre Kunden sie küssten. Dasselbe gilt für das Händchenhalten in der Öffentlichkeit beim ersten Date, speziell dann, wenn Sie noch nichts getrunken haben. Zivilisierte Menschen finden es höchst merkwürdig und altmodisch, dass so viele junge Paare in der *Blind-Date*-Show bereits Händchen halten, wenn sie sich gerade erst kennen gelernt haben – selbst wenn sie einander nicht einmal besonders mögen. Wir können dieses Verhalten nur als barbarisch bezeichnen!

Wie Sie mit schlechten Küssern umgehen, verraten wir Ihnen unter »Verküss dich« auf Seite 322f.

Wie man einen Knutschfleck macht

Ein Knutschfleck sollte nicht ohne weiteres akzeptiert werden. Nur ein *versteckter* Knutschfleck (Brust, Rücken, Schulter und so weiter) darf dem Partner jederzeit und ohne Genehmigung verpasst werden, wenn davon ausgegangen werden kann, dass er dies auch richtig genießt. Der halb verborgene Knutschfleck (z. B. gleich unter dem Kragen) kann bei *stillschweigender* Erlaubnis gemacht werden, der offenkundige Knutschfleck (Hals!) nur bei ausdrücklicher Genehmigung. Oder Sie kennen Ihr Opfer so gut, dass Sie mit Sicherheit sagen können, dass die Person nicht gefeuert, exkommuniziert oder länger als einen Tag ausgelacht wird (und Sie nicht aus der Beziehung gefeuert werden).

Wenn Sie der stolze Besitzer eines Knutschflecks sind, sollten Sie ihn nicht zur Schau stellen (als handle es sich um eine neue Rolex, die Sie im Urlaub in den Alpen erstanden haben und allen Leuten im Büro zeigen wollen). Doch Sie sollten sich auch nicht schämen, weil Sie heißen, ausgefallenen Sex genossen haben. Akzeptieren Sie Ihr Schicksal mit Anmut. Wenn Sie Ihrem Partner einen Knutschfleck verpassen, seien Sie bitte diskret; Knutschflecke sollten nicht als Garantie betrachtet werden, um zum Höhepunkt zu kommen, oder etwas ähnlich Merkwürdiges. Sie sind ein *gelegentliches* Geschenk, ähnlich wie Blumen und Geburtstagsgaben.

Wenn Sie einen Knutschfleck bei jemand anderem erspähen, entscheiden Sie im Zweifelsfall für den Angeklagten und verurteilen den Betreffenden nicht voreilig, damit Sie nicht als einer dieser verklemmten Menschen wahrgenommen werden, die beim Sex immer das Licht ausschalten. Es ist jedoch durchaus akzeptabel, eine Kollegin amüsiert zu fragen, wenn sie einen Knutschfleck zur Schau trägt. Halb versteckte Knutschflecke sollten von allen, abgesehen von sehr guten Freunden, höflich ignoriert werden. Diese sehr guten Freunde sollten sich über den oder die Betreffende ausgiebig lustig machen, aber vielleicht üben Sie sich eher in Zurückhaltung, da sonst jeder weiß, dass Sie tief in Ihrem Innersten nur neidisch sind.

Weitere Hinweise zur Zurschaustellung von Zuneigung in der Öffentlichkeit finden Sie auf Seite 106f.

Zweite Verabredungen und mehr

Dies ist die berüchtigte Zeit in einer Beziehung nach einer ersten Verabredung, bevor man »zusammen ist«. In dieser Zeit werden Sie sämtliche Verantwortlichkeiten gegenüber Freunden, Schuldnern, Jobs, Familienmitgliedern, die sich einer Operation unterziehen müssen, Hauspflanzen und so weiter und so fort vernachlässigen. Sie werden sich stundenlang auf diese Verabredungen vorbereiten (das gilt auch für die Herren der Schöpfung). Entweder sind Sie mit den Nerven völlig am Ende und verspüren ein Flattern in der Magengegend, oder Sie sind mit den Gedanken ganz woanders und tragen ein verträumtes, ständiges Grinsen im Gesicht, während Sie so tun, als ob Sie sich die ach so prosaischen Geschichten Ihrer Freunde über Langeweile bei der Arbeit und Ringkämpfe mit Alligatoren anhören. Kurz gesagt – Sie werden anderen absolut lästig sein. Damen oder Herren versuchen, über solch vorhersagbarem und plebejischem Verhalten zu stehen.

Kontakt aufnehmen

Wenn die erste Verabredung tadellos verläuft, Sie den neuen Freund oder die Freundin wiedersehen möchten und sich ziemlich sicher sind, dass dieser Wunsch auf Gegenseitigkeit beruht, sollten Sie dies durchaus am Ende des Abends auf unverbindliche, aber ernsthafte Art kundtun: So ersparen Sie dem anderen 24 Stunden, die dieser schwitzend in der Nähe des Telefons verbringt. Deuten Sie an, wann Sie anrufen werden, und halten Sie Ihr Versprechen ein. Zwei bis vier Tage sind eine angemessene Zeit, doch jeder Fatzke, der meint, ein Anruf am nächsten Tag zeige »zu starkes« Interesse, sollte auf einen anderen Spielplatz gehen. Wohlerzogene Damen und Herren wissen, dass das Geheimnis erwachsener Beziehungen nicht durch die Anzahl von Tagen zwischen einer Verabredung und einem Anruf festgelegt wird. Es ist unhöflich, länger als vier Tage zu warten, es sei denn, Sie werden von einem schweren, aus großer Höhe herabfallenden Felsblock getroffen. Heterosexuelle Damen würden durchaus zu einer besseren Welt beitragen, wenn sie die Initiative ergreifen und hin und wieder selbst einmal die Nummer wählen würden. Wenn der Partner einen Anruf ankündigt und dies nicht tut, ist es wahrscheinlich, dass er die Nummer nicht zufällig verloren hat und auch nicht von einem aus großer Höhe herabfallenden Felsblock getroffen wurde. In diesem Fall ist es am besten, die Sache einfach zu vergessen.

Spielen Sie keine Spielchen (Würfelspiele und Spiele mit Spielgeld ausgenommen). Damen oder Herren vermeiden kleinliche Manipulationen, um zu gewinnen.

Verabredungsplaner

Die Faulen unter uns behandeln den Anrufbeantworter vom Kino wie einen gleichberechtigten Partner in der Beziehung. Doch die Bedeutung des Begriffes »eine Verabredung *arrangieren*« ist echten Damen und Herren durchaus vertraut. Das Liebesspiel jedes Mal auf genau dieselbe Weise durchzuführen ist wie ein Hackbeil am Hals Ihrer Beziehung. Dasselbe gilt für Verabredungen, die stets nach demselben Muster verlaufen. Aufmerksame Damen und Herren *planen* ihre Qualitätszeit. Sie verzichten auf die Verabredung mit Abendessen und Kino und lassen sich stattdessen etwas Interessanteres einfallen. Sie verzichten jedoch darauf, Verabredungen einen Hauch von Traumschiffromantik zu verleihen, denn Blumen, ein Picknick (mit echtem Picknickkorb) und ein umherstreifender Mandolinenspieler erinnern zu sehr an Julie McCoy, der Kreuzfahrtmanagerin aus der US-amerikanischen Serie »Love Boat«. (Sie mag sexy gewesen sein, als Sie zwölf waren, lieber Leser, aber heute nicht mehr.) Der gewissenhafte Planer findet den goldenen Mittelweg.

Wir würden vorschlagen, dass Sie sich einen dieser cleveren, wöchentlichen Newsletter per E-Mail schicken lassen, um immer auf dem neuesten Stand zu sein, was örtliche, für Verabredungen geeignete Aktivitäten betrifft. Sie sind eine große Hilfe, ohne dass es den Anschein hat, dass Sie sich *allzu* sehr bemühen. Fürs Erste machen wir nachstehend einige allgemeine Vorschläge. Einfaltspinsel könnten sie als überflüssig abtun. Doch die Klugen unter uns wissen, dass sie die erste sexuelle Begegnung in die Wege leiten können, wenn die Planeten auf einer Linie ausgerichtet sind, die Chemie explosiv ist, wenn Sie mögen, wie das Haar des Partners riecht, und einer von Ihnen beiden an die Verhütungsmittel gedacht hat.

- Wählen Sie eine Bar oder ein Café aus, das über eine Schublade gefüllt mit altmodischen Brettspielen verfügt oder Bingo-Abende anbietet. Damen oder Herren lassen den Partner niemals gewinnen, um den Betreffenden ins Bett zu kriegen, und man führt keinen kleinen Tanz auf, wenn man selbst gewinnt. Derart geschmacklose Gesten deuten auf eine schlechte Erziehung.
- Karaoke ist nichts für Feiglinge, sodass wir empfehlen, das nebenbei vorzuschlagen und andere Vorschläge im Hinterkopf parat zu halten. Sollte jedoch die Herbstsonne bei der Erwähnung von Karaoke in den Augen der Partnerin aufleuchten, wissen Sie, dass Sie eine Gleichgesinnte gefunden haben. Nichts verbindet zwei Seelen mehr, als »Careless Whisper« gemeinsam schmachtend falsch zu singen.
- Erweisen Sie den kuriosen Traditionen der Vergangenheit

Reverenz: Laden Sie zu einer Runde Minigolf, Kegeln oder einem Besuch der örtlichen Spielarkade ein. Die Kombination aus Urlaubskitsch und Schulnostalgie hat ein gewisses Etwas. Außerdem ist es so gut wie unmöglich, bei Minigolf etwas falsch zu machen. Was das Kegeln und Spiele in der Arkade betrifft, müssen Sie sich auf Ihr Naturtalent verlassen. Doch denken Sie daran: Das eine oder andere sehr gut zu können ist nicht unbedingt sexy.

- Einmalige Workshops, beispielsweise zum Thema Weinprobe, oder vielleicht ein Seminar, bei dem man lernt, wie Pornofilme gedreht werden, bieten Gesprächsstoff für Stunden und sind Erfahrungen, die verbinden. Ein Kurs im Gesellschaftstanz ist zu Beginn einer Beziehung möglicherweise etwas zu intensiv, aber wenn beide Seiten mutig sind (und über Rhythmusgefühl verfügen), muss man zu öffentlichem Ganzkörperkontakt nicht nein sagen. Lehrseminare zum Thema Tantra mit zwei Partnern oder Partnerinnen sind normalerweise lange bestehenden Beziehungen vorbehalten (siehe Seite 232f.).
- Halten Sie die Augen offen, was bevorstehende Konzerte im Park, Straßenfeste, Wanderungen betrifft. Buchen Sie eine Kutschfahrt zur nächstgelegenen Knutschecke für Gymnasiasten, oder errichten Sie ein rustikales Zelt im eigenen Garten. Derjenige, der die Verabredung plant, sollte ständig darauf achten, dass das Erlebnis für den Partner angenehm ist.
- Verabredungen sind ähnlich wie Hochzeiten: Die Bräuche sind nicht banal, wenn *Sie* mit ihnen konfrontiert werden.

Beharrlichkeit kontra Stalking

Wenn Sie ihr plötzlich Blumen schenken, geschieht dies aufgrund einer plötzlichen Eingebung. Wenn Sie ihr plötzlich jeden Morgen Blumen schenken, ist es Beharrlichkeit. Wenn Sie ihr plötzlich jeden Morgen Blumen mit einer Karte schenken, die die Aufschrift »Ich liebe dich, du kaltherzige kleine Ziege!« trägt, und Sie die Buchstaben aus einer Zeitschrift ausgeschnitten haben, die Sie aus ihrer Mülltonne geklaut haben, bezeichnet man dies als Stalking, liebe Freunde.

Daher ist es durchaus angebracht, Eröffnungsveranstaltungen in Galerien und Museumsausstellungen Händchen haltend zu besuchen. Hinweis: Damen oder Herren bezeichnen ein Kunstwerk bei einer ersten Verabredung nie als »banal«.

Die Zehn Gebote, wenn man sich mit jemandem verabredet

1. Monogamie ist kein Monolog; Damen oder Herren gehen nie von Exklusivrechten aus, bis Sie beide verabredet haben, sich nicht mehr mit anderen zu verabreden. Die folgenden Äußerungen stellen *keinen* akzeptablen Ersatz dar: »Ich mag dich«, »Ich möchte dich zu meinen Eltern einladen«, »Lass es uns mal von hinten probieren«. Nach der ersten Verabredung und vor der ersten sexuellen Begegnung könnten Sie fragen: »Triffst du dich auch noch mit anderen?« Wenn die Frage bejaht wird, vermeiden es Damen oder Herren, dieses

Gesprächsthema weiterzuverfolgen (mit Ausnahme von Angelegenheiten, die Safer Sex betreffen). Außer der Betreffende ist auf einen Dreier aus oder verfügt nicht über das Eifersuchtsgen. Sich mit anderen zu verabreden ist das Vorrecht des Betreffenden – genau wie es Ihr Vorrecht ist, weitere Verabredungen auf der Grundlage dieser Antwort höflich abzulehnen.

2. Damen oder Herren nutzen Beziehungsschlupflöcher nicht aus: Wenn Sie seit neun Monaten mit jemandem zusammen sind, die Geburtstage Ihrer Haustiere zusammen feiern und es völlig klar ist, dass Ihr Partner von einer monogamen Beziehung ausgeht, obwohl Sie nie konkret das unter Punkt 1 erwähnte »Gespräch« geführt haben, müssen Sie schon ein ziemlicher Ignorant sein, wenn Sie an außerplanmäßigen Aktivitäten teilnehmen.

3. Erwartungsmanagement gilt als gutes Benehmen. Damen oder Herren sind entgegenkommend, damit der andere nicht hinters Licht geführt wird, indem man etwa sagt: »Wir wollen es langsam angehen/ich bin in der nächsten Woche voll beschäftigt/ich treffe mich zurzeit auch noch mit einigen anderen.«

4. Einen Brief, eine E-Mail, Voice-Mail oder SMS unbeantwortet zu lassen ist genauso unhöflich wie eine Frage in einem Gespräch nicht zu beantworten.

5. Damen oder Herren können den Partner vor oder nach der ersten Verabredung »googlen«. Wir empfehlen jedoch, diese Internet-Suche erst im zweiten oder dritten Monat zu star-

ten, wenn Sie in der Süßholz raspelnden Phase sind und einander gestehen, wie aufgeregt Sie beim ersten Treffen waren. Damen oder Herren googlen *nie* den Ex des Partners.

6. Damen oder Herren vertreten ihre eigenen Ansichten nicht im Übermaß. Themen, an die man sich in der lockeren »Verabredungsphase« mit äußerster Vorsicht heranwagen sollte, sind unter anderem: wie man Kinder bestraft, die blutrünstigen Einzelheiten vergangener Beziehungen, was Sie *wirklich* von seinen oder ihren Freunden halten, Abiturnoten und die Urlaubspläne für den nächsten Sommer.
7. Die Diskussion über sexuelle Erfahrungen in Bezug auf Safer Sex fällt *nicht* darunter (mehr dazu im Kapitel über Tabus Seite 291ff.). Die Kunstfertigkeit Ihres Ex-Partners mit einem Buttplug sollte jedoch nicht diskutiert werden.
8. Vermeiden Sie es, in die langfristige, behagliche »Ich bin so glücklich, dass ich furzen könnte«-Phase einer Beziehung vorzustürmen. Die frühen Meilensteine einer neuen Paarung – der erste Film, der erste Kuss, die erste öffentliche Präsentation von Zuneigung, der erste Streit, die erste gemeinsame Autofahrt, die erste Übernachtung, der erste Brunch – sollten ausgekostet und nicht alle auf einmal verheizt werden.
9. Die Dame weiß, dass die meisten Türen nicht so schwer sind, dass sie sie nicht auch einmal für einen Herrn aufhalten könnte.

10. Damen oder Herren steuern den Partner immer um gefährliche Glasscherben, Risse im Bürgersteig und Hundedreck herum.

Geständnisse im Taxi

Damen oder Herren wissen, dass der Partner gezwungen wird, über den ganzen Rücksitz zu rutschen, wenn man die Taxitür aufhält. *Echte* Damen oder Herren halten die Tür auf, schließen sie hinter dem Partner und laufen um den Wagen herum, um auf der anderen Seite einzusteigen. Hinweis für alle, die langsam zu Fuß sind: Ungeduldige Taxifahrer und starker Straßenverkehr könnten dafür sorgen, dass Sie den Partner während dieses Manövers aus den Augen verlieren. In diesem Fall sagen Sie: »Ich steige auf der anderen Seite ein«, um Verwirrung zu vermeiden, oder Sie steigen einfach zuerst ein und rutschen über den Rücksitz. Unzivilisierte Heiden, die *meinen*, sie seien zivilisiert, könnten eine solche Vorgehensweise fälschlicherweise als unhöflich interpretieren. Wenn Sie den Verdacht haben, dass Ihr Partner zu dieser Sorte Mensch gehört, erklären Sie Ihr Verhalten mit einem Lächeln, während er wütend einsteigt. Und wenn Sie in einer dieser schrecklich zivilisierten Städte leben, in denen Menschen Häuser mit Auffahrten und Automobilen besitzen, gilt: Der vornehme Fahrer schließt die Tür zuerst auf der Fahrgastseite auf und lässt die Gäste einsteigen. Im Gegenzug öffnet der Fahrgast stets die Tür an der Fahrerseite, nachdem er eingestiegen ist.

Komisch, dich hier zu sehen

Egal, wie modern Damen oder Herren eingestellt sind, egal, wie mitteilsam sie in der vormonogamen Phase waren, nichts ist so peinlich wie die zufällige Begegnung mit einem neuen Freund, während man mit *einem anderen* neuen Freund unterwegs ist. Wie sollten sich Damen oder Herren in einer Situation verhalten, die auf dem Papier völlig legitim ist, sich aber in Wirklichkeit abscheulich anfühlt? Eine einfache Vorstellung (»Walter, dies ist Edward, Edward, Walter«) ist die einzige Vorgehensweise, die wir in gutem Glauben empfehlen können. Versuchen Sie nicht, die Natur Ihrer Beziehung zu beschreiben (»Walter, dies ist mein Freund Edward, Edward, dies ist ein anderer Freund von mir, Walter«). Sagen Sie einfach: »Wie geht's? Oh, gut. Leider müssen wir weiter. Bis bald«, und gehen Sie weiter. Sie werden wahrscheinlich feststellen, dass eine solche Begegnung die Monogamie-Diskussion auf *beiden* Seiten beschleunigen dürfte. Obwohl Sie sich durch diese Begegnung nicht unter Druck gesetzt fühlen sollten, zur Monogamie-Phase überzugehen, *sollten* Sie Ihre Verabredungen möglicherweise ein wenig sorgsamer (und diskreter) planen, falls Ihnen Derartiges öfter passiert. Wenn Sie feststellen, dass Sie in diesem Szenario fehl am Platz sind, stellen Sie sich höflich dem Partner Ihrer Freundin vor und sagen: »Wie geht es Ihnen? Oh, gut. Leider muss ich weiter, bis bald«, um sich zu verabschieden. Sparen Sie sich bohrende Fragen für ein späteres Gespräch unter vier Augen auf, denn absichtlich dafür zu sorgen, dass eine Situation peinlich wird, steht im Widerspruch zu gutem Benehmen.

Ein Essen mit Freunden

Jung verliebte Paare kommen fast so gern zusammen wie Grateful-Dead-Fans. Diese Treffen finden am häufigsten bei gemütlichen Dinnerpartys statt. Sollten Sie sich auf einer solchen Party mit Freunden wiederfinden, richten Sie sich nach den folgenden Regeln (die zusätzlich zu den international anerkannten und bereits in diesem Kapitel abgehandelten Tischmanieren gelten):

- Wenn Sie bei Freunden zu Abend essen, ist es unbedingt erforderlich, einen Beitrag zu den abendlichen Festivitäten zu leisten, sei es mit einer guten Flasche Wein, einer Torte mit frischem Obst als Nachtisch, einer gut gefüllten Schüssel mit Knabbereien oder erlesener Pornografie.
- Überlassen Sie nicht dem Gastgeber die Mühen, eine Unterhaltung in Gang zu bringen – stellen Sie Fragen, zeigen Sie Interesse, tun Sie zur Not so als ob.
- Fragen Sie den Gastgeber stets, ob Sie irgendetwas, *egal was*, tun können, um zu helfen, selbst wenn ein Quiz im Fernsehen gezeigt wird. (Keine Sorge – man wird Ihr Angebot nur selten annehmen.)
- Stürzen Sie sich nicht auf das Essen, bevor alle am Tisch sitzen und ihren Teller vor sich haben; bei Unsicherheiten folgen Sie dem Beispiel des Gastgebers.
- Ein altes Sprichwort sagt, dass Tragödie plus Zeit gleich Komödie ist. Wir würden hinzufügen: oder zumindest eine tolle Geschichte für Dinnerpartys. Manche Geschichten kön-

nen erzählt werden, wenn man einen Drink zu sich nimmt, wohingegen sie nicht als Tischgespräch geeignet sind. Andere erzählt man besser erst nach Mitternacht, und einige bleiben am besten nur engen Verwandten vorbehalten. Es gilt grundsätzlich als gutes Benehmen, gegenüber dem Ego des Partners und dem Appetit Ihrer Zuhörer Feingefühl zu zeigen. Denken Sie daran: Sex kann ein lustiges und prickelndes Gesprächsthema sein, vorausgesetzt, die Einzelheiten der Diskussion sind keinem der Gäste peinlich, machen niemandem Angst, outen niemanden und tragen keine Geheimnisse weiter.

- Stehen Sie nicht vom Tisch auf, bis der Gastgeber andeutet, dass es angebracht ist.
- Sie *müssen* beim Abräumen helfen. Sich faul in der Nähe der Stereoanlage herumzutreiben, während der Gastgeber den Tisch abräumt, ist furchtbar unhöflich. Und die Herren der Schöpfung sollten daran denken, dass wir tatsächlich im 21. Jahrhundert leben: Das Abräumen ist keine weibliche Aufgabe. Wenn die Damen auf Ihrer Party dies anbieten, dann aus Höflichkeit, nicht aus Verpflichtung. Daher sollten Sie für Ausgewogenheit sorgen, indem Sie sich bereit erklären abzuspülen.
- Danken Sie Ihren Gastgebern immer, selbst wenn es ein furchtbarer Abend war und Sie gleich Durchfall bekommen werden.

Die Kunst, ein netter Kerl zu sein, der sich rumkriegen lässt

Freundlichkeit ist höflich, und Höflichkeit ist sexy. Leider klagt eine zunehmende Anzahl heterosexueller Männer darüber, dass Frauen sich nicht mit ihnen verabreden, weil sie »zu nett« sind. Aber in Wirklichkeit ist nicht ihre Freundlichkeit das Problem – *oh nein* –, sondern die Tatsache, dass sie darüber jammern. Allzu häufig fassen die kläglichen, armen und unsicheren jungen Männer diese Charaktereigenschaften unter der Überschrift »nett« zusammen, sodass sie die Schuld an ihrer verlängerten Trockenperiode jenen Damen in die Schuhe schieben können, die ungezogene Jungs mögen.

Damit wollen wir nicht sagen, dass Frauen kein Faible für ungezogene Jungs haben – aber beachten Sie, liebe Leser, dass die Betreffenden sich zwar mit ungezogenen Jungs *austoben*, sich aber auf Dauer mit den netten Kerlen einlassen. In ihrem Leben kann eine Frau jedoch sehr viel mehr Abenteuer als langfristige Beziehungen verbuchen, sodass die Chancen beim Dating oder Bumsen zugunsten der ungezogenen Jungs stehen. Bei einem Abenteuer sind Zutaten wie Geheimnis, Gefahr, Aufregung und Intensität attraktiver als in einer liebevollen und sanften Beziehung mit Stabilität, Sicherheit und Bindung.

Man(n) *kann* jedoch einige dieser abenteuerlichen Elemente in das gewöhnliche Dating-Spiel aufnehmen, ohne seinen Status als Gentleman zu opfern. Dabei gilt es zu bedenken, dass die Damen meinen, sie hätten Ihre Zuneigung nicht verdient, wenn Sie es ihnen zu leicht machen – das heißt, wenn Sie zu schwärmerisch und offenherzig sind, keine Geheimnisse haben oder nicht einmal andeutungsweise über eine dunkle Seite verfügen. Selbstbewusstsein, das kurz vor der Großspurigkeit Halt macht, beweist, dass Sie aus freien Stücken und nicht aus Bedürftigkeit mit Ihrer Herzensdame zusammen sind.

Hier noch ein Tipp von den ungezogenen Jungs: Sie haben kein Interesse an platonischen Beziehungen zu Frauen – und machen dies ganz klar. Nette Kerle sind gute Freunde. Doch eine Freundschaft zur Grundlage einer Liebesbeziehung zu machen kann ins Auge gehen: Wenn erst einmal eine gute Freundschaft etabliert wurde, wollen viele Damen diese nicht aufs Spiel setzen, indem sie schwärmerisch werden. (Zumindest ist das die Entschuldigung, die Sie von ihnen hören werden.)

Nette Kerle sind oft zu rücksichtsvoll. Dies ist eine bewundernswerte Eigenschaft, aber wenn sie versuchen, nicht unhöflich oder gefühllos zu erscheinen, wirken sie oft unentschlossen, schüchtern oder zu nachsichtig. Sie besitzen nicht die Dreistigkeit, Arroganz oder Ichbezogenheit, eine Frau über den Esstisch zu ziehen und ihr leidenschaftlich mitten in einem Satz einen Kuss aufzudrücken. Manchmal ist es genau das, was sich eine Dame wünscht.

Dennoch möchte niemand schlecht behandelt werden, es sei denn, der Betreffende schleppt mehr Probleme mit sich herum, als im *Reader's Digest* behandelt werden. Doch das Gefühl, einen ungezogenen Jungen (oder ein böses Mädchen) bekehrt zu haben, die Überzeugung, dass die einzigartige heilende Kraft der Liebe den anderen verwandelt hat, *ist* sexy. Es ist die typische Hollywood-Story: Gemeiner Kerl verliebt sich schließlich in ein nettes Mädchen (das dann natürlich von einer tödlichen Krankheit hinweggerafft wird). Wer möchte diese Märchenprinzessin *nicht* sein (vom Krebs einmal abgesehen)?

Obwohl gute Jungs oft mit einem Beziehungslebenslauf ausgestattet sind, der mit tollen Referenzen und erfolgreichen langfristigen Beziehungen angefüllt ist (haben Sie schon einmal bemerkt, dass nette Kerle normalerweise mit der Ex-Freundin auf freundschaftlichem Fuß stehen?), erfüllt das den Wunsch vieler Frauen nach einer Herausforderung nicht (ja, auch Frauen sind Idioten). Diese denken: »Natürlich will er mit mir ausgehen. Er ist geradezu dafür *geschaffen.*« Böse Jungs, die noch nie eine stabile Beziehung hatten, sind die ultimative Herausforderung für Damen. Sie denken: »Ich bin sicherlich nicht die erste Frau, mit dem dieser böse Junge schläft, aber ich könnte vielleicht die letzte sein.«

Verehrte Herren, Sie müssen sich nicht an der einen oder der anderen Gruppe orientieren. Sie sollten das Beste beider Gruppen in sich vereinen. So sagt die von Nicholas Cage in *Mondsüchtig* gespielte Person: »Ich möchte, dass du jetzt mit mir nach oben in mein Bett kommst!« Aber bereiten Sie ihr am nächsten Morgen das Frühstück zu, wie jeder höfliche Herr es tun würde. Und denken Sie daran, dass das, was für Beziehungen im Allgemeinen gilt, spezifisch auf Sex zutrifft. »Nett« zu sein bedeutet nicht immer inniges, bedeutungsvolles, schmachtendes, einfühlsames Liebesspiel. Sex ist oft heißer, wenn die Mischung etwas Widriges enthält, und es ist nicht falsch oder unhöflich, ein solches Trugbild zu schaffen, um einer sonst »netten« Beziehung etwas mehr Würze zu verleihen. Werden Sie Ihre Frustrationen im Bett los, setzen Sie einen Streit ein, um Ihre Ausgelassenheit zu steigern, beißen Sie, versohlen Sie ihr den Hintern. Seien Sie ein ungezogener Junge (oder ein böses Mädchen) im Bett – denn das ist der einzige Ort, wo es zählt. Im nächsten Kapitel erfahren Sie mehr darüber, wie Sie »das Geschäft abschließen«.

Offizieller Sex

Viele Scheusale glauben, die einfachste Möglichkeit, den Abend zum gewünschten Abschluss zu bringen, bestehe darin, direkt zur Sache zu kommen und zu fragen, ob ihr Gegenüber Lust hat. Damen und Herren wissen jedoch, dass man Bienen besser mit dem süßen Honig guter Manieren fängt.

Jemanden mit Gewalt ins Bett zu zwingen ist nicht nur ungehobelt, sondern auch skrupellos. Sexuelles *Selbstbewusstsein* kann Damen oder Herren hingegen weit bringen. Nichts ist attraktiver als ein Mensch, der offensichtlich sexuell hingerissen ist – und den es juckt (dies ist bitte nicht wörtlich zu nehmen), dahingehend etwas zu unternehmen. Seien Sie ehrlich und ernsthaft, und gestehen Sie sich dies ein, damit später alles sauber läuft. Aber denken Sie daran, dass zwischen einem romantischen Eingeständnis und Verzweiflung, zwischen Zuversicht und flegelhaftem Benehmen ein feiner Unterschied besteht. Wählen Sie Ihre Worte sorgfältig und mit Bedacht. Es ist besser (und häufig auch vernünftig), etwas zu vorsichtig zu sein. Allerdings sollten Sie Rückgratlosigkeit nicht mit Höflichkeit verwechseln. Sie sollten bei Ihren Eingeständnissen entschlossen und solide sein und nicht so wankelmütig, dass Ihr Gegenüber Sie mit einer Schüssel Wackelpeter verwechseln könnte.

Wenn Sie sich nicht sicher sind, wie Sie das Thema angehen sollen, können Sie zwei Fliegen mit einer Klappe schlagen, indem Sie ein Gespräch über Ihre sexuelle Vergangenheit und kürzlich durchgeführte Tests für sexuell übertragbare Krankheiten beginnen, bevor Sie sich auch nur in Schlafzimmernähe bewegen. Damit beweisen Sie nicht nur, dass Sie verantwortungsbewusst sind und sich um Gesundheit und Sicherheit sorgen, sondern teilen dem Objekt Ihrer Begierde auch auf weniger subtile Weise mit, dass Sie ihn oder sie um den Verstand ficken wollen. Sie sollten sich allerdings nicht anmaßend anhören, wenn Sie höflich klingen und lustvolle Bewunderung vermitteln wollen. Denken Sie niemals, dass Sie die Sicherheitsdiskussion auslassen können: Hybris ist eins der größten Risiken für unsere Genitalien. (Auf Seite 309ff. finden Sie weitere Hinweise zu sexuell übertragbaren Krankheiten.)

Wenn Sie versuchen, zur Sache zu kommen, dürfen Sie den Ausspruch: »Möchtest du mit nach oben kommen, um meine Kupferstiche anzugucken?« nur verwenden, wenn Sie *keine* Kupferstiche besitzen. Den Begriff »Schlummertrunk« dürfen Sie nur ironisch verwenden. Und Sie dürfen nicht automatisch annehmen, dass Ihre Partnerin weiß, dass »ein Drink« (wie in: »Möchtest du noch auf einen Drink reinkommen?«) ein Codewort für »einen Fick« ist, »der die Engel zum Weinen bringt«.

Damen oder Herren handeln niemals voreilig. Vornehme Menschen betrachten die Verführung als ein Gericht, das man am besten langsam genießt. Um diese Prozedur zu illustrieren, verwenden wir ein Beispiel aus dem Sportbereich: Sex als Fußballfeld. (Ruhe, verehrte Leser, und spitzen Sie die Ohren.) Es ist nicht erforderlich, gleich bei der ersten Verabredung ein Tor zu schießen. Ihre Chancen, eine gelbe oder rote Karte zu bekommen, verringern sich mit jeder weiteren Verabredung ungemein. Wenn Sie ein nervöser Mensch sind, sollten Sie Schritt für Schritt vorgehen: Halten Sie sich bei der ersten Verabredung auf Ihrer Seite des Feldes auf, rücken Sie bei der zweiten ins Mittelfeld vor, bei der dritten in den Elfmeterraum und so weiter. Leider ist dies keine besonders originelle Methode, aber sie ist vorhersehbar und daher beruhigend. (Es wird noch genug Zeit und entsprechende Gelegenheiten für das »Unvorhersehbare« zu einem späteren Zeitpunkt geben, wenn Sie möglicherweise einen Kopfstoß einsetzen.) Merken Sie sich bitte Folgendes: Falls Sie tatsächlich die Fußballmetapher in einem Gespräch mit dem Objekt Ihrer Begierde einsetzen, gehen Sie das Risiko ein, für den Rest der Saison auf der Reservebank zu landen. Wie alle anständigen Damen und Herren sollten Sie tun, was wir sagen, und nicht, was wir tun.

Sollte eine Dame oder ein Herr das Glück haben, einen neuen Partner gleich bei der ersten Verabredung flachzulegen, sollte besagte Dame oder Herr *niemals* davon ausgehen, dass der oder die Betreffende nicht für eine Beziehung in Frage kommt. Damit würden einige potenziell exquisite Beziehungen zwischen kultivierten Bürgern disqualifiziert, die durchaus in der Lage sind, eine Bindung einzugehen und monogam zu leben. Es handelt sich um mündige Mitglieder der Gesellschaft, die in sexuellen Fragen eigene Entscheidungen treffen, wissen, was sie wollen, keine kleinbürgerlichen Spielchen spielen und unabhängige Freidenker sind. Nur unzivilisierte Damen und Herren denken, dass Sex ein Mittel für einen Tauschhandel ist.

Ein Hinweis für die Damen: Verlassen Sie sich nicht immer darauf, dass der Herr den ersten Schritt tut. Das Leben ist zu kurz, und die Gelegenheiten sind zu verlockend, als dass Frauen in den sexistischen Traditionen anderer Männer schwelgen sollten. Derart blindes Vertrauen auf diese Traditionen kennzeichnet einen Menschen, der antiquierte Konventionen befolgt, statt sich selbst treu zu sein.

Gastgeber spielen

Wenn man den oder die Geliebte zu sich nach Hause einlädt, sorgt der gute Gastgeber dafür, dass sich der Aufenthalt des Gastes so angenehm wie möglich gestaltet. Es ist nicht erforderlich, neu zu tapezieren, denn schließlich spiegelt Ihre Umgebung Ihr Ich wider – es sei denn, Sie sind ein wahres Schwein. In diesem Fall sollten Sie sich ein Swiffer-Tuch besorgen.

Unabhängig von Ihrer Persönlichkeit sollte das Schlafzimmer ein heiliger Ort der Ruhe, Entspannung und des Herumtollens im Heu sein. Jegliche Erinnerung an den Alltagsstress – CNN im Fernsehen, Akten, die Sie vom Büro mit nach Hause gebracht haben, Kukident-Haftcreme, Stapel unbezahlter Rechnungen, ja, selbst das Handy – können negative Energie im Raum verbreiten. Sorgen Sie dafür, dass Sie den ganzen Mist loswerden. Es schadet nichts, sich einmal näher mit Hol-

Süße Musik für wollüstige Zeiten

Etikette sollte nie eingesetzt werden, um Geschmacksfragen zu entscheiden – eine Ausnahme gilt für die Musik, die beim Sex gespielt wird. Denn wenn Musik die Nahrung der Liebe ist, ist Rhythm'n Blues wie McDonald's. Ja, Marv und seine Kameraden (Al Green, Barry White, R. Kelly und andere) haben eindrucksvolle und lukrative Karrieren hinter sich, indem sie poetische Worte zu den verschiedenen Bergen, die sie erklommen haben, und zu den Tälern, die im Namen der Liebe durchquert wurden, auf Schallplatten gebannt haben. Und es stimmt – nach mehreren Glas Sekt fallen Brautjungfern auf der ganzen Welt in Ohnmacht, wenn der DJ »Let's Get It On« spielt. Doch wenn man diesen Soundtrack regelmäßig beim Sex (oder auch nur beim Vorspiel) genießt, geht man das Risiko ein, seiner Libido das anzutun, was zu viele Big Macs den Arterien zufügen. Das soll nicht heißen, dass R & B kein wunderbares Musikgenre ist, aber alles, was zu eifrig versucht, sexy zu sein, schlägt ins Gegenteil um (man denke nur an Geri Halliwell). Selbst Dinge, die verheißungsvoll sexy beginnen, bekommen eine Patina, wenn sie erst einmal von den heidnischen Massen entdeckt oder oft genug reproduziert wurden. R-&-B-Songs wurden auf zu vielen Dancefloors am Ende des Abends während zu vieler Sommerurlaube gespielt; sie drehten sich bereits auf dem Plattenteller, als Ihre Eltern noch ihre eigene süße Musik gespielt haben. Und dieser Neandertaler zwei Schreibtische weiter, der Ohrwachs mit dem Radiergummi am Bleistiftende entfernt, wenn er denkt, dass niemand guckt? Er treibt es zu Barry White. Diese Songs wurden im Sexualleben anderer Leute mit viel Fett frittiert. Sie sind ungeeignet. Außerdem ist nichts schlimmer, als mitten beim Sex abgelenkt zu werden, weil man zufällig mitsingt. Sparen Sie sich »Sexual Healing« für ironischen Sex auf.

lywood-Sexszenen zu befassen. Mit der dramatischen, schwachen Beleuchtung und Musik, die die richtige Stimmung aufbaut, sind sie unschätzbare Lektionen, wie man eine Bettszene arrangiert. (Kümmern Sie sich nicht darum, dass sich solche Szenen normalerweise zwischen zwei heißen Typen aus Beverly Hills mit unfassbar perfekten Körpern in völlig unglaubwürdigen Szenarien abspielen.) Jeder erlebt besseren Sex bei Kerzenbeleuchtung und launiger Musik von der Stereoanlage, die gerade laut genug ist, um zufällige, unhöfliche Emissionen zu dämpfen, aber leise genug, um die Nachbarn nicht zu stören. Es ist keineswegs geschmacklos, sich eine CD oder Kassette für das offizielle Bumsen zu brennen; man sollte diese allerdings nicht als solche etikettieren. Echte Damen oder Herren vernichten eine solche CD, wenn der Partner nicht mehr aktuell ist – es sei denn, es handelt sich um eine gemixte CD für zufällige sexuelle Begegnungen. Und zeigen Sie etwas Zurückhaltung beim Anzünden von Kerzen – mehr als zehn, und Sie bewegen sich gefährlich nah an der Gothic-Szene. Eine subtilere Methode besteht darin, einfach das Licht zu dimmen oder Niedrigwatt-Glühbirnen einzuschrauben.

Noch wichtiger als die Atmosphäre ist Sauberkeit. Nichts ist uneleganter als der Versuch, sich zwischen Haufen schmutziger Wäsche, einer alten Müslischüssel mit geronnener Milch auf dem Nachttisch und einem Kissen mit verschiedenen Rorschach-Mustern zu lieben, die Sie im Schlaf auf das Kissen gesabbert haben. Wie rein Sie Ihr Schlafquartier halten, ist aber auch ein Hinweis darauf, wie gründlich Sie Ihre Genitalien pflegen. Diese Wechselbeziehung wird Übernachtungsgästen nicht entgehen. Beruhigen Sie sie, indem Sie für Ordnung und Sauberkeit sorgen. Aktive Damen oder Herren waschen die Bettwäsche jedes Mal, wenn ein Gast übernachtet hat, oder alle zwei Wochen – je nachdem, welcher Zeitpunkt früher eintritt.

Was für das Schlafzimmer zutrifft, gilt noch mehr für das Badezimmer. Nasse, im Waschbecken oder in der Badewanne klebende Haare nehmen im Allgemeinen die Lust. Idealerweise sollten Gäste das Gefühl haben, dass Sie in Ihrem Badezimmer eine Mahlzeit verzehren könnten *oder* sich völlig unbesorgt ihren Körperfunktionen widmen können. Papierservietten oder Papier von der Küchenrolle ist kein Ersatz für weiches Toilettenpapier: Sorgen Sie dafür, dass Sie immer ein paar Rollen in Reserve haben. Eine Schachtel Streichhölzer, eine Votivkerze oder ein Raumspray können ein beruhigender Anblick für den Gast sein, selbst wenn er nichts von dem Bohnendip gegessen hat. Verdacht regt sich allerdings dann, wenn eine Schüssel mit Potpourri im Bad herumsteht. Lesematerial im Badezimmer sollte auch auf dem Wohnzimmertisch herumliegen können. Um es deutlich zu sagen: keine Sexhefte oder Bücher mit geschmacklosen Witzen (entgegen der vorherrschenden Überzeugung ist Lesematerial mit analem Humor *nicht* angemessen). Von den Flegeln, die Toilettenpapier mit Golf-Witzen kaufen, ganz zu schweigen. Halten Sie stets mindestens ein frisches Handtuch sowie einen Waschlappen für jeden Gast bereit, vorzugsweise im Wäscheschrank. Ihr feuchter und schimmliger, 14 Tage alter Lappen sollte nicht als Geste der Intimität mit anderen gemeinsam benutzt werden. Der WC-Deckel sollte immer geschlossen sein. Ist dies zu viel verlangt, sollte zumindest die Klobrille heruntergeklappt werden, verehrte Kretins. Wenn Sie nicht möchten, dass ein bestimmter Gegenstand (ein Sex-Spielzeug, Windeln für Erwachsene, ein Schrumpfkopf) entdeckt wird, bewahren Sie ihn nicht im Arzneischrank auf. Schließlich sollten Sie als echte Damen oder Herren immer eine Zahnbürste für Gäste parat haben, die sich noch in der Verpackung befindet, falls ein Gast darum bittet. Halten Sie *keine* ganze Schublade von Bürsten vorrätig, damit Gäste »sich ihre Lieblingsfarbe aussuchen« können, als seien Sie der Sex-Zahnarzt. Alles, was nahe legen könnte, dass Sie eine Drehtür in Ihrem Schlafzimmer haben, sollte um jeden Preis vermieden werden.

Selbst wenn Sie oder Ihr Partner eine andere Form der Schwangerschaftsverhütung einsetzen und unabhängig davon, ob Sie Mann oder Frau, schwul oder hetero sind, sollten Sie *immer* frische Kondome und/oder Dental Dams von Qualität parat haben, die an einem kühlen, trockenen Ort aufbewahrt werden. Nur alte Käuze, Sexisten und Idioten glauben, dies falle in den Verantwortungsbereich des Mannes. Damen und Herren übernehmen selbst die Verantwortung für die eigene sexuelle Gesundheit.

Ihre Pflicht als Gastgeber fordert, dass Sie bei einigen weiteren Fragen des Komforts mitdenken. *Ein* Kissen mag für Sie ausreichen, aber Sie sollten mindestens ein, wenn nicht sogar zwei Extrakissen für Gäste vorrätig haben. Wenn Sie nur ein Kissen besitzen (und dafür gibt es wirklich keine Entschuldigung), müssen Sie es für den Gast opfern. Wenn Sie alt genug sind, Gesellschaft beim Sex zu haben, dann sind Sie auch alt genug, ein Bett zu besitzen, das größer als ein Einzelbett ist (selbst wenn Sie in der Großstadt in einer Wohnung von der Größe eines Kleiderschranks leben). Bilder von ehemaligen Partnern (egal, ob sie unschuldig oder schmutzig sind) sollten aus Respekt vor dem Gast weggeräumt werden. Wenn Sie sich zurzeit noch mit anderen Damen oder Herren treffen, sollten Sie die Lautstärke des Anrufbeantworters herunterdrehen – Sie müssen in Bezug auf Ihren sexuellen Status ehrlich sein, aber Sie dürfen nie damit protzen. Es wird nicht erwartet, ist aber eine nette Geste, ein künstliches Gleitmittel von Qualität zur Hand zu haben – aber nicht in einem Fünf-Liter-Fass auf dem Nachttisch. Halten Sie für schnelle Reinigungsaktionen Kosmetiktücher in Bettnähe parat. Und bewahren Sie Ihre Kondome diskret, aber praktisch auf. Folgendes müssen wir nicht extra erwähnen: Offene Packungen oder – schlimmer noch – gebrauchte Gummis sollten nicht herumliegen, auch nicht im Abfalleimer.

Damen und Herren sind wie Pfadfinder: Sie sind allzeit bereit. Sie sollten immer bereit sein, sowohl die Rolle des guten Gastgebers als auch des Sextiers zu übernehmen. Selbst wenn Sie zurzeit eine Trockenperiode erleben, die sich in Jahren statt Monaten messen lässt, ist dies keine Entschuldigung dafür, die oben aufgeführten Pflichten zu vernachlässigen und die Wohnung verfallen zu lassen. Sie wissen nie, wann die Götter des guten Benehmens Ihnen gnädig gestimmt sind und Sie mit einem Überraschungsgast an der Haustür belohnen ... in Uniform ... und mit einem rasenden Anfall von Nymphomanie. Natürlich ist uns bewusst, dass Umstände eintreten können, die es fast unmöglich machen, einige dieser Pflichten zu erfüllen: Haustiere sterben, die Erde bebt, Depressionen lasten auf uns wie ein bleierner Röntgenschutz, im Fernsehen beginnt man mit der wiederholten Ausstrahlung Ihrer Lieblingssendung »Der Preis ist heiß«. Falls Ihr Quartier – aus welchem Grund auch immer – doppelten Dienst als gigantische Petri-Schale leistet, in der alle möglichen Schimmelpilze und Bakterien wachsen, haben Sie drei Optionen, wenn sich unvermutet die Gelegenheit für eine sexuelle Begegnung bietet:

1. Sie können hoffen, dass der neue Freund oder die neue Freundin die eigene Wohnung vorschlägt. Sie dürfen sich jedoch *nicht* selbst dorthin einladen. Das würde den Freund in die unangenehme Lage bringen, Ihren Besuch möglicherweise ablehnen zu müssen. Außerdem würden Sie sich dadurch als Blutegel outen. Sie können höchstenfalls erklären, dass Ihr Heim leider vorübergehend nicht bewohnbar ist. Nehmen Sie Abstand davon, das Warum in allen scheuß-

lichen Einzelheiten zu schildern, aber seien Sie nicht so vage, dass der Partner sich in seiner Phantasie das Schlimmste ausmalt (ein Teppich aus Bananenschalen, eine Kakerlakenplage, aufblasbare Möbel, Ihre bessere Hälfte). Davon ausgehend, dass es sich bei Ihrem »Problem« nicht um eine derzeitige Freundin, einen Freund oder Ehepartner handelt, ist dies eine der wenigen Gelegenheiten, bei der eine kleine Notlüge akzeptabel ist.

2. Wenn beide Parteien sich völlig darin einig sind, dass alle Absichten rein fleischlicher Art sind (d. h., Sie beide erwarten nicht einfach nur ein paar weitere Stunden sprühender Unterhaltung), dürfen Sie mit einer kühnen und romantischen Geste ein Hotelzimmer vorschlagen. Sie müssen jedoch erwarten, dass Sie den vollen Preis für das Zimmer selbst bezahlen, da Sie den Vorschlag gemacht haben. Und es versteht sich natürlich von selbst, dass das gewählte Hotel sehr viel sauberer und komfortabler sein sollte, als es Ihr Heim zurzeit ist.

3. Sagen Sie Ihrem Freund, dass Sie nichts lieber tun würden, als ihn auf der Stelle in Ihr Chalet zu entführen, aber dass Sie der Meinung sind, Sie sollten warten und die Dinge langsam angehen. (Zumindest so langsam, dass Sie genug Zeit haben, Ihr Herrenhaus in einen präsentablen Zustand zu bringen.) Es ist nie altmodisch, ein hoffnungsloser Romantiker zu sein – oder zumindest so zu tun als ob.

Wenn Sie der Gast sind

Als Gast sollten Sie daran denken, dass die Einladung, den Körper eines anderen Menschen wie den eigenen zu behandeln, nicht automatisch bedeutet, dass man auch dessen *Heim* wie das eigene behandeln darf. Behandeln Sie den Lebensraum des Gastgebers wie ein Museum, bis Sie die Erlaubnis erhalten, sich wie zu Hause zu fühlen:

- Lassen Sie die Dinge so, wie Sie sie vorgefunden haben – das gilt besonders für die Klobrille.
- Bitte legen Sie nicht Ihre beschuhten Füße auf das Mobiliar. Denken Sie daran, wo diese Schuhsohlen gewesen sind. Auf den mit Rotz überhäuften Bürgersteigen dieser Welt!
- Die Gewohnheit, an den Fingernägeln oder – schlimmer noch – an den Zehennägeln zu kauen, ist die Höhe der Vulgarität. Nichts ist so widerlich, wie ein Souvenir zu hinterlassen. Unterlassen Sie diese Unart in der Öffentlichkeit und vor allen Dingen im Bett eines anderen. Sollten Sie sich dabei ertappen, dass Sie aus Versehen an den Nägeln kauen, werfen Sie sie *nicht* hinter das Kopfbrett (oder irgendwo anders hin); entsorgen Sie sie korrekt und diskret im Papierkorb.
- Wenn Sie duschen, ist es höflich nachzufragen, welche Produkte Sie benutzen dürfen, vor allen Dingen dann, wenn Ihr Lover einen Mitbewohner hat.
- Wenn Sie keine Zahnbürste dabei haben (und an Abenden, an denen Sie eine Übernachtung woanders nicht eingeplant

Der beste Freund des Lovers?

Haustierbesitzer sollten sich ernsthaft vor Augen führen, dass die Liebe, die sie für Bello oder Kitty empfinden, nicht unbedingt vom Rest der menschlichen Welt geteilt wird. Auch dürfen sie nicht erwarten, dass ein Lover automatisch zum Tierliebhaber wird, nur weil er sich zu Pekinesenwelpen hingezogen fühlt. Solche Neigungen sollten gezügelt werden, genau wie man seine Haustiere im Zaum halten sollte. Egal, wie sehr Sie Ihren Hund lieben oder wie oft besagter Hund als Ersatzbettgenosse dient, dürfen Sie nicht annehmen (oder – schlimmer noch – darauf bestehen), dass das Tier mit zu Ihnen ins Bett kommt, wenn Sie einen menschlichen Übernachtungsgast haben. Sie dürfen *höchstenfalls* fragen, ob Ihr Gast etwas dagegen hätte, wenn Sie in der Nacht Gesellschaft am Fußende des Bettes haben. Sie *müssen* seine Antwort respektieren – Verhandlungen sind ausgeschlossen. Wenn Sie sich im Boudoir eines Borderline-Zoophilen wiederfinden, können Sie höflich, aber bestimmt darum bitten, dass Sie und Ihr neuer Lover die Nacht *allein* verbringen. Sie können nötigenfalls auch Allergien vorschieben. Wenn Ihr Partner ein Mensch von Format ist, wird er die notwendigen Anordnungen treffen, damit Ihre gemeinsame Bewusstlosigkeit nicht gestört wird. Tut er dies nicht, raten wir, die Verbindung lieber früher als später abzubrechen, denn Haustierfetischisten sind keine tollen Liebhaber. Wenn Sie beide Tierliebhaber sind, können Sie,

Ihr Lover und der Retriever natürlich glücklich die ganze Nacht gemeinsam in der Löffelposition verbringen. Ein Wort zum Schluss: Es ist unmanierlich und unhygienisch, seine Haustiere (oder die anderer Menschen) auf die Schnauze zu küssen, speziell dann, wenn Sie noch vorhaben, die Lippen Ihrer Liebsten später an diesem Tag zu küssen.

haben, wäre dies vermessen), bitten Sie Ihren Gastgeber um eine solche. Wenn er eine gebrauchte aus dem Schrank unter dem Waschbecken hervorkramt (und Sie den Verdacht haben, sie könnte als Reinigungsinstrument für etwas anderes als Zähne benutzt worden sein), lehnen Sie höflich ab und spülen den Mund nur mit Zahnpasta und Wasser aus. Wenn er jedoch die eigene Zahnbürste anbietet, wäre es unhöflich, diese abzulehnen, zumal, wenn Ihre Zunge gerade im Mund des Gastgebers war oder gleich darin verschwinden wird. Nehmen Sie das Angebot freundlich an.

- Schleppen Sie keine Artikel in die Wohnung (Rasierer, Teddybär, Tampons, Playstation, glücksbringende Unterwäsche), es sei denn, Sie wurden dazu aufgefordert. Damen oder Herren vermeiden es zudem, Artikel »aus Versehen« zurückzulassen.

- Sie sollten nie in den Arzneischrank des Gastgebers schauen, wenn es nicht unbedingt erforderlich ist. Wenn Sie etwas wirklich, ja, *unbedingt* brauchen, das Sie nicht dabeihaben und das nicht sichtbar im Bad aufbewahrt wird, und wenn es Ihnen furchtbar peinlich wäre, den Gastgeber darum zu bitten (z. B. Pinzette, Nagelschere, Rasierer, Wattestäbchen, Schmerzmittel und so weiter), dann dürfen Sie ganz, ganz vorsichtig und diskret hineinschauen. Dies ist jedoch kein Schlupfloch, das missbraucht werden darf. Besonders kultivierte Damen und Herren wissen, dass *nichts* intimer oder peinlicher ist, als Sex mit jemandem zu haben – nicht einmal die Bitte um Hämorrhoidensalbe. Daher empfehlen wir, mitteilsam zu sein, statt in die Privatsphäre des anderen einzudringen. Und wenn wir schon beim Thema sind: Damen oder Herren stellen die Hämorrhoidensalbe nie in den Spiegelschrank.

Zur Tat schreiten

Gebote und Verbote des guten und ausführlichen Liebesspiels

Übereilen Sie nichts. Das ganze Pulver auf einmal zu verschießen ist unschicklich. Sex ist kein Wettrennen, und Sie versuchen nicht, ständig Ihre Zeit zu verbessern. Außerdem ist es für die Partnerin einfacher und erotischer, zu sagen: »Mehr, stärker, oh Gott, schneller« als: »Hoppla! Etwas langsamer bitte, Cowboy.«

Bieten Sie positive Verstärkung an. Um es vornehm auszudrücken: Völlige Stille ist Mist. Ihre Partner werden Lob und Feedback so willkommen heißen wie Mariah Carey eine gute Kritik. Außerdem ist dies eine gute Gelegenheit, sich Schweinereien zuzuflüstern. Wenn Sie nicht die richtigen Worte finden können, funktionieren anerkennende Geräusche genauso gut.

Gehen Sie nicht davon aus, dass Sie keinen schmutzigen Sex haben können, nur weil Sie verliebt sind (oder sich bewähren müssen). Die Vorstellung, dass die Ehe, Monogamie oder auch gutes Benehmen das Ende von schmutzigem, mit Tabus brechendem Sex ist, bei dem der Partner im Stehen genommen wird, ist ein abgenutzter, alter Mythos, den Sie regelmäßig widerlegen sollten.

Sie *sollten* jedoch um Erlaubnis fragen, bevor Sie über Ihrer Partnerin abspritzen. Siehe Seite 169.

Drängen Sie nicht auf einen Dreier, wenn der Partner definitiv *dagegen* ist. Wenn ein Dreier klappen soll, müssen die Beteiligten von ganzem Herzen dabei sein, über absolute Selbstsicherheit verfügen und nicht aufeinander eifersüchtig sein. Siehe Seite 156.

Sorgen Sie für eine überaktive Phantasie. Gemeinsam über eine Orgie mit dem blonden Postboten, dem Nachrichtensprecher im Ortsfernsehen und dem Cheerleading-Team des Mädchengymnasiums zu reden und der Phantasie freien Lauf zu lassen ist normalerweise sehr viel aufregender als eine Orgie mit den behaarten, alkoholsüchtigen und depressiven Nachbarn.

Schließen Sie den Partner oder die Partnerin bei Ihren Phantasievorstellungen mit ein, wenn dies angemessen ist. Wenn Sie mit ihm oder ihr intim sind, während Sie an jemand anders denken, ist es normalerweise klug, dies nicht zu erwähnen – es sei denn, der oder die Betreffende ist im Augenblick als diese Person verkleidet. Siehe Seite 214f.

Werden Sie nicht zum Gewohnheitstier. Wie bereits Emerson sagte, ist dumme Stetigkeit das Schreckgespenst kleingeistiger Menschen. Beweisen Sie Mut, und probieren Sie neue Dinge aus. Ihre Partner werden für Ihre Vorschläge empfänglicher sein, wenn die meisten in selbstloser Weise *ihr* Vergnügen in den Mittelpunkt stellen.

Praktizieren Sie Gegenseitigkeit. Geben Sie anderen, was andere auch Ihnen geben sollen. Tun Sie nichts in der Erwartung, dass Sie dafür als Gegenleistung dasselbe bekommen. Sie können jedoch mit Sicherheit davon ausgehen, dass Ihr Partner Ihnen nicht nur aus reiner Nettigkeit den Rücken kitzelt, sondern weil es ihm gefallen würde, wenn Sie *seinen* Rücken ebenfalls kitzeln. Und wenn Sie Ihren Partner um etwas bitten, sollten Sie in der Lage sein, dieselbe oder eine gleichwertige Bitte ohne Protest zu erfüllen. Wenn Sie beispielsweise erwarten, dass das Schamhaar Ihrer Partnerin wie ein Buchsbaum gestutzt ist, sollten Sie gewillt sein, dieselbe Prozedur über sich ergehen zu lassen. Und bitte keine reflexartigen Reaktionen bei etwas so Wohltuendem wie analer Penetration. Siehe Seite 192ff.

Gehen Sie nicht davon aus, dass das, was bei früheren Partnern funktioniert hat, auch beim nächsten klappt. Jeder Mensch ist einzigartig. Es ist grundfalsch, arroganterweise anzunehmen, dass Sie alles wissen. Demut ist das Kennzeichen kultivierter Damen und Herren.

Sagen Sie Ihren Partnern, was Sie mögen; erwarten Sie jedoch nicht, dass diese dasselbe mögen. Es besteht ein Unterschied zwischen Vorlieben und Faschismus.

Reißen Sie nicht wahllos Knöpfe ab. Das Aufreißen des Mieders mag in der damaligen Schundliteratur sexy gewesen sein. Im wirklichen Leben funktioniert das nur, wenn Sie sich sicher sind, dass das Kleidungsstück leicht ersetzbar ist, von der Partnerin nicht als Luxusartikel betrachtet wird und kein Erbstück ist.

Ziehen Sie Ihre Socken aus. Es sei denn, Ihre Partnerin bittet Sie speziell darum, sie anzulassen. Der echte Herr zieht seine Socken aus, wenn er die Hose auszieht – und zwar in einer eleganten Bewegung, um zu vermeiden, dass er selbst für einen kurzen Augenblick nur in Socken dasteht.

Denken Sie nicht an Baseball, um das Unausweichliche hinauszuzögern. Sich anderer Menschen bewusst zu sein und ihnen Aufmerksamkeit zu schenken bildet die Basis guter Manieren. Wer will schon jemanden ficken, der versucht, sich alle 70 Rekord-Homeruns von Mark McGwire im Jahr 1998 ins Gedächtnis zu rufen? Nur Mark McGwire selbst. Siehe Seite 326ff. im Kapitel über Tabus.

Sie sollten Sinn für Humor haben. Nichts ist schlimmer als ein ernster, sensibler Herr mit Pferdeschwanz ohne jeden Sinn für Ironie oder das Absurde. Wenn Sie aus dem Bett fallen, während Sie eine neue Position ausprobieren, sollten Sie nicht vor Peinlichkeit sterben – lachen Sie darüber, und halten Sie stolz den Kopf hoch.

Waschen Sie nicht nur die Schamgegend. Damen und Herren nehmen ein Ganzkörperbad.

Waschen Sie sich die Hände. Mit dem Sex ist es wie mit dem Essen: Sie sollten sich immer *direkt* davor die Hände waschen. Wenn Sie Chilischoten klein gehackt haben, lassen sich die Öle nicht einfach nur mit Wasser und Seife entfernen. Seien Sie daher vorsichtig, wenn Sie zarte Bereiche mit den Fingern erforschen.

Werden Sie in Bezug auf Reinlichkeit nicht zwanghaft. Natürlicher Eigengeruch ist eine gute Sache, wenn Ihre Immunsysteme kompatibel sind – man bezeichnet dies auch als Chemie. Siehe Seite 298.

Ziehen Sie das Vorspiel hinaus. Ein gewisses Maß an Neckerei ist angemessen, speziell, was die Damen betrifft. Heißer Sex im Stehen im Treppenhaus hat seinen Platz, aber normalerweise kommt es dazu, wenn Sie völlig betrunken sind und gute Manieren zugegebenerweise nicht höchste Priorität haben.

Deuten Sie »nein« nicht als »ja« oder »vielleicht«. Niemals. Bei der Etikette – sei sie sexueller oder anderer Art – geht es immer um Ehre und Respekt. Die »Butterszene« in *Der letzte Tango in Paris* mag zu Ihren Lieblingsszenen zählen, aber das Nein von Maria Schneider ist ein Phantasieprotest. Für Proteste in Ihrem eigenen, echten Schlafzimmer gilt dies nicht (es sei denn, Sie spielen eine geplante BDSM-Szene durch, und es wurde ein Sicherheitswort festgelegt, siehe Seite 214ff.). Manche tun möglicherweise etwas schüchtern, aber echte Damen und Herren wissen, dass es von höchster Bedeutung ist, in solchen Dingen lieber übervorsichtig zu sein. Alles andere bricht das Gesetz und den Lebensgeist, von Ihrem ruinierten Ruf ganz zu schweigen.

Halten Sie Augenkontakt. Dies nicht zu tun ist ein deutliches Anzeichen dafür, dass Sie entweder Angst vor Intimität haben, an jemand anders denken oder glauben, dass der Partner potthässlich ist.

Gehen Sie nicht ans Telefon. Es ist nicht nur gegenüber dem Partner respektlos, Ihr heißes Zwischenspiel zu unterbrechen (schließlich ist nichts wichtiger als das Liebesspiel), sondern auch unhöflich gegenüber der armen Seele am anderen Ende der Leitung, die nun unwissentlich in Ihre Begegnung mit einbezogen wurde.

Orgasmus-Etikette

Moderne Damen und Herren wissen, dass der Orgasmus *eines* Partners nicht die Ziellinie eines Sex-Laufs ist. Betrachten Sie die Tollerei als dreibeiniges Rennen – der Partner kann ohne Ihre Hilfe nicht am Rennen teilnehmen oder die Ziellinie überqueren und umgekehrt. Beide Partner bemühen sich gemeinsam, den anderen zu befriedigen, bevor sie das Handtuch werfen.

Wenden wir uns zuerst dem Orgasmus heterosexueller Paare zu. Die Vorstellung, dass ein so genannter Herr kommt und sich dann umdreht, um einzuschlafen, ist so altmodisch wie Schnupftabak. Tatsächlich ist es heutzutage höflich, wenn beide Seiten versuchen, zumindest einen Orgasmus bei der Dame hervorzulocken. Da die postorgasmische Auflösungsphase der Frau langsamer fortschreitet als die des Mannes, kann sie häufig weitere Stimulation empfangen und genießen (Penetration eingeschlossen), und zwar lange nach ihrem ersten O. Tatsächlich kann derartige fortgesetzte Aufmerksamkeit bei einigen Glücklichen zu mehreren Orgasmen führen ... Im Gegensatz dazu können Männer, die zuerst zum Höhepunkt gekommen sind, anschließend mit der eigenen schnelleren Auflösung und dem damit einhergehenden Drang, einzuschlafen oder fernzusehen, zu kämpfen haben. Dies ist jedoch keine Entschuldigung dafür, sich vor der sexuellen Verantwortung zu drücken. Männer können und sollten sich der Partnerin weiterhin zuwenden, bis diese befriedigt ist (abhängig davon, was Befriedigung für die Betreffende bedeutet).

Ein Wort der Warnung: Schlimmer noch als ein Mann, dem

der Orgasmus der Frau egal ist, ist einer, dem er so wichtig ist, dass alles andere keine Rolle spielt. Dies ist ein Mann, der sich mit dem Kopf in untere Gefilde begibt und gelobt, erst wieder Luft zu holen, wenn seine Freundin ihre beste Meg-Ryan-Imitation vorgeführt hat. Er betrachtet die Handarbeit wie Unkrautjäten (»Muss. Graben. Orgasmus!«) und schwört in süßen Tönen eine Oktave tiefer als mit normaler Stimme, dass er sich ganz und gar dem »Vergnügen der Frau« verschrieben hat. Er will ein Super-Lover sein – *sein* Selbstwertgefühl ist davon abhängig. Er zählt ihre Orgasmen wie ein Pfadfinder Abzeichen. Obwohl seine Absicht in der Tat bewundernswert ist, kann das Vergnügen dazu führen, dass die Dame sich wünscht, sie hätte lieber Krocket gespielt. Außerdem sorgt ihre Leistungsangst dafür, dass der Orgasmus ausbleibt. Als aufmerksamer Herr sollten Sie sich nicht ärgern, denn Sie verlieren Ihren »Sensibler-Typ«-Stempel nicht, wenn Sie ihr glauben, dass ihr der Sex einfach so gefällt, und gnädig aufgeben. Manchmal klappt es eben einfach nicht. Was jedoch nicht bedeutet, dass die Beteiligten die Show nicht trotzdem genießen können.

Natürlich trifft es nicht nur auf heterosexuelle Damen zu, dass der Orgasmus gelegentlich nicht eintritt. Lesben und Männer (Schwule wie Heteros) sind auch nur Normalsterbliche. Es stimmt zwar – Anhängerinnen des Sapphismus sind von den Beschränkungen des männlichen Modells befreit und können einander daher physiologisch und psychologisch eine stärkere Stimulation für den weiblichen Orgasmus bieten. Und ja, die Ausrüstung des Mannes ist ziemlich herausragend und lässt sich daher leichter manipulieren. Doch Faktoren wie trockene Haut, der Drang zu pinkeln, ein sich drehendes Zimmer, Probleme im Büro, die »den kleinen Tod« hemmen können, unterscheiden nicht immer scharf zwischen Mann und Frau. Und natürlich besteht immer die Chance, dass – haltet die Druckerpressen an! – *er* möglicherweise nicht in Stimmung ist.

Egal, welchen Geschlechts Sie sind: Wenn Sie feststellen, dass Sie sich am Klippenrand festhalten und nicht loslassen können, sollten Sie sich nie dafür entschuldigen. Bekommen Sie keinen Anfall wie ein frustriertes Kind. Geben Sie weder dem Partner noch sich selbst die Schuld an diesem vorgeblichen »Versagen«; wenn Sie es beide genossen und nicht die Pferde scheu gemacht haben, war es ein Erfolg. Was besonders wichtig ist: Tun Sie nicht so als ob. Viele Damen und Herren (ja, *Herren*), die nur die besten Absichten haben, glauben, dass eine oscarwürdige Vorstellung gutes Benehmen ist. Doch wie jede Täuschung führt sie zu nichts Gutem. Sie könnten letztendlich in eine orgasmuslose Ecke gedrängt werden, gezwungen, die Scharade aufgrund der erhöhten Erwartungen des Partners weiterzuspielen, nicht in der Lage, mit ihm offen andere Techniken zu erforschen, die besser funktionieren könnten. Jeder braucht seine kleinen Geheimnisse, aber jene, die mit Ihren sexuellen Bedürfnissen zu tun haben, sollten vor Ihrem Lover nicht geheim gehalten werden. Solange Sie aufrichtig Ihre echte Freude an dem oralen Scharfsinn oder der analen Fähigkeit des Partners ausdrücken, besteht kein Bedarf an der aufdringlichen Zurschaustellung falscher Ekstase. Sollten Sie

Zeuge einer solchen List sein, schlagen wir vor, dass Sie mitspielen. Einem Partner, der das Gefühl hatte, dass die einzig schickliche, ja, *höfliche* Lösung darin bestand, wie ein Wolf zu heulen, Betrug vorzuwerfen ist gleichbedeutend mit einer Ohrfeige mit weißen Handschuhen – so etwas tun heutzutage nur Flegel.

Aber was ist, wenn Sie nicht enträtseln können, ob das »Oh, ja, oooh, uh, mehr, oh ja, Wahnsinn, ja, oh Mann!« Ausdruck echten *orgasmischen* Genusses oder einfach nur echten Genusses ist? Sie sollten zwar nicht darauf herumreiten oder es *während der ganzen* Begegnung zum Gesprächsthema machen, doch es ist nicht unhöflich, nach Abschluss der Bumserei zu fragen, ob der Partner gekommen ist. Schließlich hat der menschliche Orgasmus alle möglichen Formen, Größen und Ausdrucksweisen. Die Frage nach dem *petite mort* des Partners zeigt, dass Ihnen seine Befriedigung wichtig ist, und trägt möglicherweise dazu bei, dass Sie in der Zukunft besser dafür sorgen können. Sie dürfen jedoch nicht – unter keinen Umständen – fragen: »Wie war es für dich?« Solchen Klischees darf niemals gefrönt werden.

Nehmen wir an, dass Sie mit einer Partnerin zusammen sind, bei der Sie mit *Sicherheit* sagen können, dass sie trotz Ihrer besten Bemühungen nicht zum Orgasmus gekommen ist. Nehmen Sie es nicht persönlich. Bezeichnen Sie Ihre Partnerin nicht als »frigide« – solche Ausdrücke zeigen völligen Mangel an Verständnis und Erziehung Ihrerseits. Deuten Sie nicht an, dass dic Ausstattung der Partnerin fehlerhaft ist oder »altert«. Einer Partnerin das Gefühl zu geben, sie sei schuld, dumm oder unnormal, ist absolut unhöflich und unverzeihlich. Vielmehr zeugen solche Bemerkungen von Ihren Unsicherheiten und Ihrer schlechten Erziehung. Sie dürfen höchstenfalls positive Dinge sagen und nur kurz Ihren Wunsch erwähnen, ihr bei Ihrer nächsten Verabredung *größeren* Genuss zu bereiten – während Sie gleichzeitig zum Ausdruck bringen, was für eine herrliche Zeit Sie miteinander hatten.

Wenn Sie selbst das Glück haben, zum Orgasmus zu kommen, sollten Sie wissen, dass es keine größere Zierde für einen Orgasmus gibt als ein von Herzen kommendes Stöhnen oder Seufzen. Genau so wie Applaus von einem dankbaren Publikum bei einem Konzert ankommt, wissen sensible Partner es zu schätzen, wenn der andere seinem Vergnügen Ausdruck verleiht. Und wenn eine Dame oder ein Herr *Ihnen* die Ehre erweist, in Ihrer Gegenwart zum Orgasmus zu kommen (oder beim Sex einfach sehr viel Spaß zu haben), nehmen Sie diese Hingabe mit dankbarer Hochachtung an, um zu zeigen, wie sehr Sie das zu schätzen wissen. Unter keinen Umständen dürfen Sie sich über die Art und Weise, wie der andere zum Or-

Ein Hinweis für allzu Ehrgeizige: Der gleichzeitige Orgasmus ist seltener als gute Manieren in einem irischen Pub nach dem Aufruf zur letzten Bestellung. Sollte er eintreten, kreiden Sie ihn dem Zufall an, und betrachten Sie sich als gesegnet. Aber jagen Sie ihm nicht wie einem Goldschatz am Ende des Regenbogens nach.

gasmus kommt, die komischen Gesichter, die er dabei zieht, oder die merkwürdigen Geräusche, die er unkontrolliert ausstoßen könnte, lustig machen. Damen oder Herren sehen nie besser aus als inmitten orgasmischer Wonnen, selbst wenn der Betreffende wie ein Esel wiehert.

Weiteres zum Thema Peinlichkeiten beim Orgasmus finden Sie auf Seite 326ff.

Nach dem Sex

Durch das Rumgeschmuse nach einem lebhaften Paarungsritual unterscheiden wir uns von den Tieren. Zu erklären, dass Sie sich bedrängt fühlen oder gegenüber zu starker Stimulation empfindlich sind, *nachdem* Ihr After mit der Zunge liebkost worden ist, gilt als vulgäres Verhalten, wie man es nur von Fischhändlern kennt. Ein Minimum von mindestens 15 Minuten ausführlicher Umarmungen und Streicheleinheiten ist angebracht, egal, wie müde Sie sind. Wenn Sie eine besondere Vorliebe fürs Schmusen haben, dürfen Sie nie erwarten oder fordern, dass es länger als eine Stunde andauert.

Wenn wir von abendlichen, nächtlichen oder frühmorgendlichen Begegnungen der intimen Art sprechen, erwarten *wirklich* zivilisierte Menschen, dass die Schmusephase automatisch in die Übernachtungsphase übergeht, ohne sich über die Konsequenzen sorgen zu machen – denn es gibt keine. Wohlerzogene Damen und Herren wissen, dass das gemeinsame Erleben der Bewusstlosigkeit nicht unbedingt ein Symbol von Bindung oder Liebe ist, sondern einfach nur schön. Es ist eher das Hardcore-Ficken, das unsaubere Folgen hat.

Wenn Sie der Gastgeber sind und die Sonne bereits untergegangen ist, dürfen Sie den Partner nur in *äußersten* Notfällen bitten, Ihre Räumlichkeiten zu verlassen: Ihre Eltern kommen früh am nächsten Morgen zu Besuch, Sie leiden unter Schlafapnoe, Ihr Haus brennt. Wenn es bereits Mitternacht ist und Sie nackt in der Löffelposition im Bett liegen, ist es höflich, in der Schmusephase vorzuschlagen, dass Ihr Gast über Nacht bleibt. Wenn Sie Vorbehalte wegen des Übernachtens haben, *bevor* Sie Sex haben, empfehlen wir, dass Sie die Hose anbehalten; *nach* dem Sex bleibt Ihnen keine Wahl.

Damen oder Herren bieten am nächsten Morgen immer Kaffee an. Wenn die Schränke leer sind, ist es eine nette Geste, einen Brunch außer Haus vorzuschlagen. Wenn schließlich die Zeit des Abschieds gekommen ist, darf der Gastgeber seiner Erleichterung erst Ausdruck verleihen, nachdem der Gast gegangen ist. Der letzte Wangenkuss wird mit derselben Wärme gegeben wie das erste Hallo mit der Zunge. *Speziell dann,* wenn Sie annehmen, dass Sie diesen Gast zum letzten Mal gesehen haben.

Wenn Sie bei jemandem zu Gast sind und früh aufstehen müssen, allergisch auf die Katze des Gastgebers reagieren oder glauben, dass Sie möglicherweise zu Hause den Herd angelassen haben, dürfen Sie sich höflich entschuldigen, wobei eine glaubwürdige Erklärung und der Ausdruck von Bedauern erforderlich sind. Sollte Ihr Gastgeber keine offizielle Einladung zum Übernachten aussprechen, dürfen Sie davon ausgehen, dass die Einladung stillschweigend inbegriffen ist. Wenn Ihr Gastgeber Ihnen nach 15 Minuten Schmusen den Rücken zukehrt, um einzuschlafen, müssen Sie diese Entscheidung respektieren und sich auf Ihre Seite des Betts zurückziehen. Am nächsten Morgen bleibt die Dame oder der Herr nicht länger als erwartet. Im ersten Monat einer Beziehung sollte man sich auf die Socken machen, wenn das Kreuzworträtsel gelöst wurde, wobei wir davon ausgehen, dass Sie das vor drei Uhr nachmittags schaffen. (Wenn Sie jedoch beschließen, andernorts weiterhin Zeit miteinander zu verbringen, gibt es keine bestimmte Uhrzeit, zu der man sich verabschieden sollte.) Und ja, liebe Leser, Trinkgelder sind nie angebracht, egal, wie gut der orale Sex war.

Der komplizierte Tanz um den nassen Fleck herum

Zivilisierte Frauen oder Männer sollten nicht der Unbehaglichkeit und Erniedrigung ausgesetzt sein, auf dem nassen Fleck zu schlafen, und zwar unabhängig davon, ob er oder sie die Quelle der Überschwemmung ist. Wenn das Bett groß genug ist, schlafen Sie um den Fleck herum. Es obliegt der Verantwortung des Gastgebers, ein sauberes Handtuch oder eine Decke griffbereit zu haben, die auf den »verdammten Fleck« gelegt wird, und anzubieten, darauf zu schlafen; der Gastgeber sollte sogar darauf bestehen, auf dieser Seite zu schlafen. Wenn keine zusätzliche Bettwäsche vorhanden ist und das Bett schmal ist, sollten sich beide Partner die Last des nassen Flecks teilen und den Platz tauschen, bis alles getrocknet ist.

Aus dem Nähkästchen plaudern

Oft wird gesagt, dass Damen und Herren nicht aus dem Nähkästchen plaudern sollten. Meistens tun sie dies auch nicht. Welche Dame oder welcher Herr würde nach einem nachmittäglichen Stelldichein schon eine Pressemitteilung abfassen? Doch die unbestreitbaren, einfachen Freuden von gutem, diskretem Klatsch hindern uns daran, dieses Edikt ohne Einschränkungen zu befolgen. Es ist klug, nur eine – höchstens zwei – gute Freundinnen auszuwählen, denen Sie Ihre Geschichte anvertrauen. Ein One-Night-Stand mit jemandem außerhalb Ihres gesellschaftlichen Kreises ist gutes Futter für eine etwas größere Zuhörerschaft, was auch für allgemeine Kommentare und Komplimente gilt (»Es war der beste Sex in der Missionarsstellung, den ich je hatte!«). Negative Kommentare über die Leistung Ihres Partners (Größe, Ausdauer, Kreativität und so weiter) sollten nur einer wirklich guten Bekannten anvertraut werden, die den Mund halten kann. Dasselbe gilt für besonders ausgefallene Einzelheiten.

Eins der größten Missverständnisse dieses Jahrhunderts besteht darin zu glauben, dass nur Männer im Umkleideraum über sexuelle Abenteuer reden. Es stimmt schon – die Herren der Schöpfung können einen schmutzigen Witz im Allgemeinen ohne Zögern zum Besten geben. Aber was schmutzige Geschichten (die schmutzigen, heißen und speziell die erniedrigenden Einzelheiten der letzten Nacht) betrifft, ist dies die Domäne der Damenwelt. Obwohl wir Frauen bei der öffentlichen Akzeptanz ihrer Sexualität nicht gern einschränken, sollten sie sich bisweilen am sparsamen Geplauder der Herren ein Beispiel nehmen. Wenn ein Mann ein tolles sexuelles Abenteuer hatte, beschreibt er das so: »Wir haben es getan.« Wenn er zu den wortreichen Vertretern seines Geschlechts zählt, könnte er hinzufügen, dass »sie auf alles Lust hatte«. Über ein mittelmäßiges sexuelles Abenteuer könnte er sagen: »Ich habe einen Riesenkater.« Wenn ein Mann tollen Sex in einer langfristigen Beziehung hat, wird er sagen, dass er verliebt ist. Und wenn der Sex in einer langfristigen Beziehung mittelmäßig ist? Dann wird er es nie erwähnen. Frauen hingegen können schlimmer als Tolkien sein, wenn es darum geht, einen bestimmten Punkt breitzutreten. Jedes schmutzige Wort, das der Partner in der Hitze des Augenblicks äußert, jeder Finger, den er in die falsche Öffnung steckt, jeder unabsichtliche komische Gesichtsausdruck – all das wird mit der allergrößten Wonne geschildert. Doch nur vulgäre Menschen halten dies für ein angemessenes Verhalten, nur weil ähnliche Dinge in *Sex and the City* diskutiert werden.

Allgemein gilt: Je ernster eine Beziehung wird (das heißt, je mehr Zeit Ihr Partner mit Ihren Freunden und Freundinnen verbringt), desto weniger ist dieses lüsterne Rumgetratsche angemessen. Natürlich ist es nicht notwendig, ganz darauf zu verzichten – unsere Freunde und Nachbarn sind eine unschätzbare Quelle sexueller Erziehung, und es wäre wahrhaft närrisch, die Möglichkeit, voneinander zu lernen, nicht zu nutzen (und in dieser Hinsicht würde es den Herren nicht schaden, etwas häufiger der Damenwelt nachzueifern). Es ist eine Frage der Höflichkeit, zu überlegen, ob Ihre Freunde Ihre Dinnerpartys eher dann mehr genießen würden, wenn sie etwas weniger über die jeweiligen Neigungen der Anwesenden in Bezug auf Buttplugs wüssten. Und zu guter Letzt: Es ist entsetzlich unhöflich (und zwar auf unzähligen Ebenen), Geschichten zu übertreiben, um den Spannungsbogen und sozusagen den Höhepunkt interessanter zu machen. Derartige Ausschmückungen machen jedweden erzieherischen Nutzen der Geschichte wertlos, sorgen für falschen Neid oder schüren Gefühle von Unzulänglichkeit (wenn nicht sogar Misstrauen) unter den Zuhörern, zeugen von Respektlosigkeit dem Partner gegenüber und, was das Schlimmste ist, machen Sie zu einem Lügner.

Besondere Gelegenheiten und Situationen

Öffentliche Zuneigungsbekundungen und Sex in der Öffentlichkeit

Was, bitteschön, könnte am Ausdruck von Liebe vulgär sein? Nichts – solange dieser Ausdruck innerhalb der Privatsphäre stattfindet. Wenn Sie sich jedoch nach draußen begeben, müssen Sie die zarten Empfindlichkeiten all jener puritanischen Plebejer berücksichtigen, die in unserem schönen Land wohnen, denn das gebietet die Höflichkeit.

Was das öffentliche Zeigen von Zuneigung betrifft, ermutigen wir Paare dazu, Händchen zu halten, sich *ohne* Beteiligung der Zunge zu küssen und sich hemmungslos tief in die Augen zu schauen (wobei wir davon ausgehen, dass sich die Betreffenden weder in der Kirche noch am Arbeitsplatz oder in der

Gegenwart eines Freundes befinden, dem kürzlich das Herz gebrochen wurde). Das Küssen unter Beteiligung der Zunge ist in der Öffentlichkeit zu vermeiden, wobei Flughäfen und Bahnhöfe eine Ausnahme bilden, allerdings nur unter der Voraussetzung, dass der geliebte Partner länger als ein Wochenende lang unterwegs sein wird. Gelegentliches Pokneifen ist annehmbar, wobei die Absicht eher humorig und scherzhaft und nicht wollüstig sein sollte. Genitalien und Brüste sollten in der Öffentlichkeit nie gekniffen oder liebkost werden.

Was jedoch geheimen Sex an öffentlichen Orten anbelangt, liegt ein verwirrendes Labyrinth der sexuellen Etikette vor uns. Solange Sie nicht entdeckt werden, Ihren Koitus nicht ahnungslosen Passanten aufzwingen und nicht die Pferde scheu machen, ist geheimer Sex akzeptabel. Doch per Definition schließt Sex in der Öffentlichkeit die fortwährende Gefahr, entdeckt zu werden, ein. Tatsächlich ist die mangelnde Kontrolle über die Umgebung das Reizvolle daran, sie ist sozusagen Teil des Nervenkitzels. Doch leider gehört das unabsichtliche Einbeziehen anderer in Ihre verborgenen Perversionen vielleicht zu den unhöflichsten Dingen, die Sie tun können: Es ist eine ultimative Zumutung. Auch wenn Ihr Partner ihn schön und toll findet, möchten die meisten anderen Menschen Ihren weißen Hintern nicht sehen. Daher kann Sex in der Öffentlichkeit – *buchstäblich* – in einer Blitzsekunde unmanierlich werden. Sie müssen die Risiken, entdeckt zu werden, einkalkulieren und sich entsprechend verhalten. Verwenden Sie die Tabelle auf Seite 110f., um festzulegen, wann und wo Sex an öffentlichen Orten in der Tat koscher ist. Und natürlich versteht es sich von selbst, dass Sie keine Beweise Ihrer wollüstigen Aktivitäten (Kondome, klebrige Sitzflächen und so weiter) zurücklassen.

Ein Hinweis zum Schluss: Sollten Sie bei einem sexuellen Akt in der Öffentlichkeit ertappt werden, ist es unvorstellbar flegelhaft, die Augen zu schließen oder erstarrt in Ihrer Stellung zu verharren und so zu tun, als seien Sie unsichtbar. Wenn es sich bei dem zufälligen Eindringling um ein zivilisiertes Wesen handelt, wird der Betreffende rasch weitergehen und es Ihnen ermöglichen, den Geschlechtsverkehr fortzuführen. Wenn der Eindringling jedoch nicht in der Lage ist, weiterzugehen (aufgrund eines zugewiesenen Platzes, eines Verkehrsstaus oder eines Notfalls des Verdauungstraktes und so weiter), müssen Sie sich ein Zimmer suchen, wie man so schön sagt. Sie dürfen nur fortfahren, wenn sich Ihre Zuschauer in großem Abstand von Ihnen aufhalten und nur den Akt, aber nicht die Akteure erkennen können (Sie befinden sich beispielsweise auf einem Dach, und die Zuschauer sind vier Gebäude weit entfernt). Sollten Sie zufällig eine private sexuelle Begegnung in eine öffentliche verwandeln, weil Sie beispielsweise ein Zimmer betreten haben, das Sie für leer hielten, laufen Sie davon.

Was unsittliche Entblößungen betrifft, sollte man es vermeiden, sich öffentlicher Nacktheit hinzugeben – sei es das Streaken, das Entblößen des Hinterns, Exhibitionismus oder das Tragen von Speedos.

Sex mit Kollegen

Sich in der Mittagspause in das Zimmer mit dem Faxgerät zu schleichen ... schmutzige Polaroid-Fotos unter die Tastatur des Partners zu legen ... es auf dem Schreibtisch des Chefs zu treiben, während dieser im Urlaub ist ... den Füller in das Tintenfass des Unternehmens zu stecken wird vielleicht in der modernen Arbeitswelt nicht gerade *gefördert*, aber die meisten Menschen, die sich für Damen und Herren halten, haben das zumindest schon einmal getan. Früher war Sex im Büro nur etwas für verheiratete Führungskräfte und deren junge Sekretärinnen, und die größte Sorge bestand darin, dass besagte Sekretärin in einem Anfall von Eifersucht genau wusste, wie sie die Ehefrau kontaktieren konnte. Heutzutage macht das Dating am Arbeitsplatz ganz neue Benimmregeln erforderlich.

Bevor sich der Herr oder die Dame an eine Kollegin oder einen Kollegen heranmacht, sollte das Ganze genauso gründlich überlegt werden wie die Anmache der Bedienung in der örtlichen Kneipe: Bin ich bereit, mir eine andere Wasserstelle zu suchen, wenn das Ganze in die Hose geht? Es besteht durchaus die Chance, dass sich Ihr Mitverschwörer in ein paar Monaten einer anderen Person romantisch zugewendet haben wird oder dass es ihm ganz einfach egal ist. (Haben wir nicht alle mindestens einen Ex-Partner in unserem Freundeskreis?) Die Entscheidung hängt von den Sonderangeboten zur Happy Hour oder dem Urlaubsgeld sowie vom Potenzial der Beziehung ab. Man riskiert weniger für einen One-Night-Stand als für die Chance wahrer Liebe, die weniger häufig ist als eine nette, kleine Wasserstelle oder ein anständiges Jobangebot.

Öffentlicher Raum	*Wenn Sie ein Paar sind*	*Wenn Sie allein sind*
Toilette im Flugzeug	Weltgewandte Damen oder Herren wissen, dass die räumlichen Einschränkungen von Toiletten in der Holzklasse trotz ihres mystischen Status Sex im Prinzip unmöglich machen, von der Unbequemlichkeit ganz zu schweigen. Wir wollen nicht auf die unhygienischen Bedingungen eingehen, die nicht einmal für die Körperfunktionen geeignet sind und für Sex schon gar nicht. In Toiletten der ersten Klasse ist jedoch alles möglich.	Solange Sie nicht die Wartenden aufhalten, nur zu.
Flugzeugsitz, unter einer Decke	Nur wenn niemand neben Ihnen oder in derselben Reihe auf der anderen Seite des Gangs sitzt. Sie müssen warten, bis das Essen serviert wurde, die Crew die Hauptkabinenbeleuchtung ausgeschaltet hat und der Film angefangen hat. Zudem sind Sie verpflichtet, nach den Flugbegleitern Ausschau zu halten, und Sie müssen jedes Mal innehalten, wenn sich einer nähert.	Wie für Paare.
Unter einem Esstisch im Restaurant	Nur wenn das Tischtuch fast bis auf den Boden reicht und Sie Ihre Techniken mit dem nackten Fuß durchführen können. Sie dürfen jedoch nicht unter strengem Fußgeruch leiden, damit anderen Gästen nicht der Appetit vergeht.	Für ein Paar ist dies pervers, aber romantisch. Bei einem einzelnen Gast ist es einfach nur pervers.
Im Auto	Nur in menschenleeren Sackgassen und an allgemein dafür bekannten Orten. Wenn Sie zu viert unterwegs	Wie für Paare. Achten Sie darauf, dass Sie nicht in der

Öffentlicher Raum	*Wenn Sie ein Paar sind*	*Wenn Sie allein sind*
	sind, müssen beide Paare gewillt sein, sich den entsprechenden Sexualakten hinzugeben, damit kein Paar gezwungen ist, Konversation zu machen, während das andere das »zweihöckrige Dromedar« durchführt. Wir können die schnelle Befriedigung von Hand oder orale Handlungen aufgrund des zunehmenden Unfallrisikos nicht unterstützen, da dies so ziemlich die Höhe der Unhöflichkeit gegenüber anderen Autofahrern ist.	Nähe einer Schule geparkt haben.
Im Büro	Nur nach der Arbeitszeit. Sie können es in jedem beliebigen öffentlichen Bürobereich treiben, an Ihrem Arbeitsplatz oder am Arbeitsplatz jedes beliebigen Vorgesetzten. Es ist unhöflich, es am Arbeitsplatz eines Mitarbeiters zu tun, der an Sie berichtet oder Ihnen gleichgestellt ist.	Überall, jederzeit, solange die Tür ein Schloss hat oder Ihre Kollegen so gesittet sind, dass sie *immer* anklopfen.
Auf einer öffentlichen Toilette	Solange es sich um eine Kabine mit einem Schloss an der Tür handelt und niemand davor Schlange steht. Sie müssen innerhalb von drei Minuten nach dem ersten Anklopfen fertig werden.	Wie für Paare.
In einer Gasse	Sie müssen in stehender Position verharren und die Kleidung beiseite schieben, statt sie zu entfernen. Wenn Sie von jemandem ertappt werden, der in der Gasse wohnt, müssen Sie mindestens fünf Euro spenden und sich schnell davon machen.	Diese Vorstellung ist einfach zu deprimierend, als dass man sie mit einem Kommentar würdigen sollte.

Sollten Sie der Meinung sein, dass sich das Risiko lohnt, müssen Sie sich mit Sicherheit ein paar Grenzen setzen und einige Vereinbarungen treffen. Zum Beispiel: Was außerhalb des Arbeitsplatzes passiert, hat am Arbeitsplatz nichts zu suchen; es wird zu keinem Machtmissbrauch kommen, zu keinen sexuellen Belästigungen und keinen Anklagen wegen sexueller Belästigung; es gibt keine Sonderbehandlungen oder unverdiente Beförderungen; wenn Sie sich nach der Arbeit treffen, gilt eine bestimmte Frist, nach deren Ablauf jedweder Büroklatsch einzustellen ist und so weiter. Da Sie jedoch das unberechenbare Verhalten der psychotischen Kollegen, mit denen Sie ins Bett gehen, nicht vorhersagen können, können Sie nur für das eigene gute Benehmen verantwortlich sein und das Beste hoffen. Wir wollen es noch einmal wiederholen, liebe Freunde: Genau darin besteht das Risiko, das Geschäft mit dem Vergnügen zu verbinden.

Was den Koitus mit einem Zimmerkollegen betrifft, macht Verschwiegenheit unbestreitbar zumindest zur Hälfte die provozierende Anziehungskraft aus. Offensichtlich gibt es unzählige Gründe, nach dem ersten Zwischenspiel nicht gleich ein Memo für das ganze Unternehmen loszuschicken: Wenn die Affäre nach zwei Wochen endet, sollten nicht gleich alle verlegen sein müssen; es ist sehr viel leichter, sich heimlich für einen Quickie in den Raum mit dem Faxgerät zu stehlen, wenn niemand Ihre Motive erahnt; vielleicht sieht die Personalabteilung es nicht gerne; vielleicht sind Sie neu in der Firma und möchten nicht gleich am Anfang Ihren guten Ruf aufs Spiel setzen; oder vielleicht möchten Sie nicht, dass alle Klatschba-

Das Organogramm beachten

Wir müssen darauf bestehen, dass Sie den Begriff »Kollege« wörtlich interpretieren. Bei Sex zwischen Chef/Chefin und einer/einem unterstellten Mitarbeiter sind viel zu viele Machtdynamiken beteiligt, die zwangsläufig missbraucht werden. Und wir wollen nicht den unausweichlichen Groll vergessen, den derartiges Insider-Trading unter den Mitarbeitern auslöst, die lieber die Hose anbehalten. Halten Sie sich an jemanden, der sich auf derselben Sprosse der Karriereleiter befindet. Noch günstiger ist es, wenn der Betreffende in einer anderen Abteilung arbeitet.

sen im Büro Ihre ersten ungeschickten Gespräche am Wasserspender belauschen. Der wichtigste Grund ist natürlich, dass echte Damen und Herren nie in Situationen aus dem Nähkästchen plaudern, in denen dies dem Protagonisten der Geschichte peinlich sein oder seinem professionellen Ruf schaden (oder ihn zumindest ändern) könnte.

Sie dürfen jedoch nicht erwarten, dass Sie die Affäre ewig geheim halten können. An irgendeinem Punkt (meist nach drei oder sechs Monaten) müssen Sie entscheiden, ob nur die Heimlichtuerei daran sexy ist, oder ob sich bei einem oder beiden Beteiligten echte Gefühle entwickelt haben. Wenn die Beteiligten widersprüchliche Erwartungen haben, ist ein Schlussstrich die einzig ehrenhafte Lösung. Wenn sich beide einig sind, können sie ganz nach Wunsch fortfahren. Sollte sich eine ernste Beziehung entfalten, ist es nicht länger erforderlich, die Affäre geheim zu halten. Doch wenn Sie die Katze aus dem sprichwörtlichen Sack gelassen haben, dürfen Sie sich unter keinen Umständen vor Kollegen knutschen oder – schlimmer noch – einander mit Kosenamen betiteln. Solche Vertrautheit in der Berufswelt wird die Verachtung der anderen hervorrufen oder dafür sorgen, dass diesen das Mittagessen hochkommt.

Wenn Sie eine clevere List einsetzen und zu verschiedenen Zeiten ins Büro kommen, sollten mindestens zwei Minuten zwischen der jeweiligen Ankunft liegen. Kollegen sind nicht so dumm, wie Sie vielleicht glauben.

Sex, wenn Sie einen Mitbewohner haben

Für jene Damen und Herren mit einem Mitbewohner kann es schwierig werden, das Wann, Wo und Wie sexueller Begegnungen auszuhandeln. So verlockend es auch sein mag, dürfen Sie nicht in gemeinsam genutzten Räumen oder auf öffentlichem Mobiliar kopulieren – beispielsweise auf dem Sofa im Wohnzimmer oder auf dem Küchentisch. Die Dusche und Badewanne sind jedoch akzeptable Bereiche für die Inszenierung, da sie über eingebaute Reinigungsvorrichtungen und das Wesen von Badezimmern im Allgemeinen verfügen (d. h., hinter verschlossenen Türen geschehen schmutzige Dinge). Es muss wohl nicht extra erwähnt werden, dass Sex im Bett Ihres Mitbewohners streng verboten ist. Wenn Sie sich ein Schlafzimmer mit jemandem teilen (Gott behüte!), dürfen Sie in diesem Zimmer keinen Sex haben, während Ihr Mitbewohner dort schläft; dies dürfen Sie nur dann, wenn der Betreffende sturzbetrunken ist. Wenn Sie über getrennte Schlafzimmer verfügen, sollten Sie die Schlafzimmertür hinter sich schließen und ekstatische Schreie auf niedriger Lautstärke halten. Wenn Ihr Mitbewohner Sex hinter seiner verschlossenen Tür hat, dürfen Sie ihn dabei nicht stören; selbst wenn sein Gurren Sie wach hält, ist Einmischung eine Bestrafung, die dem Verbrechen nicht entspricht. Stopfen Sie sich die Ohren zu, und warten Sie bis zum nächsten Morgen, um Ihren Mitbewohner unter vier Augen höflich darum zu bitten, Ihre Grenzen zu respektieren. Und wenn Sie Sex mit Ihrem Mitbewohner haben, dann helfen Ihnen die Götter, denn keinerlei Etikette wird Sie vor dem unausweichlichen Riesenkrach retten.

Jungfräuliches Terrain

Selbst in unserer modernen Zeit wird zu viel Wirbel um den traditionellen Begriff der Jungfräulichkeit gemacht. Denn wie definieren wir »Jungfräulichkeit«? Dies ist kein unkompliziertes Unterfangen, vor allem dann, wenn man an die Vorliebe von Mutter Natur für Vielfalt denkt. Sex ist nicht nur die vaginale Penetration mit dem Penis, sondern auch toller oraler Sex auf dem Rücksitz einer Honda, das zarte Befingern einer jungen Dame durch eine andere junge Dame, die gemeinsame Masturbation unter Freunden, Erwiderung, wahre Liebe. Für unsere Zwecke wollen wir wie alle ernsthaften Damen und Herren annehmen, dass Jungfräulichkeit ganz der Sichtweise des Betrachters entspricht. Egal, was Sie für den ultimativen Akt halten – sei es orale, vaginale oder anale Penetration mit dem Finger, der Zunge, dem Penis oder einem Dildo oder auch nur das Aneinanderreiben der Körper bis zum Höhepunkt –, ist es *das*, was wir mit »Jungfräulichkeit« meinen. Unsere Sichtweise der Sexualität und ihrer unendlichen Möglichkeiten einzuschränken würde nur unserem Vergnügen Grenzen auferlegen.

Unabhängig von der Definition ist der Verlust der Jungfräulichkeit ein bedeutsames Ereignis, egal, ob der Betreffende 13 oder 30 ist. Selbst wenn einmal der Tag kommt, an dem wir uns nicht an die Namen all jener erinnern können, die wir biblisch erkannt haben (fürwahr erinnern wir uns möglicherweise nicht einmal an alle *Gesichter* derjenigen, die wir biblisch erkannt haben), werden wir uns *immer* an das erste Mal erinnern – angefangen bei der Tageszeit über das Wetter draußen bis hin zu der furchtbaren Musik von der Stereoanlage und das eigentliche körperliche Gefühl, das angenehm oder schmerzhaft war. Aus diesem Grund ist es noch wichtiger, es »richtig« zu machen. Wir sollten uns immer mit einem Mindestmaß von Respekt an einen sexuellen Akt begeben, was besonders für jungfräulichen Sex gilt. Zweifellos sorgt mangelnder Respekt für tolle und »verrückte« Geschichten über die erste sexuelle Begegnung, aber eine solche Geschichte wird erst nach langer Zeit und der entsprechenden Distanz toll und verrückt – in dem Augenblick des Aktes an sich ist sie einfach nur traumatisch und deprimierend und formt (das heißt vermasselt) einem für die nächsten Jahre die Einstellung, die man zum Sex hat. Zu viele Menschen berichten mit einem nicht überzeugenden Lächeln und einem Schulterzucken, dass das erste Mal für sie peinlich und unbefriedigend war, etwas, das man schnell hinter sich gebracht hat. Aber so muss es nicht sein; man *kann* seinen Spaß dabei haben. Wenn der Betreffende das Ausmaß des Ereignisses zu schätzen weiß, kann er dazu beitragen, es schön zu gestalten. Und geht es bei der Etikette nicht immer um korrektes Benehmen?

Für Gepoppte

Alle jungfräulichen Damen und Herren sollten den Partner über ihren sexuellen Status aufklären, *bevor* dieser Partner unwissentlich diesen Status ändert. Wie es fast immer bei Sex und Etikette der Fall ist, ist Ehrlichkeit das Beste. Viele höfliche Jungfrauen fürchten, dass ein Geständnis den Partner beunruhigen und ängstigen könnte, sodass ihre Jungfräulichkeit *weiterhin* intakt bleibt. Doch jeder Mensch, der seines Geschlechts wert ist, wird höchst erfreut bei der Aussicht auf Frischfleisch sein, das zur idealen Geliebten zurechtgeformt werden kann. Wenn der Betreffende klug ist, wird er denken: »Ich bin der beste Liebhaber, den meine Partnerin je gehabt hat!« Und das stimmt ja auch. Zudem ist es auch von Vorteil für die Jungfrau, dem Partner Gelegenheit zu geben, das Ganze so angenehm wie möglich zu gestalten. Wenn Sie Ihre J-Karte jemandem geben, der über Manieren verfügt, wird dieser es für Sie tun *wollen*. Versichern Sie, dass Sie keinen Ring und keine ewige Treue erwarten, nur weil der Partner etwas tun wird, was noch niemand gewagt hat.

Gehen Sie langsam vor. Achten Sie auf Ihre Atmung. Entspannen Sie sich. Und das alles, wenn Sie die gute Nachricht verkünden. Tun Sie dasselbe, wenn Sie zur Tat schreiten. Keine Sorge, wenn die Erde nicht beim ersten Mal bebt, denn jede neue sexuelle Umarmung wird mit Übung immer besser. Und denken Sie daran: Sie haben Anrecht auf den Sex, den Sie sich wünschen, nicht auf den Sex, wie er laut Ihrem Lehrer (der möglicherweise keine Jungfrau ist) sein sollte. Nur weil Sie es noch nie zuvor getan haben (egal, was dabei mit »es« gemeint ist), bedeutet dies nicht, dass Sie nicht wissen, wie man es richtig macht. Die richtige Art und Weise ist die für Sie angenehme, solange sie dem Partner nicht wehtut oder ihn erniedrigt oder ihn nervös macht.

Diejenigen, die noch Jungfrau sind, sollten immer an diese eine Sache denken: Nur weil sie noch nie Sex hatten, heißt dies nicht, dass sie von den folgenden Regeln sexueller Etikette ausgeschlossen sind. Schieben Sie Ihre Unerfahrenheit nicht als Entschuldigung für flegelhaftes, ungehobeltes, unangemesse-

Ein Wort zur Warnung: Wenn Sie planen, sich einer neuen sexuellen Umarmung hinzugeben – sei es mit dem ersten oder dem 101. Partner (besonders, *wenn es der 101. ist) – müssen Sie ein Gespräch über Ihre bisherigen sexuellen Erfahrungen führen.* *Siehe Seite 243ff.*

nes oder selbstsüchtiges Verhalten vor. Selbst wenn Sie nervös sind und ein wenig »ausflippen«, sollten Sie sich benehmen – dies gibt Ihnen das Gefühl von Kontrolle und hilft, dass alles möglichst glatt läuft.

Für Poppende

Die Last, das Ganze zu einer positiven Erfahrung zu machen, ruht auf Ihnen. Es ist eine ziemlich große Verantwortung, aber gleichzeitig eine Ehre, ähnlich wie die Einladung, den Trauzeugen oder die Brautjungfer für jemanden zu spielen. Sie wurden dazu auserwählt, diese Aufgabe im Leben eines anderen Menschen zu übernehmen, und kein anderer wird dies jemals wieder tun (es sei denn, der Betreffende lässt sich scheiden und heiratet wieder oder schließt sich einem merkwürdigen Kult an und wird zu einer wiedergeborenen Jungfrau).

Alle wohlerzogenen Frauen und Männer wissen, dass ein Sinn für das Romantische, hingebungsvolle Kommunikation und eine angemessene Portion Humor für höfliches Poppen unbedingt erforderlich sind. Fummeln Sie nicht wie ein Anfänger herum, erfinden Sie keine komischen Namen für den Betreffenden, zeigen Sie nicht mit dem Finger auf ihn, und brechen Sie nicht in Gelächter aus. Nur wenige andere sexuelle Umstände erfordern die Tugend der Geduld so sehr wie diese (vielleicht mit Ausnahme der Handhabung schlaffer Schwänze oder vorzeitiger Ejakulationen, siehe Seite 326ff.).

Lassen Sie die Jungfrau das Tempo angeben. Wenn die Betreffende sich krümmt wie ein Stier, könnten Sie vorsichtig alternative Methoden vorschlagen. Doch wenn es für Sie nicht unbequem ist und die Partnerin ihren Spaß zu haben scheint, müssen Sie diesen Mangel an Anmut verzeihen, denn Sie können sie immer noch zu einem späteren Zeitpunkt in den Künsten der Liebe unterrichten. (Auf Seite 319ff. finden Sie Hinweise, wie man einen schlechten Liebhaber zu einem besseren machen kann.) Wenn sich die Jungfrau kaum bewegt und Sie die ganze Arbeit leisten, fragen Sie, ob Sie weitermachen dürfen, ob sie es lieber langsamer oder schneller hätte, ob Sie aufhören sollen oder ob sie eine kleine Essenspause einlegen möchte. Tun Sie nicht überrascht, wenn dieser Übergangsritus nach etwa fünf Minuten seinen Charme für die Betreffende verliert, vor allen Dingen dann, wenn nichts Multiorgasmisches geschieht: Genau wie an Silvester entspricht die Realität nicht immer den Erwartungen.

Besonders wichtig: Schauen Sie der Jungfrau in die Augen. Dabei stellen Sie nicht nur fest, was sie fühlt, sondern Sie werden auch merken, dass das Entjungfern für Sie mehr als eine Pflicht ist – es ist ein Genuss!

Selbstverständlich ist dies keine Beziehung, die man leicht oder unbeschwert eingeht. Wenn Sie Vorbehalte haben, diese Verantwortung zu übernehmen, oder meinen, nicht in der Lage zu sein, die Pflichten eines Entjungfernden zu übernehmen, sollten Sie davon Abstand nehmen und des Weges ziehen. (Es sollte Ihnen nicht peinlich sein, diese Vorbehalte einzugestehen; nichts ist schlimmer, als im Flugzeug um einen anderen Platz zu bitten, wenn man am Notausgang sitzt.) Denken Sie daran, dass wir Menschen – speziell die Jungfrauen – ungeheure Fähigkeiten haben, uns dahingehend zu überzeugen, dass die Dinge so sind, wie wir sie uns *wünschen*. Wir interpretieren gern die Art und Weise, wie jemand im Kino unsere Hand hält, uns spontan einen Kuss auf die Stirn gibt, uns sagt, dass wir wunderbar sind und uns jeden Morgen als Erstes eine E-Mail schickt, als Bestätigung dafür, dass der Betreffende zum Kult der Bindung bekehrt wurde, unabhängig davon, was er tatsächlich *gesagt* hat. Es ist unbedingt erforderlich, dass Sie Ihre Gesten durch offene Kommunikation ausgleichen. Natürlich sind Sie nicht verpflichtet, sich in Ihre Jungfrau zu verlieben. Doch wenn es Ihnen mit Ihrer schneeweißen Lilie nicht ernst ist und Sie keinerlei Absicht haben, in ihrer Nähe zu bleiben, um ihr bei der Verfeinerung ihrer groben sexuellen Technik zu helfen, müssen Sie dies klipp und klar sagen. Andernfalls wären Sie ein kompletter Barbar.

Sollte die Nachricht bezüglich der Jungfräulichkeit Ihrer Partnerin Sie überraschen, dürfen Sie nicht automatisch annehmen, dass sie nichts außer wahrer Liebe akzeptiert, sodass Sie sich am liebsten gleich aus dem Staub machen würden. Jungfräulichkeit muss nicht die Verletzung einer Übereinkunft bedeuten. Auch hier gilt, dass Sie angemessenen Respekt und Sensibilität einsetzen sollten, wie Sie es bei jedem anderen auch tun würden. Das Übrige ergibt sich von selbst. Auch Jungfrauen sind Menschen.

Für Poppende und Gepoppte gleichermaßen

Obwohl es ratsam ist, bei jeder sexuellen Begegnung für die richtige Stimmung zu sorgen, ist dies beim ersten Mal zwingend erforderlich. Sie können sich dem verrückten, schmutzigen Sex in öffentlichen Toiletten, den Sie sich wünschen, *später* hingeben. Für die erste Gelegenheit sind Zeit, Raum und Ruhe ein Muss. Sie können Tiergeräusche wie auf dem Bauernhof machen, bis alles vorbei ist, aber Ablenkungen von außen sollten eingeschränkt werden. Stellen Sie das Handy ab (das ist vor jeder sexuellen Begegnung eine höfliche Geste), und sorgen Sie dafür, dass Sie beide nicht hinterher zu irgendwelchen Terminen eilen müssen. Dimmen Sie das Licht, damit Sie beide attraktiver aussehen, als Sie wirklich sind, aber nicht so sehr, dass Sie einander nicht sehen können. Und auch in diesem Fall sollten Sie die Musik sorgfältig auswählen: nichts zu Hartes wie Lil' Kim oder Peaches, aber auch nichts zu Sentimentales wie Julio oder Enrique, es sei denn, Sie haben diese Weichspüler unabsichtlich zu »Ihrem Song« erkoren.

Man kann Damen und Herren nicht deutlich genug darauf hinweisen, dass stets Verhütungsmittel verwendet werden sollten. »Technische« Jungfrauen sind gegen die Seuchen der Genitalien nicht immun, denn auch sie können sich uneingeladene Viren, Parasiten und Bakterien einfangen, selbst wenn die diversen Teile nur äußerlich aneinander gerieben werden. Und die »erfahrenen« Partner sind möglicherweise nicht so gebildet, wie sie selbst glauben. Nur weil sie unten noch nie Probleme feststellen konnten, heißt das nicht, dass sie davon frei sind – viele sexuell übertragbaren Krankheiten zeigen keine Symptome, und Menschen (speziell Männer) sind häufig nur die *Träger* von Infektionen, die die ahnungslosen Genitalien der Partnerin stark beleidigen können. Wir schlagen als aufmerksame Vorsichtsmaßnahme auch eine Ersatzmethode zur Geburtenkontrolle vor. (Siehe Seite 309ff. über weitere Einzelheiten zu diesen sensiblen Themen.)

Wenn Sie die Kondome und/oder Dental Dams besorgen (und noch einmal: Sie sind *beide* dafür verantwortlich), ist es eine nette Geste, auch etwas Gleitmittel zu kaufen. Dies ist keine Mogelei, sondern einfach nur (un)moralische Unterstützung. Egal, ob Sie einmal oder tausendmal gebrunftet haben, ein Gleitmittel kann alles angenehmer gestalten und beiden einen glatteren Ritt ermöglichen – denn feucht ist gleich sexy. Derartige Aufmerksamkeit sorgt dafür, dass Sie das Zartgefühl *und gleichzeitig* das zarte körperliche Wesen des anderen nicht reizen: Wählen Sie Gleitmittel auf Wasserbasis ohne Glyzerin (das bei Frauen Hefeinfektionen hervorrufen kann) oder Nonoxynol-9 (das in der Scheide und After zu Reizungen führen kann).

Wenn Sie sich mitten in dieser bedeutsamen, heißen Begegnung befinden, sollten Sie nicht zu früh zum Schluss kommen. Der Mentor in diesem Szenario sollte nicht erwarten (oder versuchen), während des Deflorierungsaktes den eigenen Höhepunkt zu erreichen. Zumindest muss er damit warten, bis die J-Karte konfisziert wurde. Besonders sensible und wohlwollende Damen und Herren legen das eigene Vergnügen und ihre Befriedigung auf Eis, um der zukünftigen Ex-Jungfrau ihren ganzen Respekt und Ehre zu erweisen. Es muss nicht ausdrücklich erwähnt werden, dass man der Unschuld nicht das Gefühl geben darf, versagt zu haben, wenn sie nicht zum Höhepunkt kommt.

Wenn alles vorbei ist, bestehen wir darauf, dass Sie miteinander schmusen – und zwar doppelt so lange wie normal. Verbringen Sie den Rest des Tages/der Nacht miteinander. Denn wenn Sie alle oben aufgeführten Benimmregeln befolgen, werden Sie es erneut tun wollen, bevor der Tag zu Ende geht.

Besondere Erwägungen, wenn die Jungfrau weiblichen Geschlechts ist und Sex Penetration bedeutet

Wenn es um penetrierenden Geschlechtsverkehr geht, ist Vorbereitung besonders wichtig. Wenn man die weibliche Anatomie und die sexuelle Reaktion der Frau in Betracht zieht, ist erstmaliger Sex nicht einfach nur eine Sache von Reinstecken, Herumwirbeln und Wiederholen – nicht, wenn Ihnen, wie allen höflichen Menschen, etwas daran liegt, dass sie es wirklich genießt.

Beginnen Sie mit manueller Arbeit. Arbeiten Sie sich langsam über mehrere Begegnungen hinweg mit erst einem, dann zwei, drei oder sogar vier Fingern bis zur Wurstgröße vor.

Vergessen Sie das Aufwärmen nicht. Wir sind uns ziemlich sicher, dass wir hier Altbekanntes verkünden, aber für diejenigen, die gerade erst den aufrechten Gang erlernen, gilt: Vorspiel ist immer wichtig, aber es ist *am wichtigsten*, bevor eine Dame ihre Jungfräulichkeit verliert. Necken kann eine sehr angenehme Möglichkeit sein, alle Scheidenmuskeln zu entspannen und ihre Säfte zum Fließen zu bringen (ein höchst unappetitlicher Ausdruck). Wenn Sie also beide beschlossen haben, dass es heute Nacht passieren soll, lassen Sie sie so lange warten, bis sie sich fragen wird, ob Sie beschlossen haben, Ihr Wort zu brechen. Möglicherweise haben Sie nicht die Wahl, sie in Stimmung zu bringen, was ganz davon abhängt, wie nervös sie ist. Wenn sie mit gespreizten Beinen und geballten Fäusten auf dem Rücken liegt, die Decke anstarrt und schreit: »Verdammt, bring es hinter dich!«, dann ist es höflich, zu einem schnelleren Tempo überzugehen.

Immer schön langsam. Unendlich langsam. Langsamer, als Sie es für nötig halten. Führen Sie Ihren Lümmel vorsichtig einen Zentimeter tief ein, und ziehen Sie ihn dann vorsichtig wieder heraus. Drücken Sie ihn wieder vorsichtig einen halben Zentimeter hinein und vorsichtig wieder heraus. Und so weiter und so weiter und dann noch einmal ... In der Tat ist dies eine schöne Technik, die man in der Zukunft erneut anwenden sollte, egal, ob sie Jungfrau ist oder nicht.

Multitasking. Stimulieren Sie auch ihre anderen erogenen Zonen für einen angenehmen Pawlowschen Effekt. Nur weil es bei diesem Ereignis hauptsächlich um ihre Scheide geht, dürfen Sie ihre Klitoris nicht auf der anderen Seite des Ballsaals mit einer leeren Tanzkarte auf dem Trockenen sitzen lassen.

Nicht wie ein Presslufthammer arbeiten. Auch dies ist gutes Benehmen, egal, was Sie tun. Ja, manche Damen mögen es, aber mehr als zehn Minuten Bearbeitung der Genitalien wie bei einem Boxsack hat noch bei keiner Dame etwas bewirkt – *speziell nicht* bei jungfräulichen Damen.

Besondere Erwägungen, wenn die Jungfrau männlichen Geschlechts ist

Kommen Sie nicht zu spät zur Verabredung.

Lockere Sexualbeziehungen

Einstmals war es Mode, lockere Sexualbeziehungen, die in der Umgangssprache als »free love« bekannt und angeblich das Ergebnis eines höheren Zustands des sexuellen Wesens waren, mit einer gewissen Nachlässigkeit zu behandeln. Diese Art von Geschlechtsverkehr (sei es als Tête-à-tête, flotter Dreier oder großes Love-in) war frei von jeglicher Langeweile – keine Gespräche, keine Erwartungen, keine Telefonnummern, keine Sorgen. Heute ist es durchaus akzeptabel, liebevoll auf diese Zeiten zurückzublicken, ähnlich wie man ein jahrzehntealtes Batik-T-Shirt im Schrankregal betrachtet, denn beides strömt den beruhigenden Duft der Sentimentalität aus. Doch moderne Damen und Herren wissen, dass diese Einstellung zu lockeren Beziehungen völlig veraltet ist. Trotz ihrer Zwanglosigkeit – oder vielleicht auch gerade deshalb – erfordern lockere Sexualbeziehungen genau wie jede andere Art von Paarung Grundsätze des Benimms. Etwas anderes anzunehmen wäre genauso unpassend wie das Tragen von Trainings- anstelle von Khakihosen an den Tagen, an denen man in Freizeitkleidung ins Büro kommen darf.

Mit dem Begriff »locker« wollen wir ausdrücken, dass es durchaus akzeptabel ist, Gefühle an der Haustür zurückzulassen und das Zusammensein als vorwiegend körperliches Ereignis zu behandeln; wir behaupten jedoch nicht, dass es keine

Regeln oder Konsequenzen gibt. Wenn zwanglose Lust einfach eine Möglichkeit ist, ähnlich wie mit Canasta einen angenehmen Abend zu verbringen, warum sollte man sie nicht wie jedes andere Spiel behandeln? Wir haben nichts gegen Regeln beim Schach oder Krocket einzuwenden, und es wäre ungehobelt, sie im Schlafzimmer (oder in der Toilette einer Kneipe) zu vernachlässigen. Regeln wirken sich nicht negativ auf die Lust aus, sondern legen schlicht die prosaischen Einzelheiten fest, damit man die Kniffligkeiten des Spiels intensiver genießen kann, egal, auf welchem Spielfeld Sie sich befinden (und unabhängig von der Anzahl der Mitspieler).

Wir müssen auch nicht extra erwähnen, dass moderne Damen lockere Sexualbeziehungen ebenso oft wie moderne Herren als angenehm empfinden – möglicherweise sogar öfter. Und im Gegensatz zu früheren Zeiten hegen diese Damen nicht mehr die geheime Hoffnung, dass eine wollüstige Begegnung zu etwas Ernsterem führt – zumindest tun dies wohlerzogene Damen nicht. Wir gehen sicher nicht falsch in der Annahme, dass einige nicht einmal ein Abendessen erwarten. Wie die Herren vergangener Zeiten wissen sie, dass Sex nicht immer nur eines bedeuten muss, und bisweilen muss er gar nichts bedeuten. Was nicht heißen soll, dass starke, tiefe, seelenverbindende Orgasmen altmodisch sind – aber manchmal haben Damen oder Herren den Wunsch, einfach nur so zu kommen. Sex kann der Entspannung dienen, eine Lernerfahrung, Übung, ein Mittel gegen Langeweile sein, der Stärkung des Egos dienen – und anders als beim Krocket muss niemand dabei verlieren. Eine in dieser schönen Kunst bewanderte Frau kann eine lockere Begegnung nach Belieben vollziehen. Belustigt stellen wir fest, dass Frauen lockere Sexualbeziehungen *tatsächlich* oft unbelastet genießen. Nur selten müssen auf sich gestellte Damen die gefürchtete Frage: »Wann sehe ich dich wieder?« beantworten – denn die Herren, gegenüber dem Eigennutz der Damen blind, sind zu sehr damit beschäftigt, den eigenen diskreten Abgang zu planen.

Zum Teil liegt das Attraktive an lockeren Beziehungen für die Damen heute in dem Anflug von Anonymität, den sie gewähren. Er bietet ihnen die Gelegenheit, sich ganz nach Belieben zu verhalten. Befreit von der Last (wenn es tatsächlich eine solche ist), dafür sorgen zu müssen, dass der Herr sich in sie verliebt, darf sie sich auf den Akt als solchen konzentrieren, ohne dass komplizierte Gefühle dieses angenehme Erlebnis trüben. Wenn diese Dame normalerweise besonders schicklich und vornehm ist und eine altmodische Einstellung dazu hat, was eine Dame sagen darf und was nicht, kann sie diese Last an der Tür beim Butler zurücklassen. Sie kann sich ungehindert austoben und ihre grundlegenden sexuellen Bedürfnisse erfüllen (fürwahr, auch Damen haben dieses Verlangen). Vielleicht wurde sie zum Geben erzogen und kann nun endlich nehmen. Sie kann beim Bumsen selbstsüchtig sein. Sie kann sich nach *Herren*art aufführen (falls es noch Menschen gibt, die solche geschlechtlichen Klischees verwenden).

Diejenigen unter Ihnen, die mit der unendlich dehnbaren »Wissenschaft« der Evolutionspsychologie vertraut sind, könnten denken, dass eine Dame einfach nicht für lockere Sexualbeziehungen *gebaut* ist! In dieser anachronistischen Weltsicht,

Örtlich schützen, global bumsen

Damen oder Herren, die Schutzmaßnahmen vernachlässigen, wenn sie sich zwanglosen Beziehungen hingeben, verdienen nicht einmal einen beiläufigen Kuss auf die Wange. Die Bedrohung für die eigenen Genitalien zu ignorieren ist eine Taktlosigkeit, die sich mit keinerlei Schüchternheit entschuldigen lässt. Viele Damen und Herren verzichten auf das peinliche Gespräch und packen sich einfach gut ein – vor allen Dingen bei einer einmaligen Begegnung hat sich diese Sitte so universell etabliert, als dass ein Protest dagegen nützen würde. Doch niemand kann diese Praxis als völlig *wasserdicht* verteidigen: Ein Prophylaktikum schützt Ihre Familienjuwelen nicht gegen alles Unheil (Näheres dazu auf Seite 309ff.). Natürlich bedeutet legerer Sex, dass man sein bestes Stück fein anziehen sollte. Das Gespräch ist besonders wichtig beim Fehlen einer Beziehung, wo kein Platz für die folgende (oftmals irrige) Annahme ist: »Er mag mich, also kann ich ihm in Bezug auf meine Genitalien vertrauen.« Bringen Sie es einfach aufs Tapet (nein, nicht *das*, Plebejer, sondern das *Thema*) – wenn der oder die Auserwählte eine Dame oder ein Herr von Format ist, wird man Ihre Offenheit zu schätzen wissen. Wenn das Gespräch den Betreffenden beleidigt, dürfte er für die Art von Laissez-faire-Liebe, hinter der Sie her sind, nicht geeignet sein.

derzufolge Damen von der Venus stammen, haben Herren den Wunsch, sich reichlich fortzupflanzen, während Frauen nur einen Mann wollen, der den Schinken nach Hause bringt. Dabei werden jedoch die Wunder der modernen Gesellschaft nicht berücksichtigt, in der es Damen gibt, die ihren eigenen Schinken nach Hause bringen, Bewohnerinnen der Venus, die sich gegenseitig um den Verstand bumsen, allein stehende Herren, denen die Vorstellung der Vaterschaft ein Höchstmaß an Sorgen bereitet (was fürwahr für die meisten gilt), eine Unzahl an Auswahlmöglichkeiten zur Geburtenkontrolle und Online-Suchanzeigen. Außerdem muss irgendjemand mit all diesen Glücksraben – Verzeihung, *gemeinen Kerlen* – schlafen, und die »verrückte« Tracy aus der Rechnungsabteilung kann nur eine gewisse Anzahl von Nächten pro Woche zur Verfügung stellen. Nur Mut, verehrte Damen.

Wir berichten voller Freude, dass sich das Blatt gewendet hat, aber es wäre ungebildet, anzunehmen, dass dies Manieren überflüssig macht. Da heutzutage viele davon überzeugt sind, dass selbst eine besonnene und sittsame Maid Sex um seiner selbst willen genießen darf, kommt Regeln eine noch größere Bedeutung zu. Sie dienen nicht dazu, den Ruf einer Dame zu schützen (diese Vorstellung stammt nun wirklich aus dem letzten Jahrhundert), sondern sorgen dafür, dass jeder Bürger, der es verdient, seinen Fick bekommt (man gestatte uns diesen Ausrutscher der Vulgarität), ohne dass ihm dieser vermasselt wird. Damen und Herren verdienen es gleichermaßen, dass ihre lockeren Sexualbeziehungen manierlich serviert werden.

Der One-Night-Stand

Kreaturen der Nacht, habt Acht: Etikette ist immer angesagt, wenn es darum geht, den Sex zwischen zwei Fremden zu regeln, die sich wahrscheinlich nie wieder in die Augen sehen oder in die Arme fallen werden. Beim One-Night-Stand ist keine Beziehung vorhanden, die die Interaktion regelt. Daher sind wir gezwungen, uns auf die Freundlichkeit von Fremden zu verlassen. Nur Barbaren sind der Meinung, dass Manieren nicht erforderlich sind, wenn der erste Eindruck auch der letzte ist. Denn wenn wir heute zu unserem Partner beim One-Night-Stand unhöflich sind, werden wir morgen Fremden nicht mehr die Fahrstuhltür aufhalten, und am Ende der Woche werden wir Anrufe auf unserem Handy auch in der Kirche annehmen. Der folgende Benimmkodex sollte von allen Damen und Herren beachtet werden, die einmaligen sexuellen Verbindungen frönen. Je mehr sich diese Sitten verbreiten, desto mehr können wir unsere Begierden ohne Befürchtungen und Missverständnissen ausleben.

- Damen oder Herren legen die Karten immer auf den Tisch, bevor der Strip-Poker beginnt. Es ist unbedingt erforderlich, sich bestätigen zu lassen, dass Ihr Dating-Partner für den Abend keine Wahnvorstellungen bezüglich einer gemeinsamen Zukunft hat. Es weilen auch Lover unter uns, die für lockere Beziehungen untauglich sind – sie bauen auf die intime Umarmung, um Ihnen zu zeigen, wie wichtig Sie ihnen sind, oder um sich selbst zu überzeugen, dass sie *Ihnen* wichtig sind. Der verantwortungsbewusste gemeine Kerl oder sein weibliches Pendant sondert solche Personen aus dem Angebot aus, indem der Betreffende seine Absichten freimütig äußert.

- Dennoch ist es ungehobelt, sich unnötig zu mühen. Nehmen wir an, dass das Gespräch anregend ist und der Sex sogar noch mehr. Nehmen wir an, Ihr Bettgenosse schlägt im Hinausgehen vor, es irgendwann einmal zu wiederholen. Es wäre unziemlich, zu hyperventilieren und zwischen den Atemzügen zu keuchen: »Ich ... bin ... nicht ... auf ... der ... Suche ... nach ... einer ... festen ... Beziehung«, als hätten Sie gerade einen Marathonlauf hinter sich und ihr Partner hätte einen flotten Spaziergang an der frischen Luft vorgeschlagen, um sich einen klaren Kopf zu verschaffen. Vielleicht möchte er einfach nur bei einem Anruf für Sex bereitstehen (siehe Seite 139ff.).

- Einen neuen Freund zu sich nach Hause einzuladen und seine Gegenwart dann als unwillkommen zu empfinden ist nur zu einem gewissen Grad weniger grausam als einen unter Akne leidenden Dummkopf zum Lunch einzuladen, um sich über seinen Geschmack in Kleidungsfragen lustig zu machen. Es ist nicht erforderlich, einen One-Night-Stand-Partner unbedingt zu mögen, aber es ist höflich, so zu tun als ob.

- Die Konversation sollte leicht und ungezwungen sein; es wird erwartet, dass Themen wie Lebensziele und Dysfunktionen in der Familie vermieden werden.

- Lover sollten daran denken, dass ein starker ausländischer Akzent nettes Beiwerk für einen One-Night-Stand darstellt. Speziell Personen, deren Muttersprache der romanischen Sprachfamilie angehört, geben in dieser Hinsicht ideale Partner ab. Es ist jedoch geschmacklos, einen ausländischen Akzent vorzutäuschen, nur um leichter einen Bettgefährten zu finden.

- Es ist durchaus akzeptabel, die Begegnung für Experimente zu nutzen, die normalerweise nicht Ihrem Naturell entsprechen. Schließlich wird Ihr Partner nicht denken, dass sie wesensfremd sind, denn Sie haben sich gerade erst kennen gelernt! Damen und Herren, die nicht ein wenig obszöner reden oder ein bisschen perverser tun, verpassen einen guten Teil des Spaßes.

- Da dieser Akt nicht unbedingt den Anfang einer wunderbaren Beziehung darstellt, wäre es unangemessen, sich zu sehr auf Nettigkeiten wie verliebten Augenkontakt und sentimentale Knutschereien zu konzentrieren, damit Ihr Mitverschwörer sich am Ende keinen falschen Vorstellungen hingibt. Hardcore-Arschpiraterie ist hier auf jeden Fall angemessener.

- Damen oder Herren sind immer diskret. Nur weil Ihnen die Person völlig fremd ist, garantiert dies nicht, dass sie auch allen Mitgliedern Ihres Bekanntenkreises unbekannt ist. Wenn Sie also angeben müssen, vermeiden Sie es, Namen oder Muttermale zu erwähnen (wobei wir voraussetzen, dass Sie sich einander namentlich vorgestellt haben).

Einige Worte zum Aufbruch

Wir kennen einen Herrn, der an einem Silvesterabend eine neue Freundin mit zu sich nach Hause nahm. Zwischen den beiden entstand eine sofortige Verbindung, das anschließende Flirten war wohl überlegt, die Anzüglichkeiten waren gewagt und der Sex noch heißer. Sie küssten sich nachlässig, fummelten gegenseitig an ihren Reißverschlüssen herum und verwuschelten sich gegenseitig das Haar. Es war ein perfekt verdorbenes Zwischenspiel. Doch in den 30 Sekunden zwischen dem Umdrehen im Bett und der anschließenden Besinnungslosigkeit erlebte dieser Herr eine Panikattacke, die in der Etikette des One-Night-Stand unerfahrenen Personen nur allzu vertraut ist: Was wird sie morgen früh von mir erwarten? Als er mit einem Kater aufwachte und das Sonnenlicht gegen neun ins Zimmer strahlte, öffnete dieser Herr zögerlich ein Auge, um nach seiner Bettgefährtin Ausschau zu halten. Doch diese war verschwunden. Das einzige Anzeichen dafür, dass er am vorhergehenden Abend Gesellschaft hatte, war die angelehnte Wohnungstür. »Ich habe mich so benutzt gefühlt«, erzählt er gern (nicht ganz reumütig), wenn er diese Geschichte bei Dinnerpartys zum Besten gibt. »Ich hätte eine kurze Nachricht wirklich zu schätzen gewusst, doch ihr Abschied war von einer gewissen Dramatik.« Verehrte Leser, wenn dies einmal passiert, mag es eine gute Geschichte abgeben. Doch beim zweiten Mal könnte das Ego ernsthaften Schaden nehmen, sodass wir es Ihnen nicht in gutem Glauben gestatten können, sich einfach so davonzuschleichen, nur um dem Geplauder auf Dinnerpartys in der ganzen Welt etwas mehr Würze zu verlei-

Trauersex

Ob eine lockere Sexualbeziehung als angemessener Balsam für Kummer herhalten kann, ist eine persönliche Entscheidung (und eher eine Sache der Ethik als der Etikette). Es ist jedoch nicht vulgär, mit jemandem Trauersex zu haben, der diese Entscheidung getroffen hat – vorausgesetzt, Sie sind sich sicher, dass er dies bei relativ gesundem Verstand getan hat. Die Etikette wird dann verletzt, wenn Sie eine übertrieben wohltätige oder mitleidsvolle Einstellung an den Tag legen, wenn Sie einen trauernden Herrn oder eine Dame mit zu sich nach Hause nehmen (oder den Betreffenden nach Hause begleiten). Wenn der Sex stillschweigend vereinbart wurde, ist es unhöflich, die »Heilung« des Trauernden mit ständigen Fragen zu seiner Gewissheit oder seinem Befinden hinauszuzögern. Außerdem: Wenn der Betreffende Trost im Gespräch suchen würde, hätte er sich an einen Freund oder Therapeuten gewandt. Akzeptieren Sie die Tatsache, dass er Trost im Sex sucht und Sie als Auffanggefäß dafür dienen. Es sollte völlig klar sein, dass diese Art des One-Night-Stands nichts für furchtsame Naturen ist – der Trauernde darf sich in Bezug auf die üblichen Verhaltensregeln Freiheiten nehmen, und sein Gefährte darf sich darüber nicht beklagen. Zudem legt der Trauernde den Kuschelfaktor eines Trauerstelldicheins fest – wenn er sich die ganze Nacht über anschmiegen möchte, ist es angebracht, die eigene Platzangst zu zügeln und zu kuscheln.

> Zu guter Letzt muss gesagt und betont werden, dass sich nach gemeinsam verbrachter Nacht nur Flegel davonmachen, ohne die melancholische Mimose zu wecken – in dieser Situation reicht ein kurzer Brief nicht aus.

hen. Wenn die kurze Affäre nicht zum kostenlosen Frühstückskaffee bleibt, könnte der Eindruck entstehen, dass die Vorstellung der vorhergehenden Nacht unter Pari war oder der Betreffende seinen Einkauf bereut hat. Daher verabschieden sich wohlerzogene Damen oder Herren immer taktvoll nach einem One-Night-Stand.

Wenn die Sonne wieder aufgegangen ist, ist die Anerkennung der Schäkereien vergangener Nacht angebracht. Es ist nicht klug, gemeinsam mit dem Sonntagskreuzworträtsel zum Brunch zu gehen, denn das wäre mehr Intimität, als die meisten One-Night-Stands vertragen können. Andererseits macht ein wortloser Abgang mehr als nötig aus der Situation. Ein kurzes Zwischenspiel mit freundlichem Geplänkel und vielleicht ein kleiner selbstironischer Witz sind ideal. Doch wenn Sie es einfach nicht ertragen können, den Kojoten, der neben Ihnen schnarcht, aufzuwecken, können Sie ihm alles in einer flotten Nachricht (ohne Telefonnummer) mitteilen, die Sie auf dem Kühlschrank oder der Kommode im Schlafzimmer zurücklassen. Das Kissen dafür zu verwenden wäre zu klischeehaft und würde möglicherweise eine Romanze andeuten.

Es ist unschicklich, den Heimvorteil zu missbrauchen. Sie

dürfen sich heimlich verabschieden, solange Sie eine Nachricht hinterlassen, aber Sie dürfen nach dem Sex niemals fordern, dass der Partner Ihre Bude vor Tagesanbruch verlässt. Und Damen oder Herren bieten dem Gast immer eine Tasse Kaffee oder Tee an, bevor dieser verabschiedet wird.

Auch wenn wir das Risiko eingehen, schlechte Nachrichten zu überbringen: Sie sind nicht perfekt, liebe Leser. Es mag der Zeitpunkt kommen, an dem Sie sich aus Versehen ohne ein Wort verabschieden. Wir verzeihen solches Verhalten nicht, können aber einige Benimmregeln für den Notfall anbieten, falls Sie dieser Person zu einem späteren Zeitpunkt wieder begegnen. (Denken Sie jedoch daran, verehrte Damen und Herren, dass Sie sich dies nicht zur Gewohnheit machen dürfen.) Es gibt eine Reihe von Möglichkeiten, auf den früheren Partner eines One-Night-Stands zuzugehen. Die folgenden Vorschläge können je nach Situation angewandt werden:

Der Eisbrecher: »Entschuldigung, kennen wir uns nicht?«

Der Neugierige: »Hallo, wie geht's? In der letzten Zeit ein paar gute One-Night-Stands gehabt?«

Die kleine und daher böse Notlüge: »Ich hab versucht, dich aufzuwecken, aber du warst im REM-Zyklus und wolltest einfach nicht wach werden.« (Wird nicht offiziell von diesem Buch gutgeheißen.)

Die dicke, fette, offensichtliche und daher komische Lüge: »Tut mir Leid, ich musste nach Hause, um mir die Haare zu waschen.«

Besser zu spät als nie: »Ich hab neulich vergessen, das hier bei dir zu lassen.« (Sie überreichen eine Nachricht, die den oben erwähnten geistreichen Scherz und den gegen die eigene Person gerichteten Witz enthält – wir geben zu, dass das ein wenig kompliziert ist, aber es kann funktionieren, wenn man schnell etwas auf eine Serviette kritzelt, nachdem man der betreffenden Person in einem Lokal begegnet ist.)

Sich auf seine Instinkte verlassen: »Ich hab von dem Bier Durchfall bekommen und wollte dein Badezimmer nicht verschmutzen.« (Dies stellt die platonische Natur Ihrer Beziehung für alle Ewigkeit sicher.)

Die Projektion: »Ich kann es einfach nicht glauben, dass du gegangen bist, ohne dich zu verabschieden.«

Meine besten Manieren (unsere persönliche Lieblingslösung und die beste Lösung für Sie): »Tut mir Leid, dass ich mich nicht verabschiedet habe. Das war sehr unhöflich von mir. Ich gebe dir zur Entschädigung einen aus. Und keine Angst – dieses Mal werde ich dich nicht betrunken machen.«

Bei Anruf Sex

Wie die Damen und Herren, die in der Kunst des One-Night-Stands bewandert sind, bereits wissen, bedeuten lockere Sexualbeziehungen mit einem völlig Fremden selten guten, sauberen, anständigen Spaß. Entweder gibt eine Seite Gleichgültigkeit vor, oder die andere behauptet fälschlicherweise, ernste

Absichten zu haben. Bis dieses Buch neben Goethes Faust im Gymnasium auf die Leseliste gesetzt wird (zwei Damen dürfen auch einmal träumen), sind One-Night-Stands gelegentlich unter Garantie chaotisch und kompliziert. Und wenn Sie Ihr Chronometer auf dem Nachttisch liegen lassen, wird es wahrscheinlich am Ende des Tages bei eBay angeboten.

Doch die Macht des Sexualtriebs und der Wunsch nach regelmäßigem Sex, Behaglichkeit und mehr Geschlechtsverkehr mit einer Person müssen nicht dazu führen, dass Sie ungesunde romantische Affären eingehen oder darin verharren. Die Lösung? Bei Anruf Sex. Nichts zeigt den Stand von Damen und Herren oder ihre Vertrautheit mit den besten Gepflogenheiten der Etikette besser als ihre Fähigkeit, einen solchen Anruf mit Anstand durchzuführen. Im besten Fall vermischt eine Fick-Freundschaft gelegentliche Intimität mit rauem Sex, dass die Wände wackeln.

Bei Anruf Sex: Sie können einen vertrauten Bekannten anrufen, um ihn zum Sex einzuladen (Gegenseitigkeit ist dabei meistens inbegriffen). Dieser wird auch als Einer fürs Bett *bezeichnet.*

Aufgrund der starken Verbindung zwischen Trunkenheit und inoffizieller Wollust sind wir auf der Jagd nach einem Techtelmechtel häufig faul, nachlässig und unbesonnen. Viele rufen ausschließlich Ex-Partner an, was solche Begegnungen nur aufgrund der Abnutzungserscheinungen locker erscheinen lässt. Der hinausgezögerte Zyklus aus Schlussmachen und Versöhnung bei einer einst in Emotionen getauchten Beziehung hat in dem Maße als Farblösungsmittel gedient, dass nur noch das Bumsen übrig bleibt. Kultivierte Damen und Herren beschränken sich nicht auf ihre Ex-Partner – die elegantesten Bürger wissen, dass bei *ihnen* keine Gefühle im Spiel sind, wenn sie eine alte Flamme bumsen, aber dass dies möglicherweise (und wahrscheinlich) nicht auf Gegenseitigkeit beruht.

Um einen solchen Anruf erfolgreich durchzuführen, ist es erforderlich, Sex von all seinen begleitenden Emotionen zu befreien – nicht nur von der Liebe und all diesem gefühlsdusligen Zeug, sondern von Gefühlen wie Eifersucht, Besitzgier, Bedürftigkeit und Scham, die Sex zwischen Freunden (zumindest mehr als bei Fremden) begleiten können. Es ist das erhabene Wissen, dass das Vermischen von Duft, Berührung und Körperflüssigkeiten gelegentlich nur einen Anruf entfernt und nicht mit Förmlichkeiten wie Kinobesuchen, Spaziergängen im Park und Essen bei Kerzenlicht belastet ist. Reife Damen und Herren bumsen, als seien sie wieder 17.

Wir wollen uns ein wenig mit der Geschichte befassen. Gebildete Bürger wissen, dass derartige Anrufe nichts Neues sind: Leute fürs Bett gibt es so lange, wie Leute ihre Bekannten gebumst haben. Das heißt, mindestens seit der industriellen Revolution, als Maschinen dafür sorgten, dass der Mensch mehr Freizeit hatte. Doch moderne Lover wissen, dass es heute eine neue Sorte Bettgenossen gibt, die so unkompliziert sind wie die Begegnungen in Erica Jongs Buch *Angst vorm Fliegen*, aber sehr viel freundlicher. Sie sind weitaus weniger kompliziert und menschenfeindlich als in der Vergangenheit. Verehrte Damen und Herren, wir sprechen hier vom Ficken auf Termin. Es bietet jedem etwas, der 30 Minuten Zeit und keinen festen Partner hat, mit dem er diese Zeit verbringen könnte: Die Damen genießen den sexuellen Behaglichkeitslevel und zugänglichere Orgasmen mit einem Lover, der ihren Körper kennt, und die Herren genießen den unbehinderten und unkomplizierten Zugang zum Sex. Wohlerzogene Damen und Herren, die dem Sex ohne Kompliziertheiten mit Takt und Freundlichkeit begegnen, werden sich in gegenseitig arrangierten Situationen wiederfinden, die Monate andauern können.

Obwohl wir fortschrittliche sexuelle Wesen sind, lautet die einzige Regel für solche Anrufe, kein Wort darüber zu verlieren. Tatsächlich wird dies als selbstverständlich betrachtet. Wir verlassen uns auf stillschweigendes Einvernehmen, was lockere Sexualbeziehungen mit Freunden und Nachbarn und speziell mit unseren Ex-Partnern betrifft. Obwohl wir es nicht gern zugeben, reden wir *dennoch* über solche Beziehungen (mit platonischen Freunden), und es *gibt* Regeln (wir versäumen nur, sie in Worte zu fassen). Es ist ungebildet, anzunehmen, dass ein solcher Anruf immer eindeutig klar ist und alle dieselben persönlichen Richtlinien befolgen wie wir selbst. Der bedingungslose, nicht von Gesetzen geregelte Anruf für Sex ist aufgrund unterschiedlicher Absichten, möglicher Missverständnisse und der Chance emotionaler Intimität ein kompliziertes Unterfangen. Damen und Herren wissen, dass Erwartungen bestehen, wenn keine Regeln vorhanden sind, und solche Erwartungen gestalten die Dinge kompliziert. Selbst wenn Sie annehmen, dass Sie keine Erwartungen hegen, ist dies an sich bereits eine Erwartung: *Dass du nichts von mir erwartest, dass du nicht über Nacht bleibst, dass du nicht sauer bist, wenn ich nicht zurückrufe.* Es ist nicht mehr angemessen, diesen merkwürdigen, altmodischen Brauch zu pflegen. Vielmehr ist es an der Zeit, die Erwartungen mit einer Hand voll Regeln für den modernen Menschen zu versehen.

Wen Sie anrufen dürfen

- Voraussetzung ist, dass Sie sich voneinander angezogen fühlen, aber es ist kein Muss, irgendetwas anderes gemein zu haben. Es besteht lediglich das gegenseitige Verlangen, einander um den Verstand zu ficken, wenn einen die Lust überkommt – egal, ob dieses Bedürfnis aus einer leichten Depression heraus entsteht, aus Lust auf die Soße oder aufgrund reiner Libido. Die Fähigkeit und/oder der Wunsch, sich miteinander zu unterhalten, ist nur erforderlich, wenn eine Partei dies als Vorspiel verlangt.
- Beide Parteien müssen Singles sein oder in einer offenen Beziehung leben. Außerdem könnten Damen und Herren feststellen, dass sich Komplikationen und zweideutige Botschaften leichter vermeiden lassen, wenn beide Seiten in jüngster Vergangenheit eine lange Beziehung beendet haben.
- Ein Ex-Partner, mit dem man zurzeit befreundet ist, gibt den idealen Partner für solche lockeren sexuellen Beziehungen

ab. Ein Ex-Partner, der einem das Herz gebrochen hat, ist nicht empfehlenswert, obwohl ein paar (maximal drei) derartige Anrufe helfen können, einen Schlussstrich zu ziehen – eine höhere Anzahl muss als aufdringlicher und jämmerlicher Versuch betrachtet werden, eine Beziehung wieder zu entfachen. Ein Ex-Partner, dessen Herz man gebrochen hat, ist tabu – zumindest 24 Monate lang. Machen Sie es nicht einer vulgären Dame in unserem Bekanntenkreis nach, die der Meinung war, dass ein traditioneller Anruf mit der Bitte um Sex irgendwie unschicklich sei – zufällig hatte ihr Ex gesagt: »Du hast mein Leben ruiniert, Mädchen, bitte geh.« Also wählte sie seine Nummer und legte nach einem Klingelton auf, da sie wusste, dass er ihre Nummer auf der Anzeige sehen und zurückrufen würde. Einen verletzlichen Ex zum Komplizen zu machen hilft Ihnen nicht aus der Patsche.

- Es ist nicht erforderlich, nach innerer Schönheit zu suchen. Vielmehr zählen zu qualifizierten Sexpartnern allein stehende, attraktive Barmixer (es gibt kostenlos Alkohol, und sie haben gerade rechtzeitig Arbeitsschluss, um Ihren Anruf entgegenzunehmen) sowie Damen und Herren mit »herausragenden Vorzügen«. Der Anruf für Sex gibt Ihnen freie Hand, eine sexuelle Karikatur zu sein (oder nachzuahmen).

Wann der Anruf erfolgen sollte

- Damen oder Herren tätigen einen solchen Anruf nie früher als einen Tag vorher. Eine oder zwei Stunden gelten als Vorspiel, bei einem längeren Zeitraum könnte sich etwas Besseres ergeben. Der Anruf für Sex soll bei einem relativ unmittelbaren Jucken Abhilfe verschaffen.

- Falls nichts anderes vereinbart wurde, ist ein Anruf nach Mitternacht an einem Werktag zu spät. An Wochenenden sollten alle Anrufe mindestens fünf Minuten vor Kneipenschluss erfolgen.
- Wenn Sie keinen Übernachtungsgast wünschen, ist es elegant, den Anruf vor Sonnenuntergang durchzuführen. Nach Sonnenuntergang müssen Sie damit rechnen, dass Sie den Gast möglicherweise die ganze Nacht über unterhalten müssen – falls Sie keine ausdrücklichen Regeln haben, die das Gegenteil besagen, ist dies das einzig höfliche Verhalten.

Der Anruf an sich

- Es ist angebracht, die Kontaktinformationen von Sexpartnern wie die eines Dealers zu behandeln: Im Handy gespeichert, aber nie auswendig gelernt, falls man sie irgendwann einmal permanent löschen möchte. Einige elegante Damen und Herren verlassen sich lieber auf bestimmte Orte statt auf Zahlen und wählen einen bestimmten Ort in der Nachbarschaft, wo allein schon der Besuch nach einer bestimmten Uhrzeit bedeutet, dass man in Stimmung ist.
- Wenn Damen oder Herren das Handy verbummeln, betrachten sie dies immer als Anzeichen dafür, die Spieler auszutauschen oder sich zurückzuziehen.
- Anrufe für Sex erfolgen am besten über Geräte, die freund-

lich auf eine Anrufer-ID reagieren. Der Empfänger kann dann entscheiden, ob er den Anruf annehmen möchte oder nicht. Wenn der Empfänger nicht bereit ist, Ja zu sagen, sollte er nicht abheben, falls die Antwort den Anrufer beleidigen oder in Verlegenheit bringen könnte. Es ist besser, die Katastrophe zu vermeiden, die einem Herrn in unserem Bekanntenkreis widerfuhr, der ein Angebot ablehnte und sich lieber spät in der Nacht ein Weltmeisterschaftsfußballspiel zwischen England und Argentinien ansah. Obwohl die Dame nichts gegen die anderen Frauen auf seinem Spielfeld hatte, war sie sehr beleidigt, dass ihm der Fußball wichtiger war.

- Wenn die Handys kompatibel sind, sind SMS-Nachrichten das zivilisierteste Mittel, um Termine für Sex zu vereinbaren.
- Obwohl die meisten Anrufe für Sex zu später Stunde erfolgen, sollten moderne Lover bedenken, dass Anrufe auch im nüchternen Zustand und bei Tageslicht erfolgen können.
- Der rücksichtsvolle Anrufer gibt nie eine private Telefonnummer heraus und ruft eine solche auch nicht an, speziell dann nicht, wenn der Empfänger mehrere Partner hat. Falls es jedoch an mobiler Technologie mangelt, sollte der aktive Anrufer, der ein Heimspiel hat, die Lautstärke des Anrufbeantworters herunterdrehen.
- Die Anrufer sollten abwechselnd anrufen, sodass gegenseitiges Interesse ständig neu etabliert wird. Wenn Sie mehr als dreimal der Initiator waren, ohne dass ein Anruf erwidert

wurde, ist es vornehm, anzunehmen, dass Ihr Freund sich anderweitig orientiert hat. Und wenn Sie dasselbe tun wollen, ist es akzeptabel, einfach nicht mehr anzurufen (oder Anrufe entgegenzunehmen) – vor allem dann, wenn es keine monogame Situation war. (Siehe die goldene Regel unter der Überschrift »Nachträge« auf Seite 151, wo wichtige Ausnahmen aufgeführt sind.)

Wie oft man anrufen sollte

- Sie sollten eine Quelle nicht mehr als einmal pro Woche anzapfen. Im Idealfall vergehen zwei Wochen zwischen den Terminen. Erfolgen die Anrufe häufiger, besteht die Gefahr, sich in einer eheähnlichen Beziehung zu verlieren.

Wie man sich während einer Verabredung verhalten sollte

- Es ist akzeptabel, etwas beschwipst zu sein, doch wenn Sie feststellen, dass Sie aufgrund von Trunkenheit kaum stehen und ihren Pflichten nicht nachkommen können, ist es taktlos, den Anruf überhaupt zu tätigen. Wenn sich alles um Sie herum dreht, machen sich Damen oder Herren stattdessen auf den Heimweg und werden beim Versuch, zu masturbieren, besinnungslos. Es ist völlig indiskutabel, anzurufen, wenn die Gefahr besteht, dass Sie in Gegenwart Ihres Bettgefährten zu würgen beginnen oder Sie sich, noch schlimmer, gar auf ihn übergeben.
- Beide Parteien sollten jederzeit mit Prophylaktika ausgerüstet sein.

- Egal, wie lange Sie Ihren Sexpartner nicht gesehen haben, sollten Sie nicht absichtlich persönliche Artikel zurücklassen.
- Das strenge und ausschließliche Festhalten an der Missionarsstellung zeigt einen Mangel an sexueller Kreativität, der bei derartigen Zusammenkünften nicht toleriert werden sollte. Setzen Sie diese Position nur sparsam ein.
- Wenige Menschen sind sich des Einflusses auf die Moral bewusst, der durch die schmutzige Angewohnheit der Vortäuschung ausgeübt wird. Ein solcher Orgasmus gehört einzig und allein in eine dysfunktionale Beziehung und zu traurigen One-Night-Stands. Bei modernen Sexualbeziehungen dieser Art hat jeder mindestens einen echten Orgasmus, egal, ob dieser vom Betreffenden selbst, von der anderen Seite oder von beiden Seiten hervorgelockt wird.
- Wenn ein Anruf mit der Bitte um Sex Sie nicht amüsiert, verstehen Sie nicht, worum es geht. Solche Anrufe können noch komischer sein, wenn beide Parteien betrunken sind und vor Witz nur so sprühen. Damen und Herren sollten stets daran denken, dass es bei solchen Anrufen zu 50 Prozent darum geht, komisch zu sein. Miteinander Spaß zu haben macht die anderen 50 Prozent aus.

Wie man sich zwischen den Terminen verhalten sollte

- Es ist unpassend, Ihren Sexpartner anzurufen, nur um »Hallo« zu sagen (es sei denn, Sie waren über sechs Monate lang miteinander befreundet, bevor Sie damit begonnen haben, sich gegenseitig einen Gefallen zu tun). Es ist korrekt, sich Nettigkeiten für E-Mails aufzuheben.

- Es zeugt von guten Manieren, die Sonne mindestens einmal zwischen Verabredungen mit verschiedenen Partnern untergehen zu lassen. Wenn die Terminpläne dies verhindern, ist es zumindest erforderlich, vor dem zweiten Zwischenspiel zu duschen.
- Wenn sich Ihr Sexpartner in Ihrem gesellschaftlichen Kreis aufhält und Sie gemeinsam in einer Clique unterwegs sind, wird im Allgemeinen angenommen (einmal davon abgesehen, dass es von guten Manieren zeugt), dass Sie entweder zusammen oder allein nach Hause gehen.
- Diskretion ist der bessere Teil einer ehrenhaften Absprache: Nur weil es sich um eine lockere Beziehung handelt, dürfen Sie nicht annehmen, dass sie deshalb ein Thema für lockere Gespräche darstellt. Lügen Sie nicht, aber protzen Sie auch nicht – das ist kein guter Stil.

Wie man die Situation diskutieren kann

- Es ist unschicklich, das Ganze als Sexanruf zu bezeichnen, bevor der Akt vollzogen wurde.
- Damen oder Herren stellen immer fest, ob sie sich in einer monogamen lockeren Beziehung befinden. Manche bevorzugen es, der einzige Sexpartner zu sein, den ihr Partner bumst, während andere Pluralität bevorzugen (oder diese zumindest tolerieren). Wenn nichts erwähnt wurde, sollte man von Pluralität ausgehen.

- Man sollte es vermeiden, sich zu fragen, was die eigene Mutter wohl zu diesem Arrangement gesagt hätte. Und man sollte seine Mutter auf keinen Fall fragen: »Mama, was hältst du von diesem Arrangement?«

- Wohlerzogene Bürger kommen nicht auf den Gedanken, dass sechs Monate mit gegenseitigen Anrufen dieser Art eine Weiterentwicklung bedeuten. Dauer ist nie mit Beschleunigung, Änderung oder Wachstum gleichzusetzen – es ist dieselbe schmutzige Sache, die immer wieder passiert. Damen und Herren wissen, dass eine derartige Beziehung etwa so oft zu einer echten Beziehung führt wie die Nachrichtenschlagzeile abends um 23 Uhr bei FOX TV wirklich von Interesse ist.

- Wenn beide Parteien wissen, dass es sich immer wieder um dieselbe schmutzige Sache handelt, ist es vulgär, jedes Mal wieder darauf hinzuweisen. Den Fickfreund überschwänglich zu begrüßen und beim Hinausgehen zu rufen: »Danke für den geilen Sex« ist unelegant. Sich zu erkundigen, ob die lockere Beziehung für den anderen in Ordnung ist, oder schlimmer noch: »Dir ist doch klar, dass wir nicht richtig zusammen sind, oder?« zu fragen ist herablassend und anmaßend, ganz zu schweigen davon, dass das nur der Selbsterhöhung dient. Derartige idiotische Bemerkungen zeugen von einem eingebildeten, überheblichen Gecken.

- Es ist flegelhaft, sich selbstgerecht zu weigern, andere zu beleidigen. Man muss ehrlich sein, wenn eine Frage gestellt wird (wohin diese Beziehung führt, welche Partner man außerdem trifft und so weiter), unverlangte Einzelheiten sollte man allerdings für sich behalten. Dennoch sollte man Details, deren Weglassen eine Unterlassungslüge darstellen würde, nicht verschweigen.

- Ein Anruf mit der Bitte um Sex bedeutet nicht »nichts«. Er bedeutet einfach nur etwas anderes.

Nachträge

- Die oben aufgeführten Regeln dürfen jederzeit abgeändert werden, wenn sich beide Seiten darin völlig einig sind.
- Die goldene Regel für diese Anrufe lautet: Wenn man Bedenken hat, sollte man seinem Instinkt vertrauen. Nur wenige unter uns können Sex völlig vom Gefühl trennen, selbst wenn es sich bei diesem Gefühl nicht um Liebe handelt. Egal, wie locker die Beziehung ist, man sollte stets daran denken, dass der Sexpartner trotz allem eine Dame oder ein Herr ist und keine Sexmaschine. Wenn Sie nicht in der Lage sind, schön miteinander zu spielen, raten wir dringend dazu, dass Sie in ein gutes Sexspielzeug investieren und nicht das Spielfeld für die zivilisierten Menschen unter uns ruinieren. Diese letzte Regel darf nicht abgeändert werden und behält in jedem Fall ihre Gültigkeit.

Wenn ein gelegentlicher Sexpartner kuscheln möchte

Nicht alle Anrufe für sexuelle Zwecke sind gleich. Es gibt Damen und Herren unter uns, die die Angewohnheit haben, Elemente des »Dating« zu der rein sexuellen Mischung hinzuzufügen. Unverbindlicher Sex ist nicht mehr ihr einziges Ziel; stattdessen ist lockere Intimität mit ins Spiel gekommen. Wir bezeichnen dieses Verhaltensmuster als »kostenlose Probe«. Es verhält sich folgendermaßen: Einige Damen und Herren bringen es fertig, Schokolade vor einem Süßwarengeschäft zu probieren und einfach weiterzugehen, während andere nicht widerstehen können und fünf Pfund Haselnussschokolade kaufen müssen. Und genauso verhält es sich mit Beziehungen: Einige Damen und Herren können eine gelegentliche Beziehungsprobe tolerieren, wünschen sich aber keine ganze Schachtel mit Verpflichtungen – zumindest nicht zu diesem Zeitpunkt. Man kann sie mit kostenlosen Kostproben in Versuchung führen, aber dies mag gerade ausreichen, um sie zu sättigen. Es wäre jedoch dumm, anzunehmen, dass sich ihr Verhalten bei einer Unterbrechung der Versorgung ändern würde: Manche Wesen brauchen im Gegensatz zu anderen eine derartige Süße einfach nicht in ihrem Leben. Vor allen Dingen dann, wenn man nebenan Eiskrem genießen kann und Karamellbonbons auf der gegenüberliegenden Straßenseite. So sagte ein gewisser Herr einmal, dass das Leben wie eine Schachtel Pralinen sei. Diese Naschkatzen sind sich durchaus bewusst, dass ein wenig Nähe normalerweise zu heißerem Sex und stimulierenderer Unterhaltung beim Frühstück führt. Außerdem können selbst Menschen mit Bindungsphobie eine gelegentliche Kuschelei genießen – speziell die Herren um die 30 oder 40, die feststellen, dass sie nicht mehr allzeit bereit sind.

Ungezwungene Intimität wie die hier beschriebene könnte als reproduzierte Beziehung bezeichnet werden. Sie wird von

Damen und Herren bevorzugt, die das Drum und Dran der Monogamie wie beispielsweise zu Hause zubereitete Mahlzeiten und regelmäßigen oralen Sex zu schätzen gelernt haben, es aber verabscheuen, in Bezug auf diese Aktivitäten monogam zu sein. Lover sollten allerdings daran denken, dass dieses kitzlige Szenario ein fortschrittliches Maß an sexueller Etikette erforderlich macht. Um lockere Sexualbeziehungen genießen zu können, ist es notwendig, sich vor Augen zu führen, dass Sex manchmal eine ernste Sache ist und manchmal nicht. Doch um zwanglose Intimität schätzen zu können, ist es notwendig, in Bezug auf die Erwartungen und die Gefühle der Menschen eine entspannte Einstellung zu haben. Weder das Dating-Spiel noch lockere Beziehungen fordern ein so großes Opfer, und daher können wir dieses Verhalten weder verzeihen noch gutheißen.

Sie erkennen diejenigen, die solche Kostproben lieben, an den zahllosen gebrochenen Herzen, die sie zurücklassen, an der Leichtigkeit und Distanz, mit der sie öffentlich ihre Zuneigung zur Schau stellen, an den vielen Tagen, an denen sie das Gesicht des anderen nicht sehen oder ihr Gesicht nicht in seinen Genitalien vergraben müssen – und man sollte sie meiden wie die Pest. Es sei denn, Sie gehören selbst zu dieser Sorte Mensch.

Alles hat einmal ein Ende

Wie kultiviert und gesittet Damen und Herren auch sind, dieselbe schmutzige, immer wieder durchgespielte Sache wird irgendwann einmal entweder deprimierend und/oder langweilig. Wenn Sie in demselben Viertel wohnen und sich alle paar Wochen oder häufiger sehen, sollten Sie nicht erwarten, dass diese Einrichtung länger als sechs Monate andauert. Die Zeit hat ihre eigenen Grenzen – es wäre unangebracht, sie zu verlängern zu versuchen, es sei denn, Sie wollen in der nächsten dysfunktionalen Beziehung enden. Wenn mehrere Länder Sie trennen, kann eine solche Einrichtung möglicherweise über Jahre hinweg aufrechterhalten werden.

Wir kennen eine Dame, die so von dieser Einrichtung angetan war, dass sie bereits auf den siebten Monat zuging. Dann begegnete sie dem Herrn eines Abends auf einer Party. Er war mit einer Dame dort, die offenbar seine feste Freundin war. Er stellte sie in schüchternem Ton vor, sie erwähnte seine Eltern in einem Gruppengespräch und die beiden verließen die Party bereits vor zehn Uhr wieder. Unsere Freundin erwartete, dass sich Eifersucht bemerkbar machen würde (es ist immer bedauerlich, wenn ein Sexpartner vom Markt genommen wird), aber sie verspürte nichts. Sie hatte den Sex mit so viel Erfolg von allem anderen getrennt, dass sie vorübergehend ihr Eifersuchtsgen unterdrückt hatte – das am wenigsten erotische Gefühl, das sie kannte. Die beiden sprachen nie mehr miteinander.

So verhält es sich meist mit lockeren Sexualbeziehungen – ihr Anfang und Ende ist normalerweise willkürlich. Genau aus diesem Grund funktionieren sie. Und genau deshalb sind gewisse Regeln erforderlich, denn diese verhindern, dass Ihr Herz gebrochen wird. Sie sind nett für einen Besuch, aber man sollte die Liebe außen vor lassen.

Gruppensex: Dreier, Orgien und Swinging mit Stil

Es gibt Zeiten, da kommen sich Damen und Herren wie eine Nuss vor, aber es gibt auch Zeiten, in denen sie das Gefühl haben, eine ganze Kristallschale mit gesalzenen Cashewnüssen, Mandeln, Walnüssen und Pekannüssen zu sein. In einer perfekten Welt würden sich alle kultivierten Bürger nach den unten aufgeführten Regeln für Gruppensex richten. Doch in dieser Welt stößt man selbst bei zweiseitigen Begegnungen selten genug auf Respekt der Sex-Etikette gegenüber. Wie können wir es zu träumen wagen, dass Geschöpfe der Nacht Manieren, Eleganz und Takt an den Tag legen, wenn beim Sex sechs (oder mehr) Beine beteiligt sind? Weil wir hoffen, dass alle Damen und Herren, die dieses Buch lesen, die Regeln weitergeben. Es ist Ihre Aufgabe, die hier enthaltenen Weisheiten zu verkünden. Außerdem träumen wir, weil kultivierte Damen und Herren wissen, dass sie in Bezug auf das angemessene Protokoll für wollüstige Begegnung der multiplen Art aktiv nach Rat suchen sollten. Auch wenn wir uns für vollendete Dating-Partner und Lover halten, werden nur wenige unter uns behaupten, dass sie in Bezug auf eine Party für drei oder mehr Personen über die entsprechende Eleganz oder Expertise verfügen. Glücklicherweise ist die Etikette für Gruppensex (oder nur für einen Dreier) definitiv einfacher. Fürwahr, verehrte Leser, leihen Sie uns Ihr Ohr: Vom Gruppensex wird erwartet, dass er eindeutig eine zwanglose Begegnung rein körperlicher Art ist, da nur ein unbedeutender Prozentsatz der Bevölkerung Interesse an langfristiger Polyamorie hat. Daher lassen sich die Regeln leichter aufstellen und befolgen. Sie bezweifeln das? Dann lesen Sie weiter.

Etikette für einen Dreier für Damen und Herren von heute

Es ist altmodisch, den Dreier als *ménage à trois* zu bezeichnen. Das ist sooo 70er Jahre. Und zudem noch *französisch*. Der Dreier ist eine angenehme Softcore-Möglichkeit, um mit Bisexualität, dem Brechen von Tabus und Exhibitionismus/Voyeurismus zu experimentieren. Sie würden überrascht sein (oder möglicherweise auch nicht), wie viele Damen und Herren gegenüber ein wenig Aktion zu dritt aufgeschlossen sind; sie warten einfach nur darauf, dass jemand sie höflich darum bittet. Kultivierte Lover sollten sich einfach nur der drei Unannehmlichkeiten beim Dreier bewusst sein: Eifersucht, Unsicherheit und unterbrochene Orgasmen.

Ein Rat für alle Mitspieler

- Damen oder Herren versuchen niemals, einen Freund oder Partner zu einem Dreier zu zwingen. Alle drei Beteiligten müssen gleichermaßen willige Komplizen sein.
- Damen oder Herren strecken, was einen Dreier betrifft, vorsichtig die Fühler aus, indem sie anderen den Rücken massieren, nach Partys etwas länger verweilen und flirtende Gespräche mit Hinweisen wie: »Wolltest du schon mal …?« oder: »Ich habe einen Freund, der …« und so weiter begin-

nen. Dann wägt man in aller Ruhe das vorhandene Interesse ab.

- Wenn zwei Menschen sich mit einem dritten zusammentun, werden zweifellos mehr Körperöffnungen erforscht. Damen oder Herren nehmen daher vorher immer ein Duschbad.

- Gier ist eine der sieben Todsünden, weil sie einen guten Dreier schneller ruinieren kann, als man »Jetzt ich wieder!« sagen kann. Die Dame oder der Herr zeigt sich großzügig: Wenn man denkt, dass einem genügend Aufmerksamkeit zuteil wird, hat man wahrscheinlich das Bett mit Beschlag belegt.

- Nur weil es ein Dreier ist, lassen Damen oder Herren das Vorspiel nicht aus. Zudem ist es eine wunderbare Gruppenaktivität.

- Der Herr geht nicht davon aus, dass er *ihn* hineinstecken wird; eine Dame geht nicht davon aus, dass *er* (egal, von wem) hineingesteckt werden muss. Und die Dame stimmt mit Sicherheit nicht der doppelten Penetration (in diskreteren Kreisen auch als DP bezeichnet) zu, es sei denn, dies wird vorher so verabredet. Bei den besten Dreiern kommt es zumeist nicht zum Geschlechtsverkehr.

- Damen oder Herren sind darauf vorbereitet, dass sie sich übergangen fühlen könnten, und nehmen dies nicht persönlich; das kommt bei allen Dreiern vor. Höfliche Aktivitäten während der Wartezeit umfassen Fußmassagen, das

Saugen an den Zehen, Liebkosungen der Brustwarzen und das Auflegen einer anderen CD.

- Damen oder Herren geben sich nie einem Dreier mit einem Kollegen hin. Es ist sehr viel eleganter, Teamspieler über Freunde, Clubs, auf Partys oder in Kleinanzeigen zu suchen.
- Damen oder Herren überlegen es sich dreimal, bevor sie sich einem Dreier mit einem guten Freund hingeben. Freunde, mit denen man nur ins Bett geht, sind hingegen in Ordnung.
- Zu dritt die Löffelstellung einzunehmen und ein Tisch für drei für den Brunch am Morgen danach sind wahrscheinlich viel schwieriger als die schmutzige Tat als solche. Damen oder Herren ziehen dies in Betracht, bevor sie sich zum Übernachten entschließen.

Rat für Paare

Sie sollten folgende Ratschläge unbedingt befolgen, um sich das Ungeheuer Eifersucht vom Leibe zu halten.

- Man überrasche den Partner nie mit einem Dritten; Dreier sind als Geburtstagsgeschenk unangemessen. Ein Paar muss seinen Bettgenossen gemeinsam auswählen.
- Damen oder Herren nutzen einen Dreier *niemals* dazu, um jemanden, auf den sie scharf sind, ins Bett zu bekommen, ohne den Partner zu »betrügen«.
- Wenn bei einem heterosexuellen Paar der dritte Partner männlich ist, weist der Herr in der Paarbeziehung den Weg;

wenn es sich beim Dritten um eine Frau handelt, übernimmt die Dame in der Paarbeziehung diese Aufgabe.

- Damen oder Herren sorgen dafür, dass der feste Partner etwas mehr Aufmerksamkeit erhält als der dritte Beteiligte.
- Wenn man sich zum ersten Mal an einem Dreier beteiligt, sollte man am besten vor dem direkten Geschlechtsverkehr aufhören (zumindest, was den dritten Bettgenossen betrifft) für den Fall, dass die Dame oder der Herr am nächsten Morgen einen Anfall bekommt. Falls es nicht zu einem Anfall kommt und alle Beteiligten mit dem Geschlechtsverkehr einverstanden sind, sollten Sie sich beim nächsten Mal durchaus um den Verstand bumsen.
- Postkoitale Plaudereien (nachdem der Dritte gegangen ist) sollten von Herzen kommende Glanzstücke sein, wie: »Ich konnte es nicht abwarten, wieder mit dir allein zu sein«, »Ich musste immer an dich denken« und »Du bist viel heißer.«
- Damen oder Herren unternehmen *nicht* den Versuch, sich mit dem dritten Bettgenossen allein zu treffen, es sei denn, dass der Partner vorher zugestimmt hat. Es wurden bereits Duelle wegen geringfügigerer Angelegenheiten als dieser ausgefochten.
- Sich an einem Dreier zu beteiligen, um eine zerbrochene Beziehung zu reparieren, ist so unvorstellbar dumm wie der Versuch, mit einem Baby eine schlechte Ehe zu kitten.
- Damen oder Herren sind sich der Macht der Phantasie bewusst. Vielleicht ist »so zu tun als ob« für die eigene Bezie-

hung angemessener? Zumindest ist es ein angenehmes Mittel, um die Einstellung des Partners zu ergründen.

- Die Erregung der Jagd kann eine Paaraktivität sein (auch reine Bettpartner können dieses Spiel spielen). Verführen Sie als Team: »Möchtest du mit uns nach Hause kommen?« funktioniert so gut wie jede Anmache. Schlimmstenfalls kann der potenzielle Dritte ablehnen – in diesem Fall geht das Paar nach Hause und rammelt für sich allein, was das Zeug hält.

Rat für den dritten Bettgenossen

- Das Paar muss zuerst fragen; der anständige Dritte im Bunde lädt sich nicht selbst ein.
- Der anständige Dritte geht nie davon aus, dass er ein Übernachtungsprivileg hat. Wenn das Paar jedoch zum Frühstück einlädt, nimmt er die Einladung nach eigenem Gutdünken höflich an oder lehnt sie ab.
- Der anständige Dritte versucht *nicht,* sich mit einem von beiden allein zu treffen, es sei denn, dies wurde zwischen den beiden Partnern vorher so verabredet. Andernfalls ist sehr viel mehr als ein Schlag ins Gesicht mit einem Paar Handschuhen zu erwarten.
- Beim ersten Anzeichen von Eifersucht rät die Vernunft dazu, die Beine in die Hand zu nehmen.
- Der anständige Dritte akzeptiert, dass er permanent als Letzter kommt. Nur weil das Paar einander bumst, heißt das nicht, dass man selbst auch an die Reihe kommt.

Pflichten bei Orgien

Rücksichtname auf die Rechte und Gefühle anderer ist nicht nur eine Regel für das Verhalten in der Öffentlichkeit, sondern die Grundlage, auf der erfolgreiche Orgien beruhen. Die Orgien von heute (oder »Spielpartys«, wie sie zurzeit heißen) erinnern eher an einen Spielplatz als an Swinging. Es ist bindungsfreier Freizeitsex auf einer Cocktailparty mit ein paar (oder ein paar Dutzend) netten Freunden, Bekannten oder Fastfremden. Die Spielpartys (zumindest jene, zu denen *Sie* eingeladen werden möchten) ähneln den Schlüsselpartys der 70er Jahre so wenig, wie die *Brady Family* an *Sex and the City* erinnert. Wahrlich, sie sind nicht für jeden das Richtige. Aber sie sind für sehr viel *mehr* Damen und Herren etwas, als Sie wahrscheinlich denken. Und vielleicht sind sie genau das Richtige für Sie.

Eine Sexparty geben

Natürlich kommt es bisweilen ganz natürlich zu einer Gruppensexbegegnung am Ende eines netten, mit Freunden verbrachten Abends – man kann es auf den Alkohol zurückführen, den Strip-Poker oder die einschlägigen Gesellschaftsspiele für Erwachsene wie Wahrheit oder Pflicht. Wir wagen sogar zu behaupten, dass mindestens eine anwesende Person darauf gehofft hat, dass die Ereignisse eine wollüstige Färbung annehmen würden, wenn Sie schon einmal mit mehreren Freunden spät am Abend Strip-Trivial Pursuit gespielt haben. Wir wollen hier ganz offen und ehrlich sein: *Alle* haben gehofft, dass es heiß hergehen würde. Wenn Sie sich in der Rolle des guten

Gastgebers unwohl fühlen, könnten Sie beim nächsten Mal, wenn Sie sich in Gesellschaft von attraktiven jungen Dingern befinden, bei sich zu Hause eine improvisierte Party nach der Party geben. Wir empfehlen, die Stimmung langsam in die richtigen Bahnen zu lenken. Sie könnten Scrabble um Küsse spielen und dann – vorsichtig – weitergehen und sehen, wohin das Ganze führt. Sie werden feststellen, dass dies in einer Gruppe von miteinander befreundeten Singles, wo alle (geheimen oder offenen) Verknalltheiten recht mild sind, am wirksamsten ist.

Doch warum sollte man es dem Zufall überlassen? Kultivierte Damen oder Herren wissen, wie man einen netten Nachmittag mit Kaffee und Kuchen organisiert. Sollte die Organisation einer offiziellen Sexparty mit garantiert ungezogenem Ende für alle so viel komplizierter oder anstrengender sein? *Absolument pas!* Nachstehend sind einige Dinge aufgeführt, an die Sie denken sollten, bevor Sie den lüsternen Massen die Tür öffnen.

Wie soll Ihre Orgie im Vergleich zu anderen dastehen?

Bevor Sie zu einer Orgie einladen, ist es ratsam, zuvor die Spielparty eines anderen Gastgebers zu besuchen. Bewerten Sie die Konkurrenz, um festzustellen, was der Party zum Erfolg verhilft (vielleicht Wischtücher in allen Zimmern zur leichteren Reinigung) beziehungsweise was zu ihrem Scheitern beitragen könnte (möglicherweise Musik von Sting aus der Stereoanlage) und was Sie von Ihrem eigenen großen Abend erwarten können.

Wer kommt auf die Gästeliste?

Stellen Sie sich vor, Sie geben eine Sexparty und niemand kommt! Es ist ratsam, ein paar Anstifter einzuladen – Damen und Herren, die als Erste herumknutschen, als Erste erotisch tanzen, sich als Erste ausziehen und als Erste einen Gast zum Mitmachen einladen. Es wird insgesamt weniger gestelzt zugehen, wenn einige Teilnehmer in Bezug auf Orgien keine Jungfrauen sind. Davon abgesehen, ist Ihre Gästeliste Ihr Privileg. Wünschen Sie die gleiche Anzahl von Frauen und Männern? Nur Paare? Nur Singles? Nur Heteros? Keine ledigen Männer? Alle bisexuell, die ganze Zeit über? Schwul? Sorgen Sie für eine größere Teilnehmerzahl, indem Sie jeden Gast bitten, ein paar Freunde mitzubringen, die sich für eine Orgie schicken. Es wäre nicht unangemessen, auf einer Website nach geilen Böcken Ausschau zu halten. Es ist akzeptabel, die Einladungen per E-Mail zu versenden, obwohl Papier unbestreitbar von mehr Geschmack zeugt (und zudem nicht einfach per Knopfdruck weitergeleitet werden kann). Wenn Freunde von Freunden (oder Fremde) auf Ihrer Gästeliste stehen, sollten Sie um eine vorherige Prüfung bitten. Schließlich wäre es ein Albtraum, Gäste zu bewirten, die vom anderen Ende des Zimmers aus die Stimmung abtöten.

Und der Ort?

Aus Gründen der Bequemlichkeit und Kontrollmöglichkeit ist kein Ort besser geeignet als die eigene Wohnung. Vielleicht haben Sie aber einen neugierigen Nachbarn oder Vermieter, möglicherweise ist Ihre bescheidene Unterkunft nicht groß genug für ein Ereignis dieser Art, oder vielleicht finden Sie es schlicht ungehörig, dass Gäste in Ihrer Essecke bumsen. Es ist durchaus korrekt, eine Örtlichkeit zu mieten oder eine Hotelsuite zu reservieren. Allerdings empfehlen wir, vorher einzuschätzen, ob die Party einen Skandal hervorrufen könnte, besonders, wenn Sie Requisiten bereitstellen, die von Eindringlingen missdeutet werden könnten. (Tatsächlich wurden Damen und Herren schon wegen der freiwilligen Teilnahme an SM-Spielpartys angezeigt.)

Gibt es Mut aus dem Zapfhahn?

Fans von Orgien werden raten, nicht zu Gruppensex unter Alkoholeinfluss zu ermutigen. Wobei man sich wirklich fragt, was das für Menschen sind, die eine völlig nüchterne Bumserei in der Gruppe behaglich finden. Schließlich war es kein Zufall, dass Dionysos der griechische Gott von Orgien und Wein war. Ein guter Merlot oder ein vollmundiges Bier ist ein nützliches Gleitmittel für die Geselligkeit. Der anspruchsvolle Gastgeber sorgt jedoch dafür, dass seine Gäste wissen, dass es geschmacklos ist, sich zu besaufen: Handstände auf dem Bierfass bringen niemanden in Stimmung. Übrigens: Ein Buffet ist nicht erforderlich, obwohl sie bei traditionellen Sexpartys (der Art, wie sie wahrscheinlich von Ihren Eltern in den 70er Jahren besucht wurden) immer vorhanden zu sein scheinen. Uns ist diese merkwürdige Angewohnheit unverständlich. Tatsächlich finden wir sie unhygienisch. Der gute Gastgeber stellt schlicht einen Vorrat an Energieriegeln für diejenigen zur Verfügung, die diskret ihre Batterien wieder aufladen müssen.

Was ist gelungenes Orgien-Feng Shui?

Der gute Gastgeber bestückt den CD-Spieler mit mehreren erotischen CDs, damit niemand DJ spielen muss. Es ist empfehlenswert, instrumentale Musik zu wählen. Fortschrittliche Mitspieler entscheiden sich gern für Peter Gabriels *Passion*, obwohl es nicht ungewöhnlich ist, dass mindestens ein Gast die Gruppenrammelei zum Soundtrack der *Letzten Versuchung Christi*, nun, geschmacklos findet. Der Gastgeber sollte besonders auf angenehme Beleuchtung Wert legen. Die Höflichkeit gebietet, für eine warme Zimmertemperatur zu sorgen, damit sich das Entkleiden natürlich anfühlt (oder zumindest natürlicher). Verteilen Sie überall Kissen, und leihen Sie sich zusätzliche Matratzen von einem Freund aus. Vinyltücher sind praktisch, erinnern aber ein wenig an Asoziale. Es ist besser, alle Gäste darum zu bitten, dass sie ein paar saubere Laken für die Festivitäten spenden. Falls es ein Treuhandvermögen gibt, auf das Sie zurückgreifen können, legen Sie für Ihre Gäste eine Fülle an weicher, sauberer Bettwäsche bereit. Egal, wofür Sie sich entscheiden, Sie können davon ausgehen, dass alle Oberflächen, auf denen gebumst wird, beschmutzt werden. Das ist eine Tatsache, die alle Gastgeber akzeptieren und mit Fassung ertragen sollten. Eine Schale mit Kondomen, Dental Dams und Latexhandschuhen in allen Zimmern bereitzustellen ist nicht nur eine nette Geste, sondern auch gewissenhafte Partyplanung. Sie könnten zur optischen Stimulation und Anregung im Hintergrund auch etwas Pornografisches von Klasse ohne Ton laufen lassen. Legen Sie den Hörer neben das Telefon, und bitten Sie Ihre Gäste, ihre Handys abzuschalten.

Gibt es ein Zimmer mit Aussicht?

Es ist elegant, ein Zimmer oder einen Bereich als sexfreie Zone (Nacktheit optional) zu reservieren – Ihre Gäste werden die Gelegenheit für Neugruppierungen zu schätzen wissen. Außerdem gibt es auf jeder Party zwei Gäste, die sich nur in der Ecke herumdrücken und Kants kategorischen Imperativ diskutieren wollen; Orgien bilden da keine Ausnahme. Abhängig vom zur Verfügung stehenden Raum (und davon, wie anspruchsvoll Sie sind) könnten Sie Bereiche für spezifische Aktivitäten abgrenzen – Entkleiden, gemeinsame (Massen)Masturbation, Sex zum Zuschauen nur für Paare, Sex, bei dem man vor der Teilnahme erst fragt, Sex, bei dem man gleich mitmacht, private Zusammenkünfte und so weiter. Dieses Verfahren ist bei größeren Einladungen erfolgreicher, da dort einige organisatorische Grundsätze erwartet werden. Wenn es sich nur um Sie und fünf Freunde nach einem nächtlichen Kneipenbesuch handelt, dürfte es etwas merkwürdig aussehen, wenn Sie an die Zimmertüren Schilder hängen.

Wann wird es interessant?

Der perfekte Gastgeber weiß, wie er seine Gäste in Stimmung bringt. Manchmal ist spärliche Bekleidung erotischer als völlige Nacktheit – es ist in Ordnung, seine Gäste darum zu bitten, ihre Lieblingsunterwäsche zu tragen (obwohl zugegebenermaßen nur ein vulgärer Mensch eine Orgie in den löchrigen Liebestötern seiner Großmutter besuchen würde) und die Einladung als Dessousparty zu gestalten. Sie werden feststellen, dass dies für eine gelöste Stimmung sorgt. Andere Möglichkeiten, einer Party etwas Pikantes zu verleihen (und nicht nur, indem Sushi mit Wasabi serviert wird), sind unter anderem: das Wahrheit-oder-Pflicht-Spiel, Strip-Poker, Dirty Dancing, Fußmassagen, Rückenmassagen, Body Shots (ziemlich abgedroschen, aber immer erfolgreich), Flaschendrehen (eher etwas aus der Schulzeit, aber immer erfolgreich), Twister (vielleicht finden Sie dabei sogar eine neue Stellung) und gegenseitiges Füttern (vielleicht deshalb das Büffet). Es ist nicht aufdringlich, einige anreizende Requisiten herumliegen zu lassen wie beispielsweise Massageöl, Körperglitter, Gleitmittel, gepolsterte Handschellen, Augenbinden und Buttplugs. Vielleicht sogar eine Polaroid-Kamera, denn eine Linse regt immer an, und es gibt keine belastenden Negative.

Wie lauten die Hausregeln?

Nur Menschen mit schlechten Manieren werden Sie für einen Anstandswauwau halten, wenn Sie ein paar Regeln aufstellen. Richtlinien sorgen für bestimmte Erwartungen – und lassen Gäste wissen, ob sie den Ballknebel zu Hause lassen sollen. Es ist vornehm, diese Regeln in einer E-Mail in freundlichem Ton zu formulieren und zu verschicken, nachdem der jeweilige Gast sein Kommen bestätigt hat. Traditionelle Swingerpartys ermutigen zu Aktionen zwischen Mann und Frau und unter Frauen, während bei Aktionen unter Männern (zumindest der genitalen Art) die Stirn gerunzelt wird. Dieses antiquierte Denken ist jedoch völlig veraltet. Als guter Gastgeber müssen Sie vorher entscheiden, wozu Sie »ermutigen« wollen: Möchten Sie Übernachtungsgäste beherbergen? Wenn nicht, sollten Sie vorher erwähnen, wann die Party zu Ende geht. Perverser oder Schmusesex? Sind Prophylaktika selbst mitzubringen? Eintrittsgeld? (Ein Eintrittsgeld ist durchaus korrekt, speziell, wenn der Gastgeber eine Örtlichkeit mietet oder die Safer-Sex-Ausrüstung und Alkohol besorgt.) Sollte man vor der direkten Teilnahme an Aktionen fragen oder einfach loslegen? Sind künstliche Brüste unzulässig?

Wie man sich als Gast verhalten sollte

Bei keiner anderen Gelegenheit sind tadellosere Manieren sowohl von Damen und Herren erforderlich als bei einer Orgie. Besonders für den Herrn ist keine andere Etikette so streng. Wenn Sie sich als Gast an die folgenden Regeln halten, wird man Sie mit Sicherheit wieder einladen; wenn Sie diese Regeln als Gastgeber unterstützen, sorgen Sie dafür, dass die Party mit großem Gebumse losgeht.

- Damen und Herren duschen immer vor einer Orgie und vermeiden zu viel Eau de Toilette. Gäste, die eine Duftwolke Parfüm hinterlassen (sei es Körpergeruch oder Chanel No 5), sollten unter den lauernden Parfümverkäuferinnen in der Kosmetikabteilung ausgesetzt werden, bis sie ihre Lektion gelernt haben.

- Damen oder Herren kleiden sich immer dem Ereignis entsprechend. Obwohl der Sex locker ist, ist Freizeitkleidung nicht angebracht. Der Herr weiß, dass eng anliegende Hosen sexy sind, eine Khakihose mit Bügelfalten jedoch nicht.

- Statistisch gesehen bekommt der Herr oder die Dame von mindestens einem Orgienteilnehmer einen Korb. Man lehnt Vorstöße des besagten Teilnehmers höflich ab, ohne seine Verachtung zu zeigen. Man vermeide das Wort »widerlich« und Sätze wie: »Selbst wenn wir die letzten beiden Menschen auf der letzten Sexparty auf Erden wären« und: »Ich bin nicht von der Wohlfahrt.«. Stattdessen könnte man sagen: »Vielen Dank, aber zurzeit brauche ich nichts.«
- Damen oder Herren nehmen ein »Nein« nie persönlich. Nicht jeder hat den gleichen guten Geschmack wie Sie.
- Der Herr lässt sich immer die Erlaubnis geben, bevor er zum Schuss ansetzt. Der Herr tut dies nie über dem Gesicht der Partnerin, es sei denn, er wird ausdrücklich darum gebeten.
- Damen oder Herren setzen niemanden zum Mitmachen unter Druck; manche Teilnehmer könnten es vorziehen, zuzusehen oder in einer Ecke zu masturbieren.
- Damen oder Herren, die sich fürs Zusehen entscheiden, wissen, dass dies nicht dem Anschauen eines Pornofilms entspricht, dass ein Unterschied zwischen wohlwollendem Voyeurismus und lüsternem Liebäugeln besteht und dass Anfeuerungsrufe taktlos sind.
- Damen oder Herren fragen stets, bevor sie sich dazu gesellen (es sei denn, in den Hausregeln steht etwas anderes). Besonders der Herr sieht ein, dass die beiden jungen Damen, die sich bei einem Zungenkuss vergnügen, nicht *unbedingt* seine Dienste brauchen.

- Damen oder Herren gehen nicht davon aus, dass Nacktheit automatisch eine offene Einladung zu einem Grabschfestival ist. Vor allen Dingen nicht in der Schlange vor der Toilette.
- Damen oder Herren sind immer diskret: Die Identität der Gäste darf niemandem, der nicht anwesend ist, offenbart werden.
- Damen oder Herren belegen den heißesten Teilnehmer (oder die heißeste Teilnehmerin) nicht mit Beschlag.
- Sinn für Humor tut jeder Orgie gut, aber Damen oder Herren witzeln nicht im Überschwang und versuchen nicht, andere Gäste mit banalen Wortspielen wie: »Kommst du öfter auf Orgien?« zu amüsieren.
- Damen und Herren praktizieren Gegenseitigkeit und Großzügigkeit in Bezug auf Geist und Lenden.
- Damen oder Herren praktizieren *ausnahmslos* Safer Sex.
- Der Herr, der zum »frühen Kommen« neigt, holt sich einen herunter, bevor er seine Wohnung verlässt.
- Damen oder Herren wissen, dass traditionelle Swinger einen Orgasmus oft mit Applaus honorieren, während andere Beifall merkwürdig finden.
- Der Herr, der wegen der anderen Damen da ist, sollte diese Tatsache für sich behalten. Wenn ihn ein männliches Exemplar leicht berührt, behält er die Nerven.
- Damen oder Herren vermeiden Spielpartys, für die in Kleinanzeigen geworben wird, die ein Star-Trek-Motto haben, bei

denen Kollegen zugegen sein werden, bei denen vorher keine aussondernden Interviews geführt werden, die mehr Regeln aufweisen als ein Matratzenschild, die keine Regeln haben oder die in einem Familienhotel stattfinden.

- Damen oder Herren senden dem Gastgeber immer einen Dankesbrief.

Swinging mit Stil

Distinguierten Paaren, die ihre Freunde und Nachbarn bumsen wollen, sei geraten, dabei sehr wählerisch sein. Man wird Sie nicht tadeln, wenn Sie Free-Love-Konferenzen mit schlaffen, siebzigjährigen Fremden in Sex-Schaukeln bei Kartoffelchips und Lite-Bier meiden, bei denen die ganze Nacht über gebumst wird. Das unerträgliche Partygeplauder, all die Krümel in Ihren Falten und Ritzen … das allzu Menschliche!

Nein, es ist viel geschmackvoller, sich mit den Nachbarn zusammenzutun. Wenn ein Paar ein anderes kennen lernt und dieses *sehr viel* näher kennen lernen möchte – das ist die Art von Swinging, die wir ganz und gar unterstützen und mit einem Klaps auf den Po belohnen. Es ist vulgär und altmodisch, dies als »Frauentausch« zu bezeichnen, doch wenn es Sie vier amüsiert, den Begriff »Ehepartnertausch« zu verwenden, ist dies tolerierbar (besonders dann, wenn keins der Paare tatsächlich verheiratet ist). Der Prozess vom Händeschütteln bis zum Schwanzschütteln zwischen zwei Paaren ist dem Werben nicht unähnlich: Sie stellen eine Verbindung her, treffen sich zum Essen und einem Film, kommen immer häufiger zusammen, ohne das Thema direkt zu diskutieren, während Sie die ganze Zeit hoffen, dass die Paarverliebtheit auf Gegenseitigkeit beruht – und bevor Sie sagen können: »Würdest du mir bitte den Käse reichen«, sitzen Sie nackt zusammen im Whirlpool. Doch schon das normale Dating-Spiel ist eine anstrengende Sache, und das doppelte Dating-Spiel ist doppelt so kompliziert.

Komplikationen werden am geschicktesten vermieden, indem Sie bereits vorher zusammen mit Ihrem Partner Grenzen abstecken. Zu den oben erwähnten Zusammenkünften kommt es oft spontan und unerwartet. Möglicherweise haben Sie zu viert zwei Flaschen Wein getrunken, eine DVD angesehen und sind dann zufällig auf irgendeinem Kabelkanal auf einen Pornofilm gestoßen – dann hat jemand die Unverfrorenheit, ein unanständiges Angebot zu machen, und schon geht es los. Da es unmöglich ist, zu wissen, was bei diesem Szenario im Kopf des Partners vorgeht, ist es angebracht, lieber zu früh als zu spät ein klärendes Gespräch über Grenzen und Erwartungen zu führen.

Nur ein schlecht erzogener Clown würde versuchen, den Partner zu einem Tausch zu zwingen. Es ist unbedingt erforderlich, dass Mann und Frau oder Freund und Freundin (oder Freundin und Freundin und so weiter) gleichermaßen darauf erpicht sind, nasse Füße im Swinger-Pool zu bekommen. Zudem sorgen Damen und Herren immer dafür, dass sie sich in der Gegenwart anderer Schwimmer wohl fühlen. Was ist, wenn die Wassernudel des Nachbarn größer als die eigene ist? Ist der Herr in der Lage, dies zumindest emotional zu schlucken? Das swingende Paar sollte bereits im Vorfeld herausfinden, was der Partner tun wird und was nicht.

Vier in einem Bett

Der wohlerzogene und liebenswerte Lover gibt seinem primären Partner bei einem Stelldichein zu viert immer den Vorrang. Dies ist besonders wichtig, wenn Sie zum ersten Mal swingen; es wäre taktlos, einem der Mitspieler das Gefühl zu geben, er sei von den Liebeskämpfen ausgeschlossen. Natürlich müssen nicht alle Mitspieler jederzeit gleichermaßen ineinander verflochten sein – es ist durchaus akzeptabel, nebenbei zu masturbieren, zuzuschauen, Erfrischungen zu holen und so weiter. Doch im Zweifelsfall ist es klug, dem Ehepartner etwas mehr Aufmerksamkeit zu schenken als den Nachbarn. Zumindest ist es höflich, ihm gelegentlich tief in die Augen zu schauen, während man die Geschlechtsmerkmale eines anderen berührt.

Wenn es das erste Mal für Sie ist, ist es durchaus höflich zu trödeln. Vielleicht könnten Sie die Partner für einen Knutschabend unter Erwachsenen tauschen, bevor Sie sich trennen und nach Hause gehen, um sich etwas altmodischem Sex mit dem Ehepartner hinzugeben. Oder vielleicht könnte ein Paar zusehen, wie das andere es miteinander treibt. Sie könnten auch Sex mit dem eigenen Partner haben, während die Nachbarn es Ihnen im selben Bett gleichtun. Vielleicht finden Sie wandernde Hände akzeptabel, möchten aber auf oralen, paarübergreifenden Sex oder Geschlechtsverkehr verzichten. Vielleicht können die Damen sich ganz nach Wunsch in der Mitte des Betts vergnügen, solange die Männer jeweils auf der Bettseite hinter ihrer Partnerin verharren. Oder Sie sind für *das* Glanzstück des Swinging, den tatsächlichen Partnertausch, bereit.

Egal, wie man das doppelte Date definiert: Der Zeitpunkt ist dann gekommen, wenn der Wein ausgetrunken ist, der Pornofilm läuft und Sie und Ihr Partner sich das geheime Swinger-Handsignal gegeben haben. Zuallererst muss sichergestellt werden, dass das andere Paar dieselbe Absicht hat. Es ist nicht erforderlich, dass sie einen Vertrag unterschreiben, und es wäre ungehobelt, den Spielplan für den ganzen Abend zu umreißen. Vielmehr sollten die Dame und der Herr einen ungezwungenen Vorschlag machen, an dem alle Spaß haben. Falls das andere Paar noch kein Gespräch über Grenzen geführt hat, könnte es zu diesem Zeitpunkt angemessen sein, den Vorschlag vorerst fallen zu lassen. Verzögerte Befriedigung hat durchaus etwas für sich, und Sie können sich die wollüstigen Aktivitäten für einen anderen Abend aufsparen.

Doch vielleicht haben die Nachbarn bereits seit sechs Monaten auf diesen Vorschlag gewartet und sind bereit loszulegen. Es ist nun angebracht, einige spezifische Dinge zu diskutieren (zum Beispiel Safer Sex). Sie sollten allerdings stets daran denken, dass unabhängig davon, was Sie und Ihr Partner entscheiden und mit den Nachbarn vereinbaren, der Abend nicht unbedingt so verlaufen wird, wie Sie es geplant haben. Sie sollten damit rechnen, dass Grenzen gedehnt werden. Möglicherweise verspüren Sie sogar einen Anflug von Eifersucht, Neid, Unsicherheit – speziell dann, wenn Sie Bewohner dieses Planeten sind. Es ist wahrscheinlich, dass die Liaison nicht so erregend

Der Herr Nachbar und ich

Wenn der Herr es sich verbietet, dass die Zunge des Herrn Nachbarn sein schwarzes Loch erforscht, ist es völlig korrekt zu sagen: »Vielleicht sollten wir unsere Boxershorts anlassen?« Wenn Sie besorgt sind, dass Ihr Edikt in Bezug auf »gute Berührungen/schlechte Berührungen« die lockere Stimmung töten könnte, sprechen Sie die Dinge in dem Augenblick, in dem sie eintreten, mit erotischer Boudoirstimme an. Zudem weiß der feine Herr, dass »in gewissen Augenblicken« bestimmte Handlungen (vielleicht ein improvisiertes Schwertgefecht?) plötzlich weniger ungehörig und vielleicht sogar durchaus angenehm wirken.

ist, wie Sie es sich erträumt haben, und es ist noch wahrscheinlicher, dass Sie sich nicht so anmutig verhalten werden, wie Sie es sich erhofft haben. Es ist daher unbedingt erforderlich, dass Sie die vereinbarten Verhaltensregeln respektieren und nicht vergessen, dass zivilisierte Damen und Herren wissen, wie man mit der Strömung geht.

Wer schläft denn da in meinem Bett?

Es gilt bestimmte Dinge zu berücksichtigen, wenn man mit einem anderen Paar einen Partnertausch durchführen möchte. Die goldene Verhaltensregel für diese traditionellste Art des Swinging besagt, dass beide Paare dem Partner vertrauen und sich in ihrer Beziehung sicher fühlen müssen. Es ist taktlos, ein anderes Paar in etwaige Eheprobleme einzubeziehen, und es ist dumm zu glauben, dass Swinging alles heilen kann – es bietet lediglich eine vorübergehende Ablenkung, die zweifellos eine problematische Situation noch erschweren wird. Zudem ist es schlechter Stil und selbstsüchtig, einen Partnertausch vorzuschlagen, wenn man ernste romantische Gefühle für die betreffende Dame oder den Herrn hegt.

Abhängig von den vorhandenen freundschaftlichen Beziehungen zwischen den beiden Paaren mag es für eine der Damen angemessen sein, der anderen einen Zeitpunkt für eine Zusammenkunft vorzuschlagen, oder für einen Herrn, mit dem anderen bei einem Squash-Spiel darüber zu plaudern. Vielleicht kennen die beiden sich bereits seit dem Studium gut. (Derjenige, der das Thema anspricht, sollte jedoch vorher die Erlaubnis des Partners einholen.) Die Dame oder der Herr, der/dem der lüsterne Vorschlag gemacht wird, kann die Idee dann zu Hause mit dem Partner überdenken. Wenn alle Beteiligten gleichermaßen miteinander vertraut sind, könnte das Thema auch in der Gruppe angesprochen werden. Es gilt allgemein als unangemessen, dass ein Mitglied eines Paares den Tausch gegenüber der Person im zweiten Paar vorschlägt, die es letztendlich gern bumsen würde. So darf eine heterosexuelle Dame beispielsweise einen Partnertausch nie gegenüber dem Mann der Freundin vorschlagen, wenn weder ihr Mann noch ihre Freundin in Hörweite sind. Keine Dame (oder Herr) sollte im Geheimen so vertraut mit dem Lover eines anderen sein.

Bevor sozusagen der Stab weitergereicht wird, ist es ratsam, einen Zeitpunkt zu vereinbaren, wann die vier wieder zusammenkommen – es wäre höchst unangenehm für eins der temporären Paare, im Wohnzimmer Däumchen zu drehen, während das andere im Gästezimmer übereinander herfällt. Im Idealfall haben die temporären Paare jeweils ein Schlafzimmer für sich. Oder wenn Sie zusammen Urlaub machen – unserer Meinung nach die zivilisierteste Gelegenheit für einen ersten Partnertausch – getrennte Hotelzimmer. Während des Tauschs sollte man sich keinerlei Aktivitäten hingeben, die auch nur im Entferntesten an Romantik erinnern – Bettgeflüster und bedeutungsvoller Augenkontakt sollten auf einem Minimum gehalten werden. Wenn auch nur die geringste Chance besteht, dass Sie sich in die Dame oder den Herrn verlieben könnten, sollten Sie es bleiben lassen. Das ist die zivilisierteste Art und Weise, eine lang bestehende Verknalltheit abzubauen und mit der Zeit das Feuer zu ersticken.

Nach dem Tausch tun Sie gut daran, dem primären Partner nicht zu viel zu berichten. In der Tat ist es klug, vorher festzulegen, wie viel Analyse nach dem Spiel Sie sich beide wünschen. Vielleicht möchten Sie beide nach Hause gehen, duschen, sich aneinander kuscheln und nur in ganz vagen Andeutungen darüber reden. Oder vielleicht besteht der Spaß für Sie darin, die Nachbarn am nächsten Morgen beim Kaffee durchzukauen. In beiden Fällen sollte es taktvoll geschehen – egal, wie unbeschwert Ihr Partner scheint, er ist auch nur ein Mensch mit Gefühlsschwankungen. Wenn Sie sich nicht einigen können, wie viel Information weitergegeben werden soll, richte man sich nach dem Partner, der sich wünscht, dass das Ganze nicht so stark aufgewärmt wird.

Ausgang

Wenn alle Damen und Herren befriedigt wurden, stehen Sie vor dem uralten Dilemma von lockeren Sexualbeziehungen: übernachten oder nicht? Wenn Sie zu den Paaren gehören, die zum Aufwärmen Wein brauchen, ist es angebracht, sich vor Sonnenaufgang mit Anstand und Würde auf den Heimweg zu machen; Gott behüte, dass eine durchaus angenehme Phantasienacht durch das kalte, grelle Tageslicht, einen gemeinsamen Kater und den morgendlichen Atem Ihrer neuen besten Freunde ruiniert wird. Doch wenn Sie diese Mischung aus Unbeholfenheit und Intimität am Morgen danach mögen (und wenn es Ihnen egal ist, was die Nachbarn denken), dann sollten Sie durchaus die Nacht über bleiben und am nächsten Tag am Brunch teilnehmen. Zu diesem Zeitpunkt werden Sie wahrscheinlich zu dem Schluss kommen, dass ein Vierer sehr viel zivilisierter ist als ein Dreier, denn niemand muss sich wie das dritte Rad am Wagen fühlen.

Wann immer Sie sich auf den Weg machen, ist es klug, festzulegen, welche Berichte in Bezug auf die Schmuserei der vorhergegangenen Nacht als Bürogespräch angebracht sind. Es ist durchaus akzeptabel, darauf zu bestehen, dass das, was sich im Swinger-Club zuträgt, auch dort verbleibt. Es ist eine Frage der Privatsphäre, nicht der Scham. Es ist klüger, bei der nächsten Sitzung des Heimatvereins Ihr Ringkampf-Talent nicht zu einem Punkt der Tagesordnung zu machen, damit nicht *alle* Ihre Freunde und Nachbarn an Ihrer Hintertür klopfen.

Protokoll für besondere Umarmungen

Nur weil eine Dame und ein Herr wie brünstige Wildschweine bumsen, heißt das nicht, dass sie ihre Manieren ganz außen vor lassen sollten. Höflichkeit kann friedlich neben Ausgelassenheit bestehen, und man darf im Schlafzimmer doppelt so lüstern und heiß sein, wenn man außerhalb ein netter, zivilisierter Mensch ist. Natürlich möchten nicht einmal die Bescheidensten unter uns mitten im leidenschaftlichen Getümmel so etwas Ehrerbietiges hören wie: »Darf ich bitte deine Klitorisvorhaut stimulieren, sexy Lady?« oder ein huldvolles: »*Vielen* Dank für das wunderbare orale Vergnügen« im Anschluss daran. Es sei denn, sie spielen »Herrin des Hauses und Botenjunge« (oder »Herr des Hauses und Zimmermädchen«). Dennoch sollten Lover daran denken, dass es elegante und weniger elegante Verhaltensweisen gibt, wenn es darum geht, das Tier in Ihnen im Schlafzimmer herauszulassen. Die folgenden Richtlinien sollten Ihnen helfen, ein Tier zu sein, das Bissmale zurücklässt, mit denen der Partner beim Tee angibt, und kein Tier, dem auf dem neuen Teppich ein »Missgeschick« passiert.

Orale Tätigkeiten

Die goldene Benimmregel in Bezug auf das Dinieren downtown lautet: Betrachten Sie es als Gratismahlzeit in einem feinen französischen Restaurant. Es ist das reine Vergnügen, dort zu sein, und daher ist es schicklich, sich entsprechend zu verhalten. Beachten Sie auch Folgendes:

- Wenn die besten Köche des Landes darauf bestehen, dass Salzstreuer und Pfeffermühle auf dem Tisch nichts zu suchen haben, dann brauchen ihre Gerichte kein Salz oder Pfeffer, und danach zu fragen wäre eine Beleidigung. Ein höflicher Gast isst alles so, wie sein Gastgeber es vorschlägt, und genauso, wie es ihm präsentiert wird. Der höfliche Vergnügensspender widerspricht Anweisungen nie mit Kommentaren wie: »Aber mein Ex *liebte* es, wenn ich es so gemacht habe«, oder: »Aber genau das habe ich die ganze Woche lang geübt!« oder die unverzeihlich taktlose Bemerkung: »Also! Wenn das nicht das Übelste ist, das ich je geschmeckt habe!«
- Damen oder Herren erwarten nie vom Vergnügensspender, dass dieser genau weiß, was der andere empfindet. Der kultivierte Empfänger bietet Hinweise an, die immer in positive Worte gehüllt sind. Empfehlenswerte Anstöße sind etwa: »Genau da, oh, mein Gott, ja«, und: »Darf ich um etwas mehr bitten?«
- Von allen Schrecklichkeiten ist es die schlimmste, jemanden an den Schultern nach unten zu schieben, die Ohren wie ein

Steuerknüppel einzusetzen oder die Geschwindigkeit zu beschleunigen, indem der Kopf des Partners nach unten gedrückt wird, als handle es sich um einen Pümpel. Derartige Taktlosigkeiten gelten nicht als »Hinweise«.

- Der stilvolle Gast weiß, dass der Koch auch essen muss. Orales Vergnügen ist eine gegenseitige Aktivität, und Damen oder Herren dürfen oralen Sex nicht häufiger erwarten, als sie ihn zu geben bereit sind. Damen oder Herren *dürfen* sich ohne Gegenleistung zu folgenden Gelegenheiten oralen Sex wünschen: der Betreffende hat Geburtstag (nur runde Geburtstage), er wurde entlassen, die Lieblingsmannschaft hat verloren (nur bei wichtigen Meisterschaftsspielen – Spiele in der Mitte der Saison zählen nicht), das Haustier ist gestorben (im Fall eines verstorbenen Goldfisches ist der Vergnügensspender an der Reihe), man hat die Schamhaarlocken so gestylt, wie es dem Partner gefällt, der Partner hat die Wette »Rate mal, wie viele Cent in der Dose für kostenlosen oralen Sex sind« verloren, der Partner ist beim letzten Mal eingeschlafen, als er oral befriedigt wurde.

- Damen oder Herren finden es nicht unfein, den Partner nach dem Oralverkehr zu küssen. Gäste, die besonders nachlässige Esser sind, sollten unauffällig den Mund am Laken oder während des Aufstiegs nach oben am Handrücken abwischen.

- Damen oder Herren sorgen für ein sauberes »Haus«, wenn Gesellschaft erwartet wird. Wenn der letzte Wisch nicht sauber war, nimmt die Dame oder der Herr immer eine Dusche (speziell, wenn der Betreffende das dreilagige, furchtbar weiche, *anhaftende* Klopapier bevorzugt). Damen oder Herren wissen, dass zurechtgestutztes Schamhaar eine Sache der Ästhetik ist, nicht der Hygiene (siehe Seite 335).

- Damen oder Herren vermeiden die Aufnahme von Substanzen, die da unten für leicht »schlechten« Geschmack oder Geruch sorgen können. Häufige Missetäter sind Spargel, Coke (nicht das Getränk), Zigaretten, rotes Fleisch oder Kaffee.
- Der höfliche Vergnügensspender sorgt beim oralen Sex für gelegentlichen Augenkontakt, vermeidet es jedoch, den Partner auszustarren. Es ist kein schlechtes Benehmen, die Augen zu schließen, wenn man oralen Sex empfängt und dies dazu beiträgt, an seinen Ort des Glücks zu gelangen (speziell bei den Damen, die etwas Hilfe brauchen, um sich zu konzentrieren), obwohl der kultivierte Empfänger dem Partner hin und wieder einen prüfenden Blick zuwirft. Damen oder Herren wissen, dass es für beide Parteien äußerst schwierig ist, ein Augenzwinkern mitten im Geschehen mit Anmut auszuführen.
- Der kultivierte Empfänger sagt niemals: »Du siehst aus, als ob du einen Schamhaarschnurrbart hast, hahaha!« oder »Baby, lauf wie ein Ägypter!« oder irgendetwas, das darauf schließen lassen könnte, dass der Partner dort unten nicht durch und durch exquisit aussieht.
- Ebenso wie es sich nicht geziemt, so zu tun, als ob man würgen muss, wenn Jean-Georges' Schnecken serviert werden,

ist es flegelhaft, ein verirrtes Schamhaar als etwas Widerliches zu behandeln. Entfernen Sie es einfach und ohne viel Aufhebens mit den Fingerspitzen, oder nehmen Sie einen großen Schluck Wasser zu sich, während Sie ein freundliches Gesicht dazu machen. Der höfliche Vergnügensspender versucht nicht, der Situation etwas Komisches abzugewinnen, indem er das besagte Haar als Zahnseide einsetzt.

- Damen oder Herren summen während der ersten beiden Monate einer Beziehung niemals beim oralen Sex.

Wenn Sie als Imbiss eine Wurst genießen und spüren, dass sich ein Würgereflex bemerkbar macht, ist es nicht unhöflich, eine Pause einzulegen. Atmen Sie tief durch, trinken Sie etwas Wasser, suchen Sie, falls erforderlich, die Toilette auf – und machen Sie sich keine Sorgen, dass Ihr Partner Einwände haben wird. Schließlich würgt niemand bei einem winzig kleinen Frankfurter Cocktailwürstchen.

Anmerkungen für den empfangenden Herrn

- Die durchschnittliche Kehle ist etwa fünf bis 7,5 Zentimeter tief, das durchschnittliche angeschwollene männliche Exemplar hingegen etwa 12,5 bis 15 Zentimeter lang. Der empfangende Herr braucht keinen Universitätsabschluss in Physik, um die sich daraus ergebenden Konsequenzen zu verstehen. Also – keine Stoßbewegungen, es sei denn, es wird darum gebeten.

- Der empfangende Herr ist sich bewusst, dass Ausdauer in dieser Arena im Allgemeinen nicht geschätzt wird. Was Blowjobs betrifft, ist die höfliche Viertelstunde nicht angebracht.

- Der empfangende Herr gibt seine bevorstehende Ankunft immer bekannt, damit seine Vergnügensspenderin entscheiden kann, ob sie spucken, schlucken oder das Ganze mit ein wenig Handarbeit zu Ende bringen möchte. Er sagt einer Dame (oder auch einem anderen Herrn) niemals, wie sein Samen entsorgt werden sollte. Die kultivierte Lutscherin wird allerdings nicht unbedingt mit einem Mund voll Ejakulat auf der Suche nach einem Badezimmer oder einem Abfalleimer in der Wohnung herumirren wollen. (Dabei gehen wir natürlich von der Annahme aus, dass das Paar bereits ein zivilisiertes Gespräch über seine sexuelle Vergangenheit geführt hat, siehe Seite 309ff.)

- Ein Herr bezeichnet das Verhalten einer Frau niemals als »nicht damenhaft«, wenn er nicht vom Karma verflucht werden möchte, sodass er nie mehr der Nutznießer des besten nicht damenhaften Verhaltens – des Blowjobs – sein wird.

Die mythischen sinnlichen Vorteile von 69

Eine Dame sieht absolut umwerfend aus, wenn sie einen Schwanz im Mund hat, und der Herr wirkt beim Cunnilingus besonders vornehm. Daher fragen wir uns: Warum 69? Der Anblick ist furchtbar.

Diese besonders berüchtigte unter den sexuellen Umarmungen ist ein Übergangsritual, eine Kerbe im Brett jugendlicher Experimente. Welche Dame oder welcher Herr hat nicht die Fenster des elterlichen Volvos in dieser Stellung mit heißem Atem beschlagen? Zu erregt und übereifrig, in Zeit- und Raumnot, ist es verständlich, dass ein Teenager eine spontane Darstellung des Yin und Yang für eine gute Idee halten könnte. Kultivierte Damen oder Herren wissen, dass dem nicht so ist.

Dennoch bestehen einige Bürger – Pornostars, der Jugend nachtrauernde Liebende und jene, die sich sanften Jazz anhören – darauf, die mythischen sinnlichen Vorteile von 69 zu verbreiten. Wohlerzogene Damen und Herren dürfen diese Menschen höflich korrigieren. Es ist akzeptabel, berühmte und ärgerliche tantrische Lover wie Sting als Abschreckungsmittel zu nennen und den Plebejer daran zu erinnern, wie oft 69 in Frustration endet. In besagter Stellung einen Rhythmus aufzubauen erfordert die Koordination eines Cirque-de-Soleil-Akteurs, die Geduld eines buddhistischen Mönchs und die motorischen Fähigkeiten eines Bonobo-Affen. Ganz zu schweigen von den dafür erforderlichen Konzentrationsfähigkeiten. Damen oder Herren wissen, dass ein Pferd, das eine Kutsche zieht, Scheuklappen trägt und ein verantwortungsbewusster Bürger beim Autofahren nicht mit dem Handy telefoniert, denn Ablenkungen führen zu Unfällen (die normalerweise keine positiven Überraschungen bereithalten). Die automatische Körperreaktion wird im harmlosesten Fall unabsichtlich zu einem Angriff der Killer-Genitalien auf dem Gesicht eines geliebten Menschen, was die Atmung erschwert und Würgen zu einer sehr realen Möglichkeit macht. Wenn man in der Hitze des Augenblicks den Kopf verliert, wird es dem Partner wahrscheinlich nicht besser ergehen.

Geysire, Gesichtsmasken und Perlenketten

Im Leben jedes Herrn kommt einmal der Moment, in dem er nur für den optischen Eindruck einen Geysir nachahmen möchte. Vielleicht hat er *auch mehrmals* dieses Verlangen. Damen wissen das Optische möglicherweise ebenfalls zu schätzen – es ist ein so schön anzusehendes Spektakel wie ein Knutschfleck (das hoffentlich nicht noch am nächsten Morgen erspäht werden kann). Der ejakulierende Herr vermeidet es, die Säuberung zu übereilen, als sei er ein ungezogener Welpe, der gerade ins Wohnzimmer gepinkelt hat. Vielmehr wischt er seine Partnerin zärtlich und würdevoll ab und behandelt diese Geste als Teil der postkoitalen Bindung. Wenn es zu einem besonders großen Erguss gekommen ist, führt er seine Partnerin in die Dusche, damit sich beide gemeinsam abduschen können.

Der Herr bezeichnet einen solchen Geysir nie als »Tittenfick«, es sei denn, die Dame bezeichnet ihn als Erste so.

Speziell Gesichtsmasken sind ein besonderes Tabu, und Sex, der mit Tabus bricht, ist oft besonders heiß – etwa nach dem Motto: »Es ist so ungezogen, dass es schon wieder gut ist.«

Doch der wohlerzogene Herr weiß, dass es in manchen Fällen so ungezogen ist, dass es wirklich einfach nur ungezogen ist. Eine Gesichtsmaske zu Hause durchzuführen, ohne zuerst um Erlaubnis zu bitten, ist einer dieser Fälle. Über dem Gesicht eines anderen zu kommen ist ein deutliches Signal, ähnlich wie ein Schlag ins Gesicht (der inmitten sexueller Aktivitäten auch als »besondere Note« verstanden werden kann; Näheres dazu im Kasten auf Seite 231). Projektile, die auf das Gesicht zielen – ein Glas Wasser, Rotze, ein Cremetörtchen, eine Faust –, sind nur selten Anzeichen von Zuneigung. Sie dienen eher der Beleidigung und/oder Erniedrigung, auch dann, wenn dankbare Zuschauer zugegen sind. Sie werden zudem feststellen, dass der oberhalb des Halses durchgeführte Schuss ein Hauptthema in Pornofilmen ist – ein Genre, in dem Damen und Herren selten als solche behandelt werden. Tatsächlich ist seine vorwiegende Zurschaustellung in Pornofilmen ein weiterer Grund, warum Menschen, die schäbigen Dingen abgeneigt sind, in Bezug auf Gesichtsmasken nicht gerade Begeisterung an den Tag legen. Und wir wollen nicht vergessen, dass der Saft eines Herrn verdammt brennt, wenn man ihn in die Augen bekommt.

Natürlich sind nicht alle Gesichtsmasken gleich. Ebenso wie beim Genuss von Fischrogen ist der Kontext König. Wenn Sie ein armer Flegel sind, der von seiner Mutter nicht geliebt wurde und daher jeden Partner, der das Unglück hat, über Ihren genitalen Weg zu laufen, wie ein Stück Rindfleisch behandelt, dann ist die Gesichtsmaske wahrlich ein Akt der Erniedrigung. Doch wenn Sie einmal wöchentlich mit Ihrer Mutter telefonieren, in einer festen Beziehung leben und Sie *beide* davon erregt werden, dann ist die Gesichtsmaske nur eine aufregende Form des Rollenspiels. Wenn Sie Ihr Territorium markieren, weil Sie der Meinung sind, Ihre Partnerin sei Ihr Eigentum, dann verdienen Sie es, auf der Stelle hinausgeworfen zu werden. Wenn Sie jedoch das Territorium markieren, weil Ihnen der optische Eindruck gefällt, ist dies eine einfache Möglichkeit, für Abwechslung zu sorgen, ohne die Nachbarn zu wecken.

Die folgenden Richtlinien sollten Ihnen helfen, den Kopf des Lovers korrekt einzubuttern. Aus Gründen der Einfachheit und Klarheit nehmen wir an, dass es sich beim Lover des Herrn um eine Dame handelt.

- Der Herr geht nie davon aus, dass die Dame ihm einen Gefallen tut oder dass sie all ihren feministischen Stolz schlucken (oder *nicht* schlucken?) wird, um ihm einen Gefallen zu tun; auch viele Damen finden eine Gesichtsmaske angenehm.
- Nur ein Saukerl versucht, eine Dame für sich zu gewinnen, indem er die Vorteile einer Gesichtsmaske für ihren Teint auflistet. Samen enthält Protein, das eine vorübergehende straffende Wirkung auf faltige Haut haben kann ..., bis die Dame ihn im Bad abspült. Und Samen enthält tatsächlich Lipide, Aminosäuren und Prostaglandine, die in anderen Produkten zur Verbesserung der Haut beigetragen haben, aber es gibt keine konkreten Beweise, dass diese Zutaten im Ejakulat dieselbe Wirkung haben. Dies anzudeuten ist mehr als schäbig.

- Der Herr, der bisher immer nur im Kondom gekommen ist, könnte es in Betracht ziehen, sich langsam bis zur Gesichtsmaske vorzuarbeiten, über Bauch, Brüste, Rücken, Hals (umgangssprachlich auch als »Perlenkette« bezeichnet). Oder er könnte seine Freundin fragen, wo er kommen sollte.
- Der Herr weiß, dass er, was Safer Sex betrifft, seine Schlange in ihrer Latexhaut stecken lassen sollte, wenn sie irgendwo *in der Nähe* des Vagina-Tals herumschlängelt. Er weiß auch, dass Ejakulat Krankheiten verbreiten kann, wenn es mit *irgendeiner* Schleimhaut, nicht nur der Vagina, in Berührung kommt (z. B. Mund, Augen, offene Wunden, Rosette).
- Wenn sich der Herr vor Betreten des Schlafzimmers eine Gesichtsmaske wünschen möchte (das heißt, der Sex steht nicht kurz bevor und die Betreffenden stehen nicht unter unmittelbarem Druck), vermeidet er es, das Thema beim Frühstück oder im Verkehrsstau anzusprechen. Stattdessen wartet er damit, bis er das nächste Mal einen guten Wein mit seiner Dame trinkt, die beiden ein wenig unter dem Tisch füßeln und etwas ausgelassen werden. An dieser Stelle könnte er sich vorlehnen und sagen: »Du bist so sexy, dass ich Lust habe, etwas Schmutziges zu tun. Ich würde wirklich gern dein Gesicht besudeln, wenn du weißt, was ich meine.« Wenn der Herr sexy wirken möchte, sollte er immer prüfen, ob seine Zähne vom Wein rot verfärbt sind, bevor er sich vorlehnt.
- Wenn der Herr plötzlich während der Tat den Wunsch nach einer Gesichtsmaske hat, könnte er die Bitte in das schmut-

zige Bettgeflüster einflechten: Jeder ist gegenüber Vorschlägen inmitten ekstatischen Treibens eher aufgeschlossen.

- Der Herr denkt immer daran, dass Ejakulat auf dem Gesicht für die meisten Damen genau 5,3 Sekunden nach dem letzten orgasmischen Erschauern unerotisch (und nicht zu vergessen kalt) wird. Daher bittet er nie um eine Gesichtsmaske, wenn er nicht eine Schachtel mit Tüchern auf dem Nachttisch stehen hat. Wenn er nur Kleenex zur Hand hat, gibt sich der wahre Herr mit einer Perlenkette zufrieden.
- Selbst der wählerische Herr äußert kein Missvergnügen, wenn er selbst etwas benetzt wird, vor allen Dingen dann, wenn die Dame noch nicht gekommen ist. Der vornehme Mann weiß die Schwere der Tatsache zu würdigen, dass sich das Ejakulat *auf ihrem Gesicht* befindet.
- Der Herr weiß, dass nichts so gut wie eine schmusende Umarmung sagt, dass die vorgebliche Besudelung hier endet.

Wenn die Dame abspritzt

Verehrte Leser, Sie wissen bereits, dass Damen alles, zu dem Herren in der Lage sind, ebenfalls können – die effektive Nutzung eines Urinals vielleicht ausgenommen. Das Ejakulieren macht hier keine Ausnahme. Obwohl es einige Frauen gibt, die über die Fähigkeit verfügen, über das ganze Zimmer hinweg abzuspritzen, stellt das eher die Ausnahme dar. (Ejakulationsevangelisten behaupten, dass alle Damen über die natürliche Fähigkeit des Abspritzens verfügen, und meinen, dass einige Damen einfach so wenig und mit mangelnder Kraft abspritzen, dass die Menge irrelevant ist.) Sollten Sie so privilegiert sein und Zeuge eines solchen weiblichen Schauspiels werden, wäre es ausgesprochen unhöflich, daran Anstoß zu nehmen.

Die weibliche Ejakulation wird normalerweise mit der Provokation des geheimnisvollen G-Punkts in Zusammenhang gebracht. Man möge es uns verzeihen, dass wir diesen Mystizismus zerstreuen: Die weibliche Harnröhre verläuft über und parallel zur Vagina und ist von schwammigem Erektionsgewebe umgeben. Während der Erregungsphase schwillt dieser Schwamm an und kann durch die obere Scheidenwand in etwa fünf Zentimeter Tiefe im Innern der Vagina gefühlt werden. Das, meine Damen und Herren, ist der weibliche G-Punkt! Sollten Sie und Ihr Partner von G-Wanderlust befallen sein, ist es ratsam, an folgende Punkte der Etikette zu denken:

- Beide Seiten sollten wissen, dass das feste und gleichmäßige Streicheln des G-Punkts für einige Damen angenehm ist – und für andere völlig unangenehm. Manche Damen finden es verdrießlich oder sogar schmerzhaft, andere können von plötzlichem Druck auf der Blase überwältigt werden. Es gibt keine abnormale Reaktion auf die G-Punkt-Stimulation, und etwas anderes zu behaupten wäre unzivilisiert.
- Selbst wenn die Dame es als angenehm empfindet, könnte sie dennoch den Drang zum Urinieren verspüren. Davon ausgehend, dass sie sich bereits Erleichterung verschafft hat und sich entspannt, könnte sie feststellen, dass sie selbst einen Fluss produziert, wobei ein paar Tropfen oder ein wahrer Wasserfall klarer Flüssigkeit aus ihrer Harnröhre drin-

gen. Zivilisierte Damen oder Herren wissen, dass es sich bei diesem Ejakulat nicht um Urin handelt. Wenn sie oder er am Laken schnüffeln will, um sicherzugehen, ist es höflich, abzuwarten, bis der Gast das Zimmer verlassen hat. Selbst wenn die betreffende Dame eine kleine Blase hat und ein wenig Urin den sekundären Lippen entweichen konnte, als sie sich der Ekstase hingab, sollte man darum kein Aufhebens machen.

- Es ist linkisch, Druck auszuüben, damit eine Dame eine Vorstellung gibt, als sei sie ein Zirkustier. Es ist äußerst taktlos, Vergleiche zu Ex-Freundinnen oder Pornostars anzustellen, die in der Lage *waren,* eine entsprechende Vorstellung zu geben. Dies zu tun ist nicht, wie der irrige Herr annehmen könnte, »inspirierend« – vielmehr legt es nahe, dass sie als Liebespartnerin erfolglos war.
- Wenn eine Dame über Ihnen ejakuliert, wirft nur ein vulgärer Mensch eine Münze hinein, um sich etwas zu wünschen.

Anales

Nur unzivilisierte Damen und Herren denken, dass Freunde an der Hintertür immer etwas Unangenehmes sind. Wenn wir hören, wie ansonsten aufgeklärte Damen und Herren die Liebe des Hinterns kategorisch ablehnen (oder nur darüber lachen), fragen wir uns, welche Neandertaler an ihrer Hintertür angeklopft haben mögen.

Leider wurde die anale Erforschung linguistisch nicht gesegnet, wie moderne Damen und Herren, die über Angelegenheiten des Hinterns diskutieren wollen, bereits wissen werden. Der Slang, der das Abspielen der B-Seite beschreibt, schließt meistens eine Variation der Farbe Braun mit ein. Es ist mehr als ein Jahrhundert her, seit Oscar Wilde es für angemessen hielt, über Analverkehr zu schreiben, und Rimbaud sein »Sonett an das Arschloch« zu Papier brachte. Dennoch wird der Akt noch immer eher als witzige Pointe denn als ernsthafter Plot betrachtet. Nur *Sie* können das ändern.

Daher sollten Damen oder Herren bei analen Kichereien die Stirn runzeln und Begriffe vermeiden, bei denen Schmutz irgendeine Rolle spielt. Akzeptablere Kosenamen für diesen Körperteil umfassen »Arsch«, »Rosette«, »Rosenknospe« und »Seestern«; für den Akt als solchen könnten Sie »Liebe an der Hintertür« und den unverwüstlichen »analen Sex« in Betracht ziehen. Humorvolle Damen und Herren könnten den Akt scherzhaft als »Eintreten durch den Dienstboteneingang« bezeichnen, aber niemals vor echten Dienstboten.

Das zweite Problem, vor dem dem Analen zugeneigte Damen und Herren stehen, ist folgendes: Gespräche über das Analspiel umfassen Themen wie Verdauung und Unbehagen. Wie *geschmacklos*. Doch der moderne Bürger weiß, dass dies unbedeutende Dinge sind; Gerüchte um Ausscheidungen und Schmerzen werden *unverzeihlich* übertrieben. Die abscheulichen Bauern, die solche Gerüchte verbreiten, hatten zweifellos inkorrekten Analsex. Entweder das, oder sie sind der Fluch alles Analen und meinen, dass es nur *eine* richtige Art und

Weise gibt, Sex zu haben. Gebildete Damen und Herren sollten diese Menschen höflich korrigieren.

Wohlerzogene Damen und Herren wissen, dass die selbstsichere Annäherung an den Hintern einfach eine Frage der Vorbereitung, Schmierung und ballaststoffreicher Ernährung ist. Es ist schade, dass diese Schicklichkeiten noch nicht den gleichen Stellenwert wie Romantik genießen. Altmodische Einstellungen herrschen noch immer vor: dass Herren oder Damen Sex nicht planen oder vorher diskutieren sollten, dass Aufklärung nicht zur Aussteuer einer Dame gehören sollte, dass Herren oder Damen nie Requisiten wie künstliche Gleitmittel oder Dildos zum Umschnallen gebrauchen sollten und dass alle Teile beim allerersten Mal *genau so* zusammenpassen sollten. Es ist nicht unmanierlich, dem Partner vorzuschlagen, gemeinsam Sexspielzeug zu kaufen, mit Gleitmittel zu experimentieren oder Kleie-Müsli zum Frühstück zu essen. Wenn Sie all dies mit Anstand vermitteln können, sollten Sie in kürzester Zeit in der Lage sein, sich wie die Herren des griechischen Altertums zu lieben.

Der Herr verleitet seine Dame niemals zum analen Sex, indem er »zufällig« den falschen Eingang wählt. Dieser antiquierte Versuch zeugt von einem ordinären Kerl, dessen Manieren aus vulgären Publikationen stammen. Überraschungen sollte es nicht geben – nicht geladene Gäste sollten an der Tür abgewiesen werden.

Verständigung mit Stil

Damen oder Herren wissen, dass das Küssen von Hunden und Katzen mit offenem Mund vielen unziemlich und absurd scheint, aber dass alle zum Küssen von Rosetten ermutigt werden sollten. Zuerst sollten Sie sich ein Dental Dam besorgen (und dieses tatsächlich auch benutzen) – es ist die einzige Möglichkeit, wirklich sicherzustellen, dass Sie sich keine unerwünschten Parasiten, Bakterien oder Viren einfangen oder diese verbreiten. Außerdem ist es korrekt, sich unmittelbar, bevor man sich einen Rosettenkuss wünscht, duscht. Damen oder Herren sagen niemals: »Leck mich am Arsch«, es sei denn in einem Rollenspiel mit dem Partner, dem beide zustimmen (ein schüchternes »Würdest du mir einen französischen Witz erzählen?« ist jedoch akzeptabel). Zudem widersteht der auf diese Weise bedachte Bürger der Versuchung, den Ausführenden als »Arschlecker« zu bezeichnen. Damen oder Herren wissen, dass es dort hinten am Arschloch einsam werden kann, und kuscheln daher nach dem seligen Ereignis mit besonderer Aufmerksamkeit. Damen und Herren erlauben dem Partner derartige Vertrautheit mit dem Arschloch nicht, wenn sie unter Blähungen leiden. Wenn den Betreffenden plötzlich der Drang überkommt, sagt er einfach: »Jetzt bin ich an der Reihe« und tauscht die Position. Damen und Herren sollten beide »Enden« eines Rosettenjobs mindestens einmal im Leben ausprobieren. Und der höflich Empfangende sagt nicht: »Das hat mir gar nichts gebracht«, wenn der Partner 20 Minuten lang seinen Hintern geküsst hat. Zumindest nicht innerhalb der ersten 24 Stunden nach einem derartigen Ereignis.

Umschnallen mit Stil

Der heterosexuelle Herr sollte bedenken, dass die Schönheit des Seesterns genau darin besteht, dass er der große Gleichmacher ist. Wenn die Dame geneigt ist, ihren Dienstboteneingang offen zu halten, sollte der Herr die eigene Hintertür zumindest einmal angelehnt lassen. Es ist anachronistisch und äußerst schlechter Geschmack, dies grundsätzlich zu verweigern. Tatsächlich kommt es häufig zu einem angenehmen Kopffick (und hervorragender Aufmerksamkeit gegenüber der Prostata), wenn der Herr seiner Dame erlaubt, sich einen Dildo umzuschnallen.

Die Dame sollte darauf achten, dass sie sich langsam bewegt und immer mit Sorgfalt liebt, so wie es der betreffende Herr bei ihr beim Rosettenkuss ebenfalls getan hat. Wenn es sich um das Debüt des Herrn im Gesäßbereich handelt, wäre es ungnädig (und sicherlich höchst unangenehm), mit einem umgeschnallten Dildo zu beginnen. Stattdessen sollte sie mit sanften Stößen des kleinen Fingers anfangen. Zudem sollten die Besucher der hinteren Unterkunft mit viel Gleitmittel versehen werden. Der Speichel der Dame reicht dazu nicht aus, und sie sollte für diese Gelegenheit ein robustes, künstliches Gleitmittel erwerben (wir schlagen ein Mittel namens Probe vor). Männer, die übermäßig behaart sind, könnten die Haare in diesem Bereich stutzen, um für glatteren Zutritt zu sorgen.

Was die Ausrüstung anbelangt, kann die Dame ihr Geschirr auswählen, doch die Wahl des Dildos liegt immer beim Herrn (obwohl es in diesen ästhetischen Zeiten durchaus nicht regelwidrig ist, wenn die Dame Vorschläge in Bezug auf Farbe und

Der Herren-Punkt

Der kultivierte Herr ist vertraut mit seiner Prostata, jener kleinen, runden Drüse, die eine wichtige Rolle bei der Produktion von Samen spielt und in etwa fünf Zentimetern Tiefe (in Richtung Nabel) in seinem Anus fühlbar ist. Möglicherweise bezeichnet er sie sogar als seinen eigenen persönlichen G-Punkt, speziell nach einer besonders angenehmen Liebesbegegnung durch die Hintertür. Nur ignorante Herren verweigern anale Aufmerksamkeit, weil »es sich unangenehm anfühlt, wenn mein Arzt meine Prostata untersucht« – er weiß, dass dies vergleichbar wäre mit einer Dame, die dem Sex nach einem unangenehmen Besuch beim Gynäkologen abschwört.

Design macht). Die richtige Ausrüstung ist unbedingt erforderlich, wenn alle ihren Spaß haben sollen. Wie oft ist es schon vorgekommen, dass ein Dildo aus einem schlecht passenden Geschirr herausgerutscht und im Hintern des Herrn wie ein obszönes Geflügelthermometer stecken geblieben ist – zu häufig. Sicherlich verkraften einige Zeitgenossen mehr als andere, aber die meisten empfinden technische Schwierigkeiten als unziemlich und ablenkend. Um derartige Truthahnvergleiche zu vermeiden, tun Lover gut daran, sich für ein Geschirr mit anpassbarer Ringgröße zu entscheiden – so kann das Paar mit verschiedenen Dildogrößen experimentieren, während der gefürchtete »Wackelschwanz« vermieden wird.

Obwohl die guten männlichen Eigenschaften nahe legen könnten, dass der Herr »ein Mann sein« und ein Silikonexemplar wählen sollte, das von der Größe her dem eigenen guten Stück entspricht, ist dies nicht ratsam. Er sollte mit einem kleinen beginnen und langsam zu größeren übergehen. Buttplugs mögen wie vornehmere Freunde der Hintertür aussehen, aber sie sind so ausgelegt, dass sie ankommen und *bleiben* (im Gegensatz zu Dildos, die aktivere Hausgäste sind). Herren sollten ein bescheidenes Exemplar wählen, das speziell für den Hintern entwickelt wurde (lang und gekrümmt statt gerade und untersetzt) und eine breite Basis hat, die in den Ring des Geschirrs passt.

Es geziemt sich für die Dame nicht, sich ihrem Herrn mit solcher Kraft zu nähern, dass ihn Panik überfällt. Er sollte sich selbst mit der ihm eigenen Geschwindigkeit auf den Dildo zu bewegen, damit er seine Partnerin in dem bequemsten Winkel hineinlenken kann. Keine kultivierte Dame würde sich dazu hinreißen lassen, sich wie der Kolben einer Dampfmaschine zu bewegen und dabei zu schreien: »Wer ist dein Daddy?« Sie darf dies jedoch äußern, wenn sie diesem Gefühl Ausdruck verleihen kann, ohne dabei wie ein Presslufthammer zu arbeiten.

Eine Dame mit guten Manieren sucht den Ausgang immer ruhig und ordentlich, selbst wenn der Herr schwört, dass in seiner Kabine ein Feuer brennt. Letztendlich ist es ein kultivierter Akt der Höflichkeit, ihm einen schönen Blowjob zu geben oder mit ihm zu schmusen (wieder bleibt die Wahl dem Herrn überlassen) und ihm zu sagen, dass er ein sehr braver – oder vielleicht auch ein sehr ungezogener – Junge war.

Gemeinsames Spielzeug

Es ist nicht übertrieben, zu behaupten, dass mehr Spielzeug im Schlafzimmer so manche Beziehung vor dem Ruin bewahrt hat. Die Austauschbarkeit des Zubehörs sorgt für interessante Abwechslung. Sexspielzeug hat so manche einsame Seele getröstet und viel Freizeit belebt – die vielen Freizeitficks nicht zu vergessen. Doch gebildete Menschen mit guter Kinderstube wissen, dass *ein* herumliegender Vibrator für *jeden* Geschmack Zeichen schlechter Umgangsformen und daher unfein ist. Jeder verdient sein eigenes persönliches Sexspielzeug. Nichts weist stärker darauf hin, dass man einer von vielen ist, als ein alter, gebrauchter Vibrator – egal, wie viel Zeit der Butler fürs Wienern und Polieren aufgewendet hat.

Der moderne Lover sollte den möglichen Bedürfnissen seiner Partner in Bezug auf Requisiten durchaus kreative Aufmerksamkeit schenken. Wahre Höflichkeit diktiert, dass man für jeden neuen Gast, den man aufnimmt, ein neues Spielzeug kaufen sollte. Etwas anderes wäre ausgesprochen unschicklich, und Ihre Gäste würden es wahrscheinlich als allergrößte Beleidigung werten. Bei einem neuen Spielzeug sollte man das Thema taktvoll und zartfühlend angehen. Wenn die Dame oder der Herr dazu aufgelegt scheint, könnte man ihr oder ihm das neue, ungeöffnete Geschenk als Teil des Vorspiels überreichen. (Eine geschmackvolle Verpackung mit Schleifenband ist eine hübsche Note.) Später, nachdem beide Seiten das Gesicht Gottes erblickt haben, ihre postkoitalen Zigaretten rauchen und sich verliebte Blicke zuwerfen, bestehen wir darauf, dass der

Geschenke

Reizwäsche, Nachtwäsche oder provozierende Kleidung sollte einem Partner nie als indirektes Geschenk an sich selbst überreicht werden. Einem Menschen, der Veganer ist oder Geschmack hat, beispielsweise ein Ensemble aus Leder und Spitze zu schenken ist nicht nur selbstsüchtig, sondern auch beleidigend. Der G-String, der einem Mann überreicht wird, der nur Boxershorts trägt, ist eine unwillkommene Bürde; Sie drängen ihn durch Ihr Selbstinteresse in eine Ecke und zwingen ihn, seinen Stolz zu schlucken, um Sie glücklich zu machen. Vielmehr sollte ein Geschenk einzig und allein dem Vergnügen des *Empfängers* dienen. Diese Regel gilt nicht, wenn Sie und Ihr Partner über die fragliche »kleine Nummer« zuerst gesprochen haben oder wenn Sie bereits länger als ein Jahr zusammen sind.

Gast sein Geschenk behalten darf. Und nein – Sie dürfen es nicht zurückverlangen, falls und wenn die Beziehung in die Brüche geht.

Es gilt jedoch folgende Ausnahmeklausel: Viele moderne Damen wünschen besondere Klitorisstimulation, um zum Höhepunkt zu kommen, und sind dazu möglicherweise an ein bestimmtes Spielzug gewöhnt. Es ist daher nicht unhöflich, wenn sie die Verwendung ihres eigenen Spielzeugs vorschlägt, und der zivilisierte Herr sollte an fehlender Verpackung oder der Größe des Spielzeugs (etwa im Fall von 30 Zentimeter langen, zehn Pfund schweren, vibrierenden Pimmeln) keinen Anstoß nehmen. Wenn der Herr jedoch zu der Bemerkung: »Alles, was der Vibrator kann, kann ich besser« provoziert wird, sollte die Dame diese Herausforderung durchaus annehmen.

Pornografisches

Das kultivierte Paar weiß, dass das Betrachten von Pornografie ähnlich wie das Training im Fitnessstudio ist – es ist nicht *notwendig*, es gemeinsam zu tun, aber es ist als schwitziges Vorspiel, das das Herz zum Rasen bringt und die Wangen rötet, sehr zu empfehlen. Und nur weil die Dame eine Kennerin von Schlammschlachten ist, während der Herr Yoga bevorzugt, heißt das noch lange nicht, dass sie nicht den gelegentlichen gemeinsamen Spaziergang durch den Park genießen können. Was Porno betrifft, sollte man auch einmal über den eigenen Tellerrand blicken.

Gehen wir einmal von dem typischen heterosexuellen Paar aus. Wenn der Herr Schwierigkeiten hat, eine Dame davon zu überzeugen, sich seine Pornografie anzusehen, sollte er überlegen, ob seine Einstellung zu den »Screenings« nicht ein bisschen *männlich* ist. Vielleicht sollte er sich die männlichen Stars in den durchschnittlichen Pornofilmen für den Herrn einmal genauer ansehen. Dabei wird er feststellen, dass die Männer eigentlich gar nicht besonders attraktiv sind (schließlich will der Herr, der sich einen Pornofilm anschaut, nicht durch Gefühle von Unzulänglichkeit abgelenkt werden). Zudem sollte der Held die weiblichen Stars einmal aus der Perspektive seiner Freundin betrachten. Er wird feststellen, dass es sich bei diesen Stars zumeist um Frauen mit blond gefärbten Haaren, schlechter falscher Bräune und Schwimmhilfen als Brüsten handelt, was der Vorstellung der meisten Damen in Bezug auf weibliche Schönheit keinesfalls entspricht. Und die üblichen Handlungen mit Lieferanten wirken auf die meisten Damen extrem geschmacklos – kein Wunder, dass sie lieber ihre Steuererklärung machen würden. Der modernen Dame fällt es ziemlich schwer, etwas mit den typischen Körpern, Handlungen und Dialogen der Pornofilme von heute anfangen zu können oder ihren Unglauben aufzugeben.

Ob Sie Partner in einer heterosexuellen oder homosexuellen Beziehung sind, es ist in jedem Fall erforderlich, Pornografie gemeinsam auszuwählen und Filme zu finden, die Sie beide bis zur Ekstase bringen. Oder zumindest auf den halben Weg, denn die moderne Beziehung ist auf Kompromissen aufgebaut. Die folgenden Richtlinien für das gemeinsame Betrachten von Pornos sollten Ihnen beiden helfen, eine Einstellung mit mehr Kompromissen zu kultivieren (die hoffentlich auch zu mehr ebensolchen Positionen führt):

- Damen oder Herren gehen nicht davon aus, dass der gemeinsame Genuss von Pornografie mit dem Mieten eines Videos gleichzusetzen ist. Lesen Sie sich gegenseitig einen erotischen Roman vor, oder hören Sie sich eine erotische Aufnahme an. (Herren mit Pferdeschwänzen werden diesen Vorschlag eher akzeptieren.)

- Da die Mehrzahl von pornografischen Werken nicht für Damen gemacht wird, trifft sie in der Videothek immer die endgültige Entscheidung.

- Wenn möglich, vermeiden es Damen oder Herren, einen Titel zu entleihen, den sie mit einem früheren Partner angesehen haben. Wenn drei oder mehr Jahre seit dem Filmabend mit besagtem Ex vergangen sind, gilt diese Regel nicht mehr.

- Damen oder Herren halten sich stets von Titeln fern, in denen Ex-Partner oder Familienmitglieder mitwirken. Titel, in denen ehemalige Lehrer oder Babysitter auftreten, sind hingegen zu empfehlen.

- Damen oder Herren »überraschen« den Partner in den ersten sechs Monaten der Beziehung nie mit einem fetischistischen Nischentitel.

- Dinge, die man beim gemeinsamen Betrachten von Pornos mit dem Partner nie sagen sollte: »Wow, ich wusste nicht, dass es so große gibt!«, »Wieso spritzt du nie so weit?«, »Oh! Ich erinnere mich daran, wie ich das mit meinem Ex gemacht habe!«, »Siehst du? Sie hat keine Schamhaare«, »Mama?«

- Damen oder Herren wissen, dass gelegentlich ausländische Produkte ohne Untertitel besonders heiß machen.

- Obwohl nach dem gemeinsamen Betrachten eines Pornofilms Sex nicht erwartet werden sollte (und schon gar nicht ein bestimmter Sexualakt), eilt der Herr oder die Dame nicht sofort in den Supermarkt/ins Büro/in die Pizzeria.

- Wenn der Film einen von beiden in Stimmung bringt, während der andere dem Sex drei Monate lang abschwört, darf die geile Dame oder der geile Herr sich einen herunterholen. In der Tat dürfen geile Damen oder Herren in einer Beziehung sich *immer* einen herunterholen, es sei denn, dass sie beide zum Essen eingeladen und bereits in Zeitnot sind oder der Partner beim Zusammenbauen von Möbeln Hilfe braucht.
- Damen oder Herren nörgeln nicht herum, damit der Partner seinen Porno aus der Studienzeit wegwirft, und versuchen auch nicht, den Partner dazu zu zwingen, Pornos aus der Studienzeit mit ihm gemeinsam anzuschauen.
- Damen oder Herren bewahren Pornohefte nicht auf dem Couchtisch, im Zeitschriftenständer oder auf der Toilette auf.
- Bei der Durchsicht der Auswahl in der Videothek meidet das kultivierte Paar Packungen mit der Abbildung von Tieren oder Babys.

Der anspruchsvolle Fetischist

Oft werden aus Höflichkeit extreme Dinge nicht ausgesprochen. Doch im Schlafzimmer gilt es nicht als unklug, extreme Dinge zu erforschen. Sie sollten daran denken, dass gute Manieren im Schlafzimmer bedeuten, sich mit Verurteilungen zurückzuhalten. Wenn Sie das erste Mal vom Fetisch eines

Partners hören, ist es nicht schicklich, mit schräg gehaltenem Kopf wie eine TV-Moderatorin oder ein Therapeut à la Freud zuzuhören. Zudem sollte man nicht mit seinen unzureichenden Kenntnissen in Bezug auf das seit langem bestehende Hobby des Partners prahlen (»Oh, darüber habe ich neulich auf einer Website gelesen!«). Hören Sie einfach unvoreingenommen zu, und wenn das Gespräch Ihre Neugier weckt, kann der Spaß beginnen. Wenn das Gespräch Ekel erregt, ist es eine Verletzung der Etikette, anzudeuten, dass der Partner ein Freak ist. Stattdessen betonen Sie die *eigene* Unbehaglichkeit hinsichtlich dieses speziellen Sports. Sie sollten sich keinesfalls unter Druck gesetzt fühlen, mitzumachen, und Ihr Partner sollte derartigen Druck nicht ausüben. Selbst Damen und Herren mit der modernsten Einstellung dürfen gewisse Dinge auf gute Art schmutzig finden, andere auf schlechte Art und wieder andere einfach nur schmutzig.

Wenn man einen Fetisch mit dem Partner *teilt*, sollte man sich nie entschuldigen – es ist unschicklich, Bedauern für die Dinge auszudrücken, die einen erregen, vorausgesetzt, sie sind nicht ungesetzlich. Und versuchen Sie nicht, abzuschätzen, wie Ihr Partner die ungezogenen Nachrichten aufnehmen wird: Eine sexuell äußerst aggressive Frau mit jeder Menge Piercings und Tätowierungen in der heruntergekommensten Kneipe der Stadt könnte eine besondere Vorliebe für die Missionarsstellung haben, während die Dame mit Perlenkette es möglicherweise mag, dass der Bettgefährte auf sie pinkelt. Es gibt keine Möglichkeit, vorher festzustellen, wer wo auf der Toleranzskala angesiedelt ist. Die Klugheit gebietet, dass man das Thema nicht während der ersten Verabredungen anreißt, es sei denn, man kommt ganz nebenbei darauf zu sprechen. In diesem Fall ist man verpflichtet, die Wahrheit zu sagen. Man darf jedoch Hinweise in Bezug auf die sexuelle Fortschrittlichkeit des anderen sammeln. Es ist ratsam, abzuwarten, bis sich das Gespräch schlüpfrigen Dingen zuwendet, was letztendlich irgendwann geschehen wird. Zu diesem Zeitpunkt darf die Dame oder der Herr folgende Frage stellen: »Was ist das Verrückteste, das du im Bett je getan hast – oder worum man dich gebeten hat?« Wenn der Betreffende antwortet: »Ich habe es einmal im Stehen gemacht«, könnten Sie dies als Zeichen dafür betrachten, dass er für Ihresgleichen ein wenig zu schüchtern ist.

Um eine Antwort wirklich zu verifizieren, sollte das Thema taktvoll, aber spezifisch behandelt werden. Der anspruchsvolle Fetischist erklärt, dass es sich für ihn um einen sehr intimen Akt handelt, dass es sein Lieblingstabu ist, gegen das er verstößt. Es ist schicklich, eine selbstbewusste Sprache zu verwenden, die dem Akt etwas Erotisches verleiht und verhindert, dass der Zuhörer an einen schmutzigen alten Mann im Regenmantel denkt. Damen oder Herren sagen nicht: »Es gibt da diese unheimliche Sache bei mir, die ich dir erklären muss«, sondern beginnen stattdessen so: »Es wäre berauschend, wenn du mir die Ehre erweisen würdest …« Vergessen Sie nicht, Ihrem Partner zu versichern, dass der beste Sex dafür sorgt, dass man sich beschmutzt fühlt – sowohl im Innern als auch außen.

Um einen Fetisch genießen zu können, sind viele Fertigkeiten erforderlich, aber es beginnt mit folgender: einem Lehrling

Eine Gunst erwidern

Es kann nicht vehement genug darauf bestanden werden, dass ein Fetischist Gegenseitigkeit praktizieren sollte. Der wohlerzogene Bürger findet heraus, welchem perversen, eigenartigen Akt sich sein sonst routinierter Lover schon immer hingeben wollte, und erfüllt diesen Wunsch bedingungslos – selbst wenn dies bedeutet, einmal pro Woche mit den Verwandten ohne Unterwäsche Tee zu trinken, damit man mit einer neunschwänzigen Katze gegeißelt werden kann.

den Akt als etwas Angenehmes darzustellen – es sei denn, Sie geben sich damit zufrieden, sich nur mit Ihresgleichen zu verabreden.

Die goldene Dusche

Nehmen wir einmal den »Wassersport« als Beispiel, der auch als »goldene Dusche« bezeichnet wird – Sexspiele mit Urin. Wenn der taktvolle Pinkler festgestellt hat, dass sein Partner Interesse daran hat, auf den Urinmeeren zu segeln, muss er mit ständiger Sorgfalt für ein ruhiges Segelvergnügen sorgen. Wenn der Neuling beispielsweise den Geruch widerlich findet, trinkt der taktvolle Pinkler Wasser in Massen – je klarer der Strom, desto weniger stechend das Bouquet (zudem weiß der wohlerzogene Bürger, dass acht Glas Wasser pro Tag der Gesundheit dienen). Damen oder Herren erwarten nie, dass der

Regenguss auf die Laken des Neulings fließt. Der taktvolle Pinkler investiert in einen Matratzenschutz aus Vinyl oder hält sich zurück, bis beide in der Dusche oder in freier Natur sind. Es ist unverschämt, zu erwarten, dass der Neuling kuschelt, bevor beide sich geduscht (oder zumindest mit Babywischtüchern) abgewischt haben.

Wenn der erste Versuch erfolgreich war, wäre es unangemessen, zwölf Stunden später wieder danach zu verlangen. Der taktvolle Pinkler macht klar, dass er zu jeder Zeit Vorschlägen gegenüber offen ist, und lässt den Neuling entscheiden, wann, wo und wie viel. Sollte der Neuling sich damit einverstanden erklären, es öfter als alle zwei bis drei Wochen zu tun, sollte man ihn heiraten, denn das, verehrte Damen und Herren, ist Liebe.

Fußanbetung

Wir sollten Mitleid mit dem armen Fußfetischisten haben, denn er wird von der Gesellschaft sehr verachtet. Damen und Herren, die sonst für vieles offen sind, betrachten die Bewunderung des Fußes mit Misstrauen. Es zeugt jedoch von schlechten Manieren und Ignoranz, wenn der Bewunderer als Dummkopf oder missverstandener »Freak« abgetan wird. Es ist nicht mehr zulässig, dem merkwürdigen altmodischen Brauch zu folgen und über Damen oder Herren, die »etwas für Füße übrig haben«, zu klatschen. Es ist taktlos, das Gerücht zu verbreiten, der Betreffende habe in der Schulzeit nie viel Aktivität gezeigt bis auf das eine Mal, als Tammy Mixler sich beim Sport den Fußknöchel verstaucht hat und der zukünftige Fetischist geholfen hat, sie ins Krankenzimmer zu tragen.

Es ist durchaus schicklich, den Fuß stärker zu bewundern als beispielsweise den Ellbogen. Damen oder Herren, die den Fuß außer Acht lassen, wenn sie das Schlafzimmer betreten, verdienen nicht sämtliche Nervenenden, mit denen sie dort unten gesegnet sind. Und die Dame, die ihre Zehen in lähmende Manolo-Blahnik-Schuhe zwängt und sich dann weigert, ihre Füße als Sexualobjekte zu behandeln, verdient eine gute Portion Schwielen. Der Lover, der dieses Territorium schnell abtut, weil es so weit von der heißen Genitalaktion entfernt liegt, wird niemals wissen, wie viel Vergnügen die Füße empfangen und geben können. Es ziemt sich nicht, die Füße nur deshalb zu meiden, weil Ihre Großmutter Sie einst gebeten hat, ihre müden alten Sohlen zu massieren und Sie ihre Hühneraugen und knochigen Zehen durch die Wollsocken fühlen konnten. Gepflegte Damen und Herren wissen, dass bei Schwielen, einem dezenten Gorgonzolaaroma und haarigen Zehen leicht mit einem Bimsstein in der Dusche, dem Rasierer und Einreiben mit Lotion speziell für die Zehen Abhilfe geschaffen werden kann (Dr. Scholl Schrundensalbe reicht hier aus).

Insel der Phantasie

Nichts offenbart einen Kleingeist mehr als die öffentliche Verurteilung eines anderen Menschen aufgrund seiner Phantasievorstellungen. Der Flegel, der als sexuelle Gedankenpolizei agiert, verdient es nicht, mit sexuellen Phantasien bedacht zu werden. Doch auch Sie selbst sollten den Inhalt Ihrer Phantasievorstellungen nicht korrigieren, um sie »normal« zu machen – das wäre so grotesk wie das Zensieren des eigenen Tagebuchs, und nur anmaßende Menschen, die gern später ihre Memoiren schreiben würden, tun dies. Ihr Phantasieleben ist Ihr eigenes, privates, dreifach verriegeltes Sexversteck, und was Sie dort vergraben, geht niemanden etwas an. Die Gewohnheit, sich dorthin zurückzuziehen, sollte ermutigt werden. Wenn nicht die Wahrscheinlichkeit besteht, dass sich Ihre Phantasievorstellungen negativ auf Ihre Beziehung, Ihren Beruf oder darauf auswirken, wie oft Sie Ihre Mutter anrufen oder Ihr Zimmer abstauben, ist Tadel fehl am Platz.

Wohlerzogene Damen und Herren wissen, dass das Nachdenken über eine Sache – egal, wie gern man darüber nachdenkt – nicht bedeutet, dass man den Gedanken in die Tat umsetzen möchte. Kinder dürfen eine aktive, bunte Phantasie haben, und moderne Lover sollten sich durchaus an jene Zeiten erinnern. Sorgt sich etwa ein kleines Kind, dass seine Phantasievorstellung von Anne, dem Waisenkind, bedeutet, dass es den Tod seiner Eltern herbeisehnt? Der moderne Erwachsene opfert seine Tagträumereien nicht für den Tagesjob. Es ist nicht mehr zeitgemäß, kundzutun, Tagträumereien bedeuteten, dass man mit seinem Los nicht zufrieden ist, oder Phantasievorstellungen bedeuteten, dass man mit seinem Lover nicht glücklich ist. Damen oder Herren, die solch antiquierte Vorstellungen verbannt haben, werden ihre reine Freude daran haben, wenn sie dieser vorgeblichen Adoptionsphantasie eine wollüstige Richtung geben.

Nur Spießer widerstehen der Erforschung von Bereichen, in

die sie sich in der Wirklichkeit nicht vorzustoßen wagen. Das alltägliche Sexualleben mag von Eifersucht, Unsicherheit, Angst vor sexuell übertragbaren Krankheiten, Angst vor den Eltern, die ins Zimmer kommen könnten, oder Höhenangst in Schranken gehalten werden. Vielleicht wird es auch von einem strengen moralischen Kodex, strengen sexuellen Vorlieben oder strengen Monogamievereinbarungen beherrscht. Doch die Phantasie wird nicht durch solche Ängste behindert und von derartiger Ethik nicht eingeschränkt. Ihre Phantasievorstellungen müssen nicht einmal den Gesetzen der Physik gehorchen.

Tabus sind sexy; sie zu brechen ist sexyer – solange dabei keine Gesetze verletzt werden. Ein *selbst auferlegtes* Tabu zu brechen bedeutet, die ganze Kapazität des eigenen Phantasielebens zu erfahren: Wir können über Handlungen, die wir nur im Geist erleben, die Stirn runzeln, doch die Tatsache, dass wir die Handlungen missbilligend betrachten, macht einen Teil ihrer Anziehungskraft aus. Eine Phantasievorstellung kann dem Charakter der Dame oder des Herrn, den Sie in der Gesellschaft repräsentieren, völlig widersprechen. Eine Feministin könnte sich beispielsweise in ihrer Phantasie vorstellen, wie sie sich in kratzender Reizwäsche und mit aufgedonnerter Frisur über einen Vergaser beugt. Dies ist durchaus wertfrei, denn Phantasievorstellungen sollten nicht an »politisch korrekte« Sitten gebunden sein. Und nein – scheinbar scheinheilige Abartigkeiten spiegeln nicht unbedingt tief sitzende Repressionen, Neurosen oder Probleme wider. Genau wie Träume können Phantasievorstellungen durch das seichte Vorabendprogramm im Fernsehen oder den seichten Ferienroman hervorgerufen werden (egal, was Freud sagt).

Natürlich versuchen nur völlige Dummköpfe, den Alltagsstress und Beziehungsprobleme vom Sexualtrieb und sexuellen Vorlieben auszuschließen. Dabei ist eine solche Beeinflussung so normal wie ein Püree aus Erbsen und Kartoffelbrei. Die Phantasievorstellung der betreffenden Damen oder Herren kann ein Mittel sein, um die Waage von Kontrolle und Unterwerfung ins Gleichgewicht zu bringen. Vielleicht ist es ein Klischee, aber es wäre furchtbar selbstgerecht, sich die Erregung durch ein Klischee zu verweigern – es ist einfach nur ein weiterer Anreiz zum Ungehorsam. Schuldgefühle haben nicht das Recht, in Ihr Phantasieleben einzudringen – obwohl moderne Damen und Herren wissen, dass Schuld als *gelegentlicher* Gast eine anregende Gesellschaft sein kann.

Sich einen Orgasmus zu verweigern ist ein schweres Unrecht. Der wohlerzogene Bürger denkt daran, dass Orgasmen (und speziell die einer Dame) nicht an Bäumen wachsen. Es ist nicht geschmacklos, sie in jedweder Form zu akzeptieren. Besonders Damen brauchen oft etwas Hilfe, und es ist weder ungebührlich noch unaufrichtig, sich in solchen Fällen ein Szenario vorzustellen, das für Erregung sorgt. Die wahre Dame lässt ihren Geist seinen ungezogenen Ort aufsuchen und weiß, dass ihr Körper folgen wird. Weder Damen noch Herren sollten ihre eigenen Phantasievorstellungen als zu merkwürdig, unbedeutend, mittelmäßig oder grotesk empfinden – es ist viel schicklicher, sie in all ihrer versauten Herrlichkeit so zu akzeptieren, wie sie sind, und sie einfach zu genießen.

Einen Gast auf der Insel der Phantasie unterhalten

Wahre Höflichkeit diktiert, dass Sie zumindest einige Ihrer Phantasievorstellungen mit einem vertrauten Partner teilen – speziell dann, wenn Sie sich solchen Vorstellungen häufig hingeben. Es ist nicht erforderlich, diesen Prozess zu übereilen – teilen Sie nur diejenigen Phantasievorstellungen, die Sie für teilenswert halten, und fühlen Sie sich nicht unter Druck gesetzt, irgendetwas zu teilen, wenn Sie Ihren Partner nicht lieben und ihm nicht vertrauen. Wenn Ihr Partner nicht schreiend aus dem Boudoir rennt, hat er sich ein Abendessen verdient. Und wenn Ihr Partner Ihnen hilft, Ihre Phantasievorstellung zumindest ein wenig zu erfüllen, hat er sich einen Heiratsantrag verdient. Dies sind die Grundregeln der Etikette für das Teilen von Phantasievorstellungen:

- Phantasievorstellungen über den Ex-Partner sind zulässig (aber nicht mehr als einmal pro Monat); diese Phantasievorstellung mit dem derzeitigen Partner zu teilen ist nicht zulässig.
- Phantasievorstellungen beim Sex mit einem Partner sind zu befürworten, und es ist nicht notwendig, die Phantasievorstellung oder die Tatsache, dass man eine solche hat, mitzuteilen. Wenn man sich jedoch chronisch Phantasievorstellungen hingibt und nicht in der Lage ist, auch nur ein Szenario mit dem langfristigen Partner zu teilen, ist dies möglicherweise ein Grund zur Besorgnis.
- Es ist ungnädig, den Partner zum Teilen seiner Phantasievorstellung zu ermutigen und diese dann zu verunglimpfen.

Wenn Sie die Wahrheit nicht ertragen können, sollten Sie nicht danach fragen.

- Der wohlerzogene Bürger weiß, wie er eine Phantasievorstellung taktvoll mit einem anderen teilt. Miss Manners (die erste Altmeisterin der Etikette) bezeichnet dies als »höfliche Prosa«. Wenn Ihr Partner beispielsweise bezüglich der Größe seines Glieds besonders empfindlich ist, wäre es unverschämt, den Superpimmel Ihres Phantasieliebhabers zu erwähnen. Und so weiter und so fort.
- Damen oder Herren *geben* niemals *zu*, dass die Eltern oder Geschwister des Partners in ihrer Phantasie eine Rolle spielen. Cousins ersten Grades sind jedoch zulässiger Gesprächsstoff bei der Eröffnung von Kunstausstellungen.
- Jede Dame und jeder Herr hat den Wunsch, das Phantasieobjekt eines anderen Menschen zu sein. Daher ist es eine freundliche Geste, zuzugeben, dass man beim Masturbieren an den Partner denkt – aber erst, wenn die Beziehung schon drei Monate alt ist. Wenn Sie noch nie an Ihre Liebste gedacht haben, während Sie sich einen herunterholen, wird empfohlen, dies mindestens einmal auszuprobieren – und wenn es nur dazu dient, die schmeichelhafte Neuigkeit mitzuteilen.

Der zögerliche Rollenspieler

Es ist angebracht, Damen oder Herren, die *allzu* gerne einen bestimmten Charakter spielen oder ein Kostüm anziehen, mit Misstrauen zu begegnen. Dabei fallen einem mittelalterliche

Feste oder, schlimmer noch, das Schultheater ein. Wenn man zum ersten Mal mit einem neuen Partner ein Rollenspiel durchführt, ist es unerwünscht, den Schrank aufzureißen, sich sein fünfteiliges Cowboy-Kostüm (einschließlich Lasso) zu schnappen und zu rufen: »Bist du bereit, Partner?« Ein Kostüm, das zusammen mit einem vorherigen Partner getragen wurde, sollte erst wieder getragen werden, wenn die neue Beziehung sechs Monate alt ist, oder nach vier neuen Rollenspielszenarien, je nachdem, was zuerst eintrifft.

Der wohlerzogene Lover weiß, dass zum Rollenspiel zwei gehören und dass die ultimative Phantasievorstellung des Herrn der absolute Alptraum der Dame sein kann. Das Szenario mit katholischem Schulmädchen beispielsweise (siehe »Die Dame trägt Karo« auf Seite 220) erweckt Geilheit bei etwa 87 Prozent der modernen heterosexuellen Herren, während Damen es möglicherweise nicht so heiß und erregend finden, sich an die Akne der Teenagerjahre oder ihren Tanzschulpartner zu erinnern, der während eines langsamen Tanzes sagte, er »komme gleich wieder«, und sie für den Rest des Songs stehen ließ. (Manieren beim jüngeren Semester hätten viele Abschlussbälle erträglicher gestaltet.) Die Dame bevorzugt möglicherweise ein lüsternes Szenario mit einer Hausfrau und einem Zeitungsjungen, obwohl sie in Bezug auf Schikanen und Beschimpfungen, die der Partner in der sechsten Klasse morgens um fünf beim Zeitungsaustragen ertragen musste, einfühlsam sein sollte.

Abgesehen von verdrängten Traumata der Vorpubertätszeit gibt es unzählige Vorteile beim Überwinden von Lampenfieber im Schlafzimmer. Menschen, die in ihrer Verkleidung auf nette Art albern sein können und besonderes Geschick für schmutziges Bettgeflüster haben (oder einfach nur ihre Rolle gut spielen), sind im Allgemeinen angenehme Bettgefährten. Sex gedeiht bei solchen Schmetterlingen. Man sollte daran denken, dass rationale Gespräche und politische Debatten bei derartiger Belustigung nichts zu suchen haben, es sei denn, sie sind Teil des Geschehens.

Das Wichtigste bei der Rollenspieletikette ist, dass sich Damen und Herren streng daran halten, jeweils eine Gegenleistung zu erbringen. Sie müssen sich nicht in Bezug auf jedes Szenario verständigen, aber sie sollten sich beim Bestimmen (und Auswählen der Kostüme) abwechseln. Denken Sie daran: Phantasievorstellungen sind das Privileg des Betreffenden, egal, wie abgedroschen sie sind. Wenn Sie tief genug vordringen, werden Sie feststellen, dass die meisten Menschen auf ihrer eigenen privaten Phantasieinsel irgendetwas Abgedroschenes versteckt haben. Zudem ist es altmodisch und ignorant, zu glauben, dass das Durchspielen einer Phantasievorstellung mit einem Kavalier im Kostüm bedeutet, man wolle das auch im echten Leben tun. Eine Phantasievorstellung ist schließlich nur eine Idee, die Ihnen gefällt, das erotische Brechen eines Tabus – oft am einzigen Ort, an dem dies legal ist: im eigenen Kopf. Es zeugt von übler Gemütsart, die Phantasievorstellung eines Partners gänzlich abzulehnen, gleichgültig, wie banal sie Ihnen scheinen mag. In der Tat zeugt es von übler Gemütsart, wenn Sie *alles* gänzlich ablehnen, was sich der andere im Bett wünscht, vorausgesetzt, er hat höflich darum gebeten. Natürlich müssen Sie sich nicht mit allem einverstanden erklären, aber Sie sollten Ihren Tadel für sich behalten und ein guter Zuhörer sein. Wenn jemand eine sexuelle Vorliebe eingesteht, ist dies ein Akt der Kühnheit – wenn Sie hochmütig lachen, ihn als Flegel bezeichnen oder sich laut fragen, wie ein wohlerzogener Bürger dies auch nur im Geringsten reizvoll finden könnte, wird der Bekenner sich beim nächsten Mal wahrscheinlich nicht mehr äußern. Dies ist beklagenswert, denn die nächste Phantasievorstellung wäre möglicherweise großartig gewesen. Es ist ungehobelt, sich nicht über die einfache Tatsache zu freuen, dass Ihr Beau etwas Intimes mit Ihnen geteilt hat.

Dennoch drängt nur ein Rüpel den Partner zur Teilnahme an einer Phantasievorstellung, bei der dieser sich nicht wohl fühlt. Und es ist unverzeihlich barbarisch, das Eingeständnis einer Phantasievorstellung auf das echte Leben zu übertragen (»Liebling, ich habe immer von Frauen mit Riesentitten geträumt, und deine sind zu klein. Wärst du so nett und lässt dir deinen Busen vergrößern?«). Wir können uns jedoch kaum eine Phantasievorstellung ausmalen, die so merkwürdig ist, dass zwei Partner, die freudig einwilligen, sie nicht zumindest einmal ausprobieren sollten. Lover sollten daran denken, dass nicht jeder sexuelle Akt beide Partner gleichermaßen erregen muss. Manchmal lohnt es sich, eine Sache nur deshalb zu tun, weil sie den Partner erregt – und nur wenige Dinge sind angenehmer zu sehen als jemand, den Sie lieben, der aufgrund von etwas, das Sie gesagt/geschrieben/getragen/gesungen/geleckt haben, von Lust überwältigt wird.

Häufig kommt es zu Gefühlen von Peinlichkeit oder Befangenheit, wenn man sich zum ersten Mal dem Rollenspiel hingibt, aber dies garantiert nicht, dass die Begegnung kein wollüstiges Ende für Sie beide haben wird. Selbst die perfektesten Schauspieler verspüren vor der Premiere Übelkeit, doch wenn sich der Vorhang hebt, möchten sie nirgendwo anders sein. Wenn sich natürlich *beide* Seiten in mittelalterlicher Garderobe oder Arztkittel und Schwesterntracht steif und unbeholfen fühlen, könnte dies eine lustige Zeit für alle zunichte machen. Doch wenn einer von Ihnen das Szenario sexy findet, könnte das ausreichen, um das Gefühl des anderen, er sehe wie ein Pferdehintern aus, zu mildern.

Wenn Sie die Ansicht, dass das Ganze albern ist, verbannen können, ist alles möglich. Es ist nicht erforderlich, besonders theatralisch zu sein, um mitzuspielen, obwohl viele Damen und Herren festgestellt haben, dass sie sich kostümiert etwas theatralischer fühlen. Wenn man nicht ganz man selbst ist, ist es viel leichter, Dinge zu sagen, die normalerweise nicht zu einem passen (was leider der Grund dafür ist, dass so viele weniger kultivierte Damen und Herren auf den Alkohol zurückgreifen, um eine Charakterrolle zu spielen). Letztendlich ist derjenige, der das Szenario ausgewählt hat, dafür verantwortlich, für die entsprechende Stimmung zu sorgen. Wenn die Dame den Herrn bittet, einen Pullover anzuziehen und ein Klemmbrett zu halten, muss er sie nicht davon überzeugen, dass er ihr Fahrlehrer ist – er trägt einfach nur das Kostüm, und ihre schmutzigen Gedanken erledigen den Rest.

Der unschuldige Zuschauer

Damen oder Herren bestehen nicht darauf, Phantasievorstellungen in höflicher Gesellschaft mit anderen zu teilen – es ist anstrengend und peinlich, sich die umfassende (und oft mittelmäßige) Traumsequenz eines Bekannten anzuhören. In ähnlicher Weise ist es vulgär, seine Mitbürger zu nichts ahnenden Mitspielern in seinem Szenario zu machen. Es ist durchaus schicklich, wenn sich ein Paar verkleidet in der Öffentlichkeit zeigt, solange andere dadurch nicht belästigt werden. Es ist beispielsweise nicht ungehobelt, wenn die Dame versteckt einen Vibrator trägt, während der Herr die Fernbedienung bei sich hat. Es ist jedoch unerträglich, völlig Fremde (die zudem sehr nett sind) mit peinlichen Situationen zu konfrontieren. So ist es beispielsweise schon vorgekommen, dass Paare, die Machtspiele lieben, Sicherheitsüberprüfungen in ihre Spiele eingebaut haben: Die Erniedrigung des Herrn, wenn seine Brustwarzenklammern und sein Penisring Alarm auslösen, gehört zum Spaß dazu. Das ist vulgär und geschmacklos, da es unnötige Verzögerungen für Mitreisende verursacht und die Sicherheitsbeamten ohne deren Zustimmung in Ihr Szenario einbezieht. Moderne Damen und Herren wissen, dass man die öffentliche Zurschaustellung einschränken sollte und es völlig ausreicht, keine Unterwäsche unter der Oberbekleidung zu tragen. Das ist ein kleines Opfer, das man seinem Land bringen kann.

Die Dame trägt Karo

Nur wenige Schüler nehmen so viele Schülerinnen mit ins Bett, wie sie gern möchten. Manche kompensieren dies, indem sie beim zehnjährigen Klassentreffen ganz groß auftreten, während andere wissen, dass es nicht erforderlich ist zu warten. Es ist durchaus akzeptabel, dass der Herr dies in seinem Phantasieleben wieder gutmacht, indem er zu Britneys Video »Oops! I Did It Again« wichst. (Doch in manchen Fällen könnte die wiederkehrende Schulmädchenphantasie des Herrn einfach nur durch die Vorliebe für Karos motiviert sein.)

Natürlich hat die Dame das Recht, den Gedanken an das Tragen einer katholischen Schuluniform und das Lutschen an einem Kaugummilutscher leicht geschmacklos zu finden. Wenn die volle Montur dafür sorgen würde, dass es der Dame nur peinlich ist und sie keinerlei Erregung verspürt, können die Requisiten durch andere ersetzt werden. Die Dame sollte nie die Wirkung einfacher Zöpfe unterschätzen, wenn der Herr Schulmädchenkleidung mag. Sie könnte auch weiße Kniestrümpfe und vernünftige weiße Schulmädchenunterwäsche unter ihrem Morgenrock tragen. Oder sie wartet bis zum Karneval.

Der Dame sei geraten, möglichst viel aus dem Verkleidungsspiel herauszuholen, wenn sie dem Herrn einmal den Gefallen tut und bei seiner Schulmädchenphantasie mitspielt – und einmal reicht völlig aus. Sie sollte sich daran erinnern, wie sehr sie als junges Mädchen herumgeknutscht hat, damals, als der Verhaltenskodex diktierte, dass es für Erwachsenensex zu früh war. Sie sollte sich an die Zeit erinnern, in der sie hinter dem Tor auf dem Fußballfeld herumlungerte. Sie sollte an die

Knutschflecke denken. Der wohlerzogene Lover wird diese Akte als Vorspiel erkennen – und selbst der kultivierteste Bürger könnte ein wenig mehr davon gebrauchen. Daher sollte die Dame das prüde Schulmädchen spielen und ihren Freund arbeiten lassen. Dieses Mal muss er sie zum Sex überreden. In ihrem kurzen karierten Rock (oder selbst nur mit den Zöpfen) kann er sich ihrer nicht mehr sicher sein.

Verrücktes aus schmutzigem Mund

Wir kennen eine nette Dame, die eines Abends ihre dritte Verabredung mit einem charmanten, aber etwas reservierten jungen Herrn hatte. Die beiden saßen bei der zweiten Flasche Wein, einer köstlichen Mischung aus Syrah und Grenache, vor dem lodernden Kaminfeuer. Sie hatten ihre Schuhe ausgezogen und hielten Händchen, während gerade der Abspann des Videofilms lief. Einen Augenblick lang schwankten sie am Abgrund zwischen Freundschaft und etwas mehr, bevor unsere Freundin sich anmutig anlehnte und das Mandelhockey begann. Schweres Atmen wurde schnell zu Seufzern, Seufzer zu Stöhnen, Stöhnen zu ein paar begeisterten »Ohs« und »Ahs«. Doch plötzlich kam ihrem Lover ein Schwall Worte über die Lippen, die so entsetzlich, so unglaublich waren, dass wir sie nicht erwähnen können. Doch wie könnten wir widerstehen? »Wow, ja, Baby, du bist wie zwei Kugeln Eiskrem, die ich lecken werde, bis du in meinem Mund schmilzt, mein kleiner Bananensplit.«

Schmutziges Geflüster sieht, zu Papier gebracht, immer furchtbar aus und ist auch für das Ohr nicht immer angenehm. Das liegt daran, dass Schlafzimmerneckereien so individuell sind wie der Musikgeschmack. Sie können durchgehen, wenn man selbstbewusst und überzeugt ist und nie aus der Rolle fällt. Doch wenn das eigene Feingefühl nicht genau auf das des Lovers abgestimmt ist, wird das schmutzige Gerede mit Sicherheit die Hauptquelle der Belustigung beim Büroklatsch am nächsten Morgen sein. Genau wie man seine Worte mit äußerster Sorgfalt wählen muss, wenn man jemandem vorgestellt wird, mit dem man gern herumspielen würde, muss man auch mit einem Mindestmaß an Rücksichtnahme sprechen, wenn man tatsächlich mit dem Betreffenden herumspielt – selbst wenn nur bestimmte unanständige Wörter verwendet werden sollten. Man kann einen Seemann zum Erröten bringen, solange der Lover dabei nicht zu endlosem Gekicher angeregt wird.

Natürlich ist das, was sich für den Betreffenden sexy anhören mag, für den anderen oft völlig lächerlich. Doch Sie können Ihre Chancen erhöhen und unabhängig von Ihrer Zuhörerschaft eine viel versprechende Reaktion auf Ihren verbalen Schmutz hervorlocken, indem Sie ein paar einfache Regeln befolgen. Zur Inspiration sollten Sie sich nicht ausschließlich auf die zwei größten Verfechter von Käse und Klischees verlassen: Pornografie und Rhythm 'n Blues. Sie sind so phrasenhaft, so berechenbar, dass sie uns nichts in Bezug auf Raffinesse, Phantasie oder kreative sprachliche Verhüllungen lehren. Schlaue Linguisten täten gut daran, sich an neue und abwechslungsreiche Vorbilder in der Tradition von D. H. Lawrence, John Donne und Liz Phair zu halten. Wem auch immer Sie nacheifern, Sie sollten langsam beginnen, Ihr Skript an die Bedürfnisse des jeweiligen Partners anpassen und mit lauter und stolzer Stimme sprechen. Und dem Sex zuliebe, liebe Freunde, sollten Sie ein Wörterbuch zu Rate ziehen.

Doch seien Sie nicht zu streng mit sich selbst, denn schlimmer noch als ein zu sehr von sich überzeugter Unterhalter ist ein zögerlicher Redner (»Dein … mmh … dein … ist so … nass/groß«). Sprechen Sie frei von der Leber weg, aber halten Sie die Zahl besonderer Bitten, die als schmutziges Geflüster verkleidet sind, auf ein Minimum, speziell bei einem neuen Partner, mit dem Sie gern wieder einmal das Bett aufsuchen würden, damit sich der Betreffende nicht unzulänglich oder tyrannisiert vorkommt. Und seien Sie vorsichtig, was die automatische Annahme betrifft, der Partner stimme der Philosophie zu, dass inmitten von leidenschaftlichem Geschehen ohne Konsequenzen alles geäußert werden darf: Es könnten Gefühle verletzt und Dinge falsch interpretiert werden. Ein begeistertes: »Oh Scheiße, ich liebe dich!«, das während des Höhepunkts in den höchsten Tönen ausgerufen wird, sodass alle Welt es hören

Damen und Herren machen sich niemals der Vulgarität schuldig, während eines Telefongesprächs ohne die ausdrückliche und begeisterte Erlaubnis der Person am anderen Ende der Leitung zu masturbieren.

kann, könnte sich für Sie in der Hitze des Augenblicks gut anfühlen, aber es könnte das Herz Ihres Partners brechen, wenn er nur Monate später erkennt, dass es von anderen Organen und nicht von Herzen kam.

Wir sind nicht geneigt, ein geeignetes Vokabular für die Begierde zu umreißen – schließlich hängt schmutziges Bettgeflüster sehr stark vom Kontext ab. Doch es gibt einige Wörter für bestimmte Körperteile, die eher als andere Gelächter auslösen, beleidigen oder Abscheu hervorrufen, wenn sie in der Hitze der Leidenschaft geäußert werden. Verwenden Sie die Tabelle auf Seite 226, um das Risikoniveau festzulegen, das Sie eingehen, wenn Sie einen bestimmten beschönigenden Ausdruck

Erotische Briefe

Solange die berufliche Position des Partners am Arbeitsplatz dadurch nicht in Gefahr gebracht wird, ist es nicht unangemessen, im Verlauf des Tages lüsterne Nachrichten zu senden (sei es per E-Mail, Instant-Messaging, SMS, Video-Messaging, Voice-Mail usw.) – als Vorschau sozusagen auf die wunderbaren Dinge, die da kommen werden. Seien Sie beim Verfassen von Briefen und beim Durchlesen von Nachrichten diskret. Natürlich sollte man daran denken, dass alles, was übertrieben wird, an Neuheitswert verliert. Vermeiden Sie es, diese Praxis übermäßig zu strapazieren, indem Sie Ihre Nachrichten nicht nolens volens, sondern mit Bedacht versenden.

anstatt eines anderen verwenden. Wo genau die einzelnen Begriffe in der Tabelle angesiedelt sind, wurde mit Hilfe einer komplexen Formel festgelegt, die folgende Faktoren abwägt: Originalität, Anzahl der Silben, zu viel Poesie, wie leicht das Wort von der Zunge rollt, Direktheit im Gegensatz zu Schüchternheit und so weiter. Sie werden in den meisten Fällen feststellen, dass das Risiko mit der Anzahl der Wörter für einen Begriff steigt. Natürlich handelt es sich hier nicht um exakte Wissenschaft, und Sie sollten selbst urteilen. Im Zweifelsfall sprechen Sie einfach den Namen des Partners aus: solange es der richtige ist, kann keine Dame und kein Herr beleidigt sein.

Tugendhafter Voyeurismus

Keine Dame sollte es zulassen, dass ein Herr mit ihr so vertraut ist und sie nackt fotografiert, wenn sie ihm nicht hinsichtlich der Negative traut. Und kein Herr sollte eine Dame dazu drängen, sich für seine Kamera auszuziehen, wenn er sich noch nicht ihr Vertrauen verdient hat. Wenn ein Herr fragt, ob er die Partnerin nackt fotografieren darf, meint er wahrscheinlich (vorausgesetzt, er ist tatsächlich ein echter Herr): »Deine Schönheit erregt mich, und ich möchte sie für die Nachwelt festhalten.« Doch die Dame hört wahrscheinlich: »Das Thema des nächsten Herrenabends sind Nacktaufnahmen«, oder: »Ich habe gehört, dass Porno-Websites von Amateuren eine gute Möglichkeit sind, sich schnell etwas Geld zu verdienen.« Nicht alle Männer sind feine Herren, und schon viele Männer

	Geringes Risiko	*Mittleres Risiko*	*Hohes Risiko*
Begriffe für Vagina	mein kleines Juwel, Dingsda, Süße, Fotze*	Muschi, Monster, Virginia (oder jeder beliebige Vorname), Dose, Feige, Honigtopf, Pflaume, Allerheiligstes, Loch, kleiner Teufel, mein Mädchen, Prinzessin, Scheide, Scham, Mäuschen, Möse	Yoni, Schnecke, Fut, Peniswärmer, Weiblichkeit, senkrechtes Lächeln, Nest, Schlitz, Vagina sowie alle anderen Wörter, die schlechten Geruch oder Geschmack implizieren – die einzige Entschuldigung, solche Begriffe zu verwenden, ist vorhanden, wenn Sie Fünftklässler oder ein Blödmann sind.
Begriffe für Penis	Schwanz, Penis, Glied	Schwert, Phallus, Knochen, Holz, Brunnen, Sonde, Rute, der kleine Mann, Fontäne	einäugiger Wunderwurm, Liebespumpe, Nachschlüssel, drittes Bein, lilaköpfiger Fallschirmjäger der Leidenschaft, der unglaubliche Holzhammer der Gefahr, Zweig und Beeren, Liebespilz, Fleischtorpedo, Taschenrakete, Hosenschlange, Liebeswiesel, Liebesdolch, Lingam, hämmernde Bratwurst, Gorgone, Pistole, Pipimann, Süßkartoffel, Zauberlampe, lilabehelmter Krieger der Liebe, das wilde Biest, der elfte Finger, Nippel, Zapfen, Stöpsel, Piller, Schniepel, Pillhahn, Pillermann, Piephahn, Pippi, Wenzel, Gießkanne, Zebedäus, Johannes, Gurke, Nudel, Kolben, Apparat, Ding, Freudenpfriem, Lümmel, Bengel, Flöte, Pfeife, Schwengel, Schweif, Stachel, Riemen, Liebesknochen, Lanze, Horn, Ständer, Stange, Latte, Bajonett

* Das Wort »Fotze« kann ein geringes, mittleres oder hohes Beleidigungsrisiko haben, was ganz von den Grundsätzen der Fotzenbesitzerin, der geografischen Region, in der der Begriff verwendet wird, der Verwendung des Begriffs durch den Sprechenden in nicht sexuellen Situationen und der grammatischen Eleganz des Satzes, in der er verwendet wird, abhängt.

haben ihren Freunden schmutzige Fotos einer liebeskranken Maid gezeigt, die sie dereinst schmählich verlassen haben.

Zuerst muss das Paar einige Grundregeln festlegen. Wenn sich der Herr als vertrauenswürdig erwiesen hat (indem er immer aufrichtig und ehrlich war), darf seine Freundin ihm seinen Schwur, dass er die Fotos mit niemand anders als mit seiner rechten Hand teilen wird, so gerade eben glauben. Doch die Dame ist durchaus im Recht, wenn sie etwas mehr überzeugt werden möchte – schließlich gibt es etliche ungezogene und boshafte Amateurpornografen, die sich als Kavaliere ausgeben und sich daran ergötzen, Damen mit falschen Versprechungen zu täuschen. (Es reicht aus, solche Unverschämtheiten einfach zu erwähnen, damit wir sie entsprechend verachten.) Ein wohlerzogener Herr wird nicht stutzen, wenn die Dame zögert. Stattdessen wird er ihr alle Fotos und Negative zur Verwahrung aushändigen und sich damit zufrieden geben, dass er sie bei Gelegenheit ansehen darf. Oder er könnte vorschlagen, eine Polaroid-Kamera zu verwenden – keine Negative! (Zudem schmeicheln Polaroid-Fotos jedem.) Der *wahrhaft* vornehme Herr bietet an, sich von seiner Dame nackt fotografieren zu lassen. Tatsächlich verdient es kein Herr, dass seiner Bitte entsprochen wird, wenn er nicht selbst gewillt ist, sich zu entkleiden. Und wenn die Dame von seinem Vorschlag nicht im Geringsten fasziniert ist – wenn sie keinerlei Interesse zeigt, ihren Herrn nackt auf Film zu bannen –, verdient sie besagten Herrn nicht. Alle Zusagen, die der Herr macht, damit sich die Dame entkleidet, müssen eingehalten werden – selbst wenn sie ihm für seinen Butler den Laufpass gibt.

Die Dame bloßstellen

Der Herr, der Widerstand erfährt, wenn er versucht, seine Dame zu fotografieren, sollte an Folgendes denken: Die Dame wird eher glauben, dass Sie ihre gesamte Schönheit festhalten wollen, wenn Ihr Herrenhaus bereits mit Bildern, die sie vollständig bekleidet zeigen, dekoriert ist – am Kühlschrank, auf dem Nachttisch, Schreibtisch und so weiter.

Doch vielleicht sind die Bedenken der Dame (oder auch des Herrn) in Bezug auf solche Fotos eher ästhetischer Art. Es ist nicht ungewöhnlich, dass selbst die hübscheste Maid oder der exquisiteste junge Mann das eigene Bild widerlich findet. Dies ist ein weiterer Grund, warum Damen und Herren einander täglich Komplimente machen sollten. Doch wenn das erste Kompliment der Saison lautet: »Du bist wahnsinnig, Baby, darf ich ein paar Nacktaufnahmen machen?«, könnte dies als Lüsternheit statt Lob aufgefasst werden. Der höfliche Fotograf verspricht, alle Bilder zu zerstören, die das angebliche Rückenfett des Partners zeigen. Das moderne Paar könnte eine digitale Kamera verwenden, sodass es bei Bedarf löschen und mit Positionen und Beleuchtung experimentieren kann. An eine Sache sollten alle denken, die Amateurfotografen sein wollen: Man fotografiere niemals von unten, damit ein Doppel- oder Dreifachkinn nicht verstärkt oder überhaupt erst geschaffen wird. Tatsächlich wäre die Welt ein viel angenehmerer Ort, wenn wir damit aufhören würden, uns von unten zu fotografieren.

Selbstbewusste Hiebe

Ein Hieb kann erregen oder irritieren, er kann geil oder einfach nur lächerlich sein. Es endet oftmals in Gelächter, wenn eine schlaffe Hand auf den Hintern klatscht wie ein gekochter Fisch oder ein gebrauchtes Kondom. Natürlich möchte man keine unwillkommenen Spuren hinterlassen, und Gekicher ist nicht falsch – schließlich sollte ein wenig Frivolität im Schlafzimmer erwartet werden. Eine völlig seriöse und feierliche Annährung an Sex ist ein Anachronismus: Wenn wir über unsere Schwächen und Fummeleien nicht lachen können, wird unser Verhalten von der Angst definiert, albern auszusehen, und wir werden nie etwas Neues wagen. Wie beispielsweise Hiebe auf den Po. Es gibt bestimmte Regeln der Etikette, die Ihnen helfen werden, mit Anmut zuzuschlagen, um sicherzugehen, dass Sie eine rote Handmarkierung hinterlassen, die so charakteristisch, aber gleichzeitig subtil ist wie die eleganteste Visitenkarte.

- Es gibt keine feststehende Regel, wann Hiebe angemessen sind – die Regel ist dehnbar und hängt davon ab, wie experimentell Ihr Sexualleben ist und wie sehr die Dame oder der Herr Überraschungen liebt. Die Vernunft legt nahe, dass Sie die Einstellung des Partners diesbezüglich ergründen, bevor Sie inmitten tiefen Augenkontakts beim Sex in der Missionarsstellung Hand anlegen. Doch wenn die Begegnung bereits zum Haareziehen, Beißen und Ringen übergegangen ist, überrascht ein guter Hieb wahrscheinlich nicht so sehr.

- Wie fest man zuschlagen sollte, hängt von der Schmerz-/Vergnügensschwelle des Empfängers ab. Sie sollten jedoch daran denken, dass es zwischen Rohheit und Reserviertheit eine große Bandbreite gibt. Im Zweifelsfall sollte der Ausführende anfänglich lieber etwas reservierter sein und sich langsam zur Rohheit vorarbeiten. Doch schüchterne oder zögerliche Hiebe sind Taktlosigkeiten, die es zu vermeiden gilt.
- Obwohl der Hieb nicht nur dem Hintern vorbehalten sein sollte, weiß der mit Vollendung Zuschlagende, dass die Aufmerksamkeit auf *fleischige* Körperteile konzentriert werden sollte. Er vermeidet sorgfältig die Gelenke, Knochen, die Wirbelsäule, die Kniekehlen und die Unterschenkel.
- Es versteht sich von selbst (obwohl es keinen Bedarf an Handbüchern für die Etikette geben würde, wenn sich alles von selbst verstände), dass Hiebe nur in eine respektvolle, liebevolle Beziehung gehören. Man muss außerhalb des Schlafzimmers perfekte Manieren an den Tag legen und Rücksichtnahme und Sanftheit zum wesentlichen Bestandteil des eigenen Verhaltens machen. Nur dann darf man hemmungslos zuschlagen.
- Der taktvolle Empfänger, der mit mehr Gusto geschlagen werden möchte, sagt nicht: »Du schlägst zu wie ein Mädchen, du Schwächling«, sondern kleidet die Bitte vielmehr in einen Wunsch nach mehr, z. B.: »Fester, du großer Junge.«
- Der taktvolle Empfänger, der mit weniger Gusto geschlagen werden möchte, tut dies ebenfalls einfach kund.

- Der taktvolle Empfänger, der überhaupt nicht geschlagen werden möchte, sollte die Position wechseln oder etwas Neues vorschlagen, damit nicht über der gesamten Begegnung der Vorhang zufällt.
- Der mit Vollendung Zuschlagende sagt nicht: »Oh, tut mir Leid!« oder »Hat das wehgetan?« Vielmehr fragt er anschließend: »Darf ich es wieder fortküssen?«

Gerötete Wangen

Ein noch größeres Tabu (und daher riskanter) als der Schlag auf den Po ist der Schlag ins Gesicht. Schließlich kann das Gesäß weit von unserer wahren Identität entfernt scheinen, während die Wange sich in unmittelbarer Nähe zu den Fenstern unserer Seele befindet. Wenn Hiebe auf den Po pervers sind, ist der Schlag ins Gesicht wirklich pervers. Daher können wir letztgenannte Aktivität nur gutheißen, wenn jemand ausdrücklich nach ihr verlangt hat. Bei vorhandener Erlaubnis muss man das feine Gleichgewicht zwischen Überzeugung und Sanftheit in diesem Bereich finden. Ein Klaps mit der schlaffen Hand ist immer besser als ein kräftiger Schlag. Bedenken Sie, dass Sie immer für stärkeres Brennen sorgen können, wenn der Partner dies wünscht. Achten Sie sorgfältigst darauf, dass Sie Augen, Ohren und Nase meiden. Und versuchen Sie nie, auf dem Gesicht der Geliebten einen Fleck zu hinterlassen: Sie mag das aufregend finden, aber Sie müssen mit einer Anzeige rechnen.

Liebe und Krieg

Es wäre töricht zu glauben, dass Manieren lediglich die Interaktionen von Fremden (oder Fastfremden) regeln. Nur ungebildete Menschen glauben, dass Höflichkeit nichts als ein freundlicher Anstrich ist und alles jenseits davon nicht geregelt werden sollte. Im Gegenteil, liebe Leser, die Manieren zu vergessen, wenn man verliebt ist (oder im Kriegszustand lebt), wäre genauso unhöflich wie einem alten Freund nicht zum Geburtstag zu gratulieren, nur weil »er doch weiß, dass er mir wichtig ist«. Egal, ob ihre Beziehung so bequem, vertraut und abgetragen ist wie ein Lieblingspaar Hausschuhe *oder* aus den Nähten platzt, wohlerzogene Bürger sorgen stets für gutes Benehmen.

Langfristige Beziehungen

Manieren sollten in einer langfristigen Beziehung nicht vergessen, sondern vielmehr für diese Situation wiederhergestellt werden. Es ist vulgär, die Höflichkeit zu vernachlässigen, obwohl wir nicht so steif sein und vorschlagen wollen, dass Gespräche und Verhalten beim Abendessen im neunten Monat dem bei der ersten Verabredung entsprechen sollten. Manieren erinnern uns daran, wie glücklich wir uns schätzen können, dass wir verliebt sind – denn wenn wir die Beziehung zu einem Partner als selbstverständlich betrachten und unser Engagement hinsichtlich der höflichen Umgangsformen abnimmt, ist die Beziehung schon Geschichte.

Kommunikation

Damen oder Herren spucken es immer aus. Nein, nicht *das*, ihr Schmutzfinken. Wir meinen damit natürlich jene Dinge, die gemeinhin als »Wörter« bezeichnet werden und die man in einer Vielfalt von Möglichkeiten zu »Sätzen« verbinden kann, die wunderbarerweise die ureigensten Gedanken vermitteln. Man bezeichnet dies als »Kom-mu-ni-ka-tion«, und sie wirkt wahre Wunder. Doch es bedarf der Übung und viel Feingefühls, Sätze zu bilden, die zu phantastischem oralem Sex statt zu Missachtung durch Schweigen führen. Wenn das, was Sie diskutieren wollen, sowohl heiß als auch heikel ist – wenn Sie beispielsweise eine bisher nicht berührte Körperöffnung erforschen wollen –, ist es ratsam, das Gespräch außerhalb des Schlafzimmers zu führen, sodass sich niemand (in Bezug auf das gerade Geschehene) beurteilt oder (in Bezug auf das, was gleich passieren wird) unter Druck gesetzt fühlt. Wenn Sie beim Verspeisen der Crème brûlée nicht darüber reden möchten, können Sie das Gespräch direkt *nach* dem Sex darauf lenken, wenn Ihnen die Dinge noch frisch im Gedächtnis sind und Sie beide (hoffentlich) entspannter sind. (Weiteres zu schwierigen Gesprächen finden Sie auf Seite 319ff.)

Wenn Sie sich nicht sicher sind, wie Ihr Partner sich fühlt, ist es angebracht, den Mund aufzumachen und zu fragen.

Ich liebe dich! Oh Gott, ich liebe dich!

Zivilisierte Damen und Herren sagen nicht: »Ich liebe dich«, wenn sie das erste Mal Sex miteinander haben, es sei denn, sie meinen es auch so. Im Fall eines solchen Ausspruchs ist es elegant, diesem Gefühl sobald wie möglich nach dem Sex wieder Ausdruck zu verleihen, um dem Geliebten zu versichern, dass man es in der Tat ernst meint. Doch wenn dieser Satz nichts weiter als ein orgasmischer Schnitzer war, den man in der Hitze der Leidenschaft ausgestoßen hat, und der Betreffende noch nicht bereit ist, ihn außerhalb des Schlafzimmers zu wiederholen, ist es ratsam, ihn nicht wieder zu erwähnen und darauf zu achten, dass die Lippen bei nachfolgenden Begegnungen versiegelt sind. Die einzige Ausnahme dieser Regel gilt dann, wenn der Ausbruch während einer lockeren sexuellen Begegnung oder bei einem One-Night-Stand erfolgt, wobei es in diesem Fall akzeptabel ist, über seine fehlzündenden Synapsen einen Witz zu machen. Wenn Sie Ihre *wahre* Liebe richtig verkünden, sollten Sie klar und deutlich sprechen, sodass sich der Partner nicht fragen muss, ob Sie einfach nur viel für weibliche Schafe empfinden oder für den Eintopf, den Sie als Hauptgericht bestellt haben. Wenn Sie sich nicht sicher sind, ob der Partner diese drei süßen Wörter geäußert hat, ist es vernünftig, anzunehmen, dass er es nicht getan hat. Manchmal spielt unser Herz unseren Ohren einen Streich, und das Verlangen nach einer Bestätigung dessen, was wir hören *wollen*, führt oft zu Enttäuschung und schmerzhaft peinlichen Augenblicken. Ein Wort an jene, die mit diesem Ausdruck unkontrolliert um sich werfen: Sie täten gut daran, etwas Zurückhaltung zu zeigen, wenn Sie die Bedeutung und Wirkung dieses Ausdrucks nicht unabsichtlich herabsetzen wollen. So ist beispielsweise die Angewohnheit zu verkünden, dass man »den neuen Roman von John Grisham liebt«, ziemlich linkisch. Wenn schließlich neun Monate vergangen sind und kein »Ich liebe dich« geäußert oder die Rosette nicht mit der Zunge bearbeitet wurde, sollte man überlegen weiterzuziehen.

Wenn Sie sich nicht sicher sind, welche Vorlieben Ihr Partner in Sachen Sex hat, ist es ebenfalls höflich, den Mund aufzumachen und zu fragen. Wenn Sie möchten, dass Ihr Partner weiß, wie Sie sich fühlen und welche Vorlieben Sie in Sachen Sex haben, ist es abermals höflich, den Mund aufzumachen und es ihm (bitte freundlich) zu sagen.

Zudem nehmen Damen oder Herren es immer begierig auf. Nein, nicht *das*, ihr frechen Äffchen. Es ist äußerst wichtig, gute Kommunikation zu belohnen, indem man sich anhört, was der Partner zu sagen hat, den Rat annimmt und dementsprechend handelt. Außerdem gehen Damen oder Herren nicht davon aus, dass einmaliges Handeln ausreicht, es sei denn, der Betreffende findet die Handlung ausgesprochen widerlich, und in diesem Fall sollte er dies auch kundtun.

Bisweilen stellen selbst die zivilisiertesten Damen oder Herren fest, dass die Wörter nicht so recht herauswollen. Wenn Sie nicht wissen, wie Sie ein Thema ansprechen sollen, ist es akzeptabel, sich einem Freund anzuvertrauen – und es ist völlig in Ordnung, vor einem besonders schwierigen Gespräch mit einem engen und vertrauten Freund einen Probelauf zu veranstalten. Es ist jedoch unverzeihbar vulgär, in der Öffentlichkeit auf einem Problem herumzureiten, ohne dem Partner Entsprechendes mitzuteilen. Wenn es Sie so sehr stört, ist es unfair, dem Partner keine Gelegenheit zu geben, das wieder gutzumachen, zu ändern oder sich aus dem Staub zu machen. Die einzige Ausnahme dieser Regel betrifft vorübergehende Ausbrüche bei Nichtigkeiten – manchmal reicht es aus, einem guten Freund anzuvertrauen, dass der Partner nie das Licht im Badezimmer ausmacht, nie die Junkmail in der Inbox löscht und *Jeopardy!*-Antworten nie in Form einer Frage gibt. Derart belanglose Angelegenheiten müssen dem anderen nicht vermittelt werden, es sei denn, Sie finden sie *wirklich* irritierend.

Es ist geschmacklos, über zukünftige Kinder Witze zu machen, es sei denn, beide meinen es ernst oder es handelt sich um einen One-Night-Stand. Sie können das Ausmaß Ihrer Ernsthaftigkeit mit Hilfe der Anzahl der Kinder ausdrücken, über die Sie offen träumen: Eine Zwei-Kinder-Phantasievorstellung ist ungleich ernster, als darüber zu witzeln, was für gut aussehende Siebenlinge Sie gemeinsam produzieren würden.

An Nettigkeiten denken

In den frühen Dating-Phasen erwartet man Komplimente – so sehr, dass man sie fast nicht hört. Sie werden als Vorspiel ausgesprochen, um die romantische Stimmung einzuschätzen, sie sind so sehr Dating-Konvention wie ein Abendessen mit anschließendem Film. Wie viel Wirkung kann ein Kompliment in einer langfristigen Beziehung noch haben? Wenn Sie sich beide einander sicher sind, ist es die reinste Schmeichelei. Nur der vulgäre langfristige Gefährte hält Komplimente zurück, bis er etwas will (Ihre Hilfe beim Umstellen eines schweren Möbels, Ihre Gesellschaft beim Essen mit einem langweiligen Kollegen, Ihre Zunge an seinem Schokoladenseestern). Vornehme Damen und Herren machen einem langfristigen Partner mindestens einmal pro Tag ein Kompliment – selbst wenn sie sich damit nur *selbst* daran erinnern wollen, wie gesegnet sie sind, jeden Morgen neben einem so exquisiten Wesen aufzuwachen. Speziell wenn es sich bei dem Partner um einen Herrn handelt, sollte man sich dazu entschließen, diesem mindestens einmal pro Monat zu sagen, wie sehr man die Größe, Form und Persönlichkeit seines Glieds bewundere. Wenn es sich um eine Dame handelt, zeugt es von guten Manieren, ihr zu ihrem Busen und Hintern mindestens so oft ein Kompliment zu machen, wie man hineinkneift.

Wenn Damen oder Herren an einem bestimmten Tag kein Kompliment über die Lippen bringen (vielleicht tut der Betreffende sich selbst Leid oder ist ein wenig narzisstisch), sollte man zumindest daran denken, bitte, danke und Entschuldigung zu sagen (oder *excuse-moi*, wenn einem dies mit Selbstbewusstsein und Flair gelingt). Unsere Welt wäre ein sehr viel angenehmerer Ort, wenn wir alle mit diesen Worten großzügiger umgehen würden. Es ist jedoch äußerst vulgär, sie zu missbrauchen und als Beschimpfungen zu äußern. »Entschuldigung!« zu bellen, wenn man sich in der U-Bahn an einem Fremden vorbeidrängelt, ist die Höhe passiv-aggressiver Unhöflichkeit.

Schließlich versuchen Damen oder Herren immer, einem Kompliment zu entsprechen, statt darin zu versinken. Wenn Sie bei der dritten Verabredung für jemanden bestens aussehen wollten, werden Sie dies, jetzt, da Sie verliebt sind, noch viel mehr wollen. Es ist nicht erforderlich und wäre sogar ziemlich dumm, Make-up oder ein Toupet zu tragen, wenn man zu Bett geht, aber es ist unelegant, sein Sportprogramm ganz und gar aufzugeben, weil man nicht mehr auf dem offenen Markt konkurriert. Bindung ist keine Freikarte für Schlampigkeit. Das entsprechende Verhalten für den Fall, dass der Partner versucht, eine solche Freikarte zu verwenden, ist auf Seite 334 aufgeführt.

Geheimnisvoll bleiben: Das Gleichgewicht zwischen Intimität und einem Zuviel an Informationen wahren

In der heutigen modernen Zeit, in der Broadway-Musicals nach menschlichen Körperausscheidungen benannt werden und Hollywood-Komödien A-Liste-Schauspielerinnen mit maskulinen Körperflüssigkeiten im Haar zeigen, kann es schwer sein, zu entscheiden, wo die Grenze zwischen Intimität und einem Zuviel an Informationen liegt. Wir würden natürlich gern diese Grenze für Sie ziehen, aber das ist eine Aufgabe, die jedes Paar für sich lösen muss. Doch es gibt eine Regel, nach der sich *alle* Paare richten müssen: Der Partner, der etwas *weniger* Informationen braucht, ist maßgeblich. Es spielt keine Rolle, wenn die Richtlinien in Bezug auf das Aufstoßen in der Gegenwart anderer mit früheren Partnern recht liberal waren. Sie müssen sich fügen, wenn der derzeitige Liebhaber diesbezüglich zurückhaltend ist.

Es ist jedoch akzeptabel, die Grenzen eines Partners, der etwas etepetete ist, vorsichtig und *gekonnt* zu erweitern, besonders nach sechs oder mehr Monaten des Zusammenseins. Mauern einzureißen gehört zum Spaß einer langfristigen Beziehung dazu. Doch Damen und Herren wissen, dass die Aufforderung: »Schau dir mal die große Wurst an, die ich gerade gemacht habe!« kein in dieser Hinsicht vorsichtiger und gekonnter Anstoß ist. Das Gleiche gilt für das plötzliche Hereinplatzen ins Badezimmer, während der Partner auf dem Klo sitzt, speziell dann, wenn dieser normalerweise die Angewohnheit hat, die Tür hinter sich zu schließen. Für manche Menschen ist das Badezimmer eine private Zone für Konzentration, Nachdenken und das Entfernen von peinlichem Haarwuchs. In einen solchen persönlichen Raum einzudringen zeugt von Respektlosigkeit gegenüber dem Recht des Betreffenden auf seine Privatsphäre und auf sein Recht, sich ein wenig geheimnisvoll und verlockend zu geben.

Empfohlene Zeitleiste für Meilensteine der Intimität in einer neuen Beziehung

Solange Sie nicht versuchen, diese Schritte vor ihrer Zeit zu unternehmen, werden Sie das Zartgefühl des Partners mit ziemlicher Sicherheit nicht verletzen.

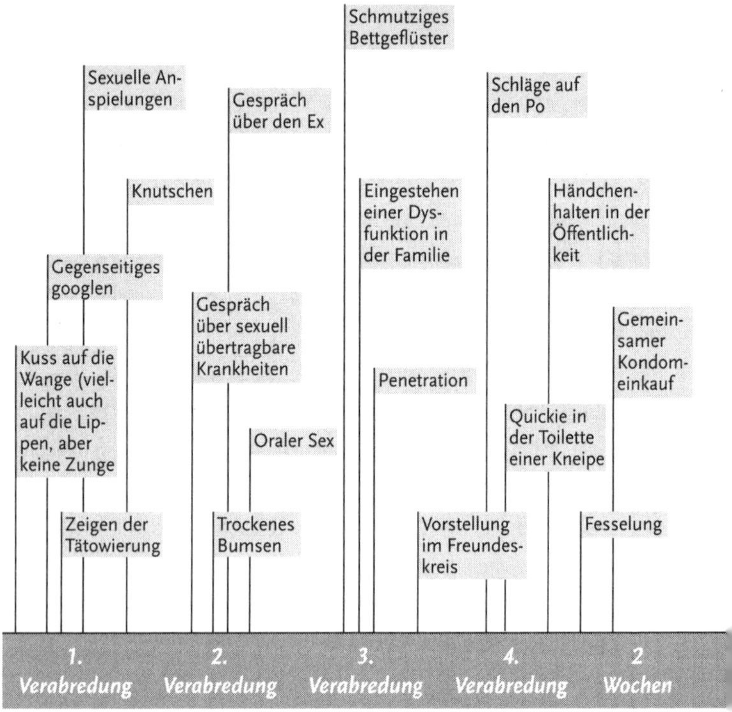

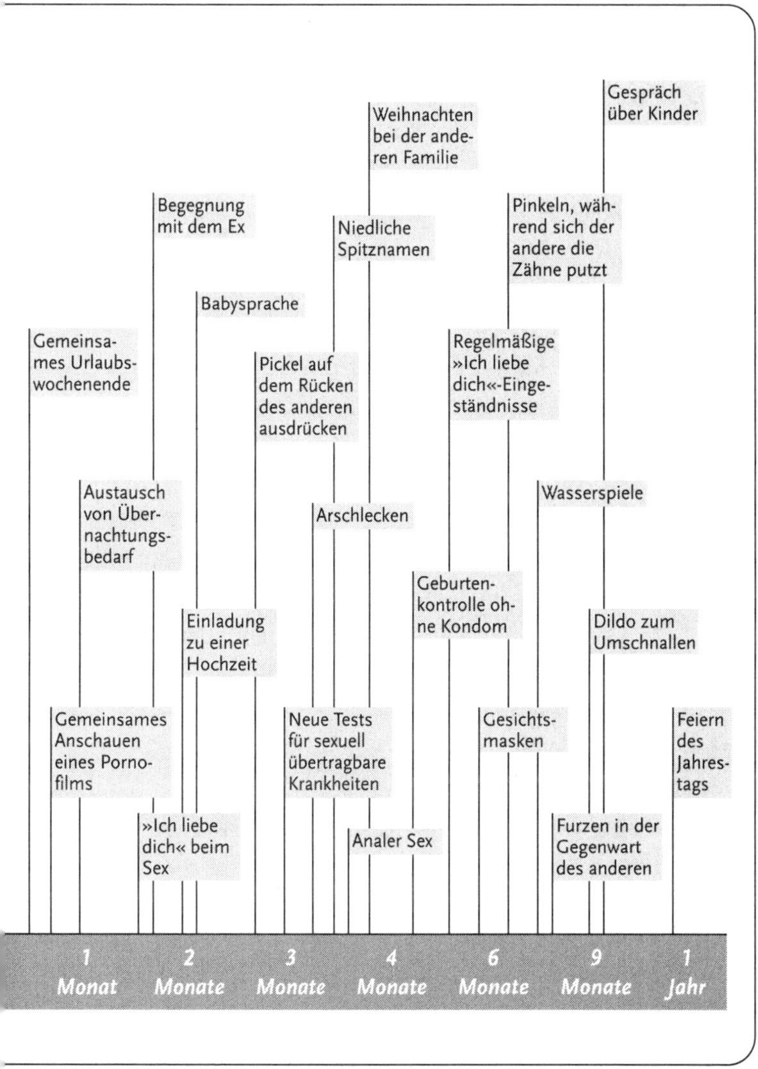
Gespräch über Kinder
Weihnachten bei der anderen Familie
Begegnung mit dem Ex
Niedliche Spitznamen
Pinkeln, während sich der andere die Zähne putzt
Babysprache
Gemeinsames Urlaubswochenende
Pickel auf dem Rücken des anderen ausdrücken
Regelmäßige »Ich liebe dich«-Eingeständnisse
Austausch von Übernachtungsbedarf
Arschlecken
Wasserspiele
Geburtenkontrolle ohne Kondom
Einladung zu einer Hochzeit
Dildo zum Umschnallen
Gemeinsames Anschauen eines Pornofilms
Neue Tests für sexuell übertragbare Krankheiten
Gesichtsmasken
Feiern des Jahrestags
»Ich liebe dich« beim Sex
Analer Sex
Furzen in der Gegenwart des anderen
1 Monat
2 Monate
3 Monate
4 Monate
6 Monate
9 Monate
1 Jahr

Wirst du immer mein bester Freund sein?

Das Einzige, was wir brauchen, ist Liebe. Liebe ist eine starke Salbe, die alle Wunden heilt. Die Liebe kann alle emotionalen Löcher stopfen. Ich brauche nur die Luft, die ich atme, und die Liebe zu dir. Aufgehorcht, meine Damen und Herren: Wenn Sie nicht plötzlich stolzer Besitzer von 40 000 Quadratmetern Sumpfland in Florida geworden sind, ist dies totaler Unsinn!

Es ist eine relativ moderne Auffassung, dass die Anforderungen wahrer Liebe eine Unzahl von Verantwortlichkeiten mit sich bringen: Sie müssen nicht nur Lover sein, sondern auch der beste Freund mit einem Abschluss in Gefühlstherapie, sowie Geschick fürs Geschäftliche und einen Hang zur Innenarchitektur haben. Noch besser ist es, wenn Sie auch kochen können. Doch es ist dumm, von einem langfristigen Partner zu erwarten, dass er all diese Rollen mit Leben ausfüllt – selbst die kultiviertesten Damen und Herren sind nicht in der Lage dazu. Es ist ein Wunder, dass nicht mehr Menschen bei dieser Definition von Liebe an Burnout leiden und der Personen überdrüssig werden, die sie im Namen der Liebe für den Partner spielen müssen, statt die Rollen zu erfüllen, die sie im Namen der Selbsterhaltung spielen wollen.

Es ist nicht ratsam, von seinem Partner zu erwarten, dass er so viele Rollen übernimmt, denn man würde nur enttäuscht werden oder – schlimmer noch – sich genötigt sehen, diesen Partner zu betrügen. Damen und Herren, die erwarten, einander alles zu sein, müssen sich auf einen Geschmack in Bezug auf Kinofilme einigen, darauf, wie herum das Toilettenpapier aufgehängt werden soll, wie Essen gekaut werden sollte, welches die beste Positionen fürs Bumsen sind, ob Tapete statt Anstrich und Teppichboden anstelle von Parkett gewählt werden sollte, was man von Freud hält, welche politische Meinung man vertritt, welche Popmusik man hört.

Und wenn »kleine Dinge viel bedeuten«, wie es in einem anderen Lovesong heißt, können diese kleinen Dinge das zarte Fundament einer Romanze nicht nur aufbauen, sondern auch annagen. Tückische, ärgerliche, tägliche Angewohnheiten werden zum Sensenmann der Liebe. Denn, liebe Leser, zu neunzig Prozent sind »unvereinbare Unterschiede« nur ein geschwollener juristischer Ausdruck für einen unvereinbaren Musikgeschmack. Damen und Herren, die unbedingt eine langfristige monogame Beziehung eingehen wollen, sollten daher oft mit einem Freund kegeln gehen, dem Butler und Therapeuten nicht kündigen, mit anderen Damen (oder Herren) zu einem Golfwochenende wegfahren und vor allen Dingen dafür sorgen, dass nicht der Partner der beste Freund ist.

Sexualgeschichtslektionen

Es ist nicht mehr zulässig, einen Herrn oder eine Dame anhand der Anzahl von Sexualpartnern in der Vergangenheit zu bewerten, wie dies früher üblich war. Wenn Sie also Ihren Partner bitten sollten, seine Sexualgeschichte im Detail aufzuführen – *nicht* in Bezug auf sexuell übertragbare Krankheiten, denn als zivilisierte Wesen haben Sie dieses Gespräch bereits geführt, bevor Sie miteinander ins Bett gesprungen sind –, müssen Sie darauf vorbereitet sein, dies selbstsicher zu handhaben. Nichts ist uneleganter als ein Partner, der »alles« wissen möchte, aber *in Wirklichkeit* meint: »Bitte lüg, um mein Ego und meine altmodischen Vorstellungen in Bezug auf damenhaftes/gentlemangemäßes Verhalten zu bestätigen.« Besonders Herren sind oft verunsichert, wenn das Adressbuch der Freundin an die Gelben Seiten erinnert. Der Madonna-/Hurenkomplex existiert schon so lange, wie Männer mit Madonnen und Huren schlafen: Die Männer, die darunter leiden, kümmert es wenig, wo eine Dame war, solange es ihnen egal ist, wo sie *hingeht*, doch sobald sie sich eine gemeinsame Zukunft mit ihr vorstellen, möchten sie, dass sie zu einer wiedergeborenen Jungfrau wird. *Solche Herren sollten darauf achten, dass sie beim Gehen immer die Hände in die Hosentasche stecken, damit sie sich nicht die Fingerknöchel am Boden durchscheuern.*

Damen und Herren neigen gleichermaßen dazu, darüber die Stirn zu runzeln, was sie für ein Übermaß an *lockeren* Sexualbeziehungen im Beziehungslebenslauf des Partners halten. Es fällt Menschen mit sehr starker moralischer Überzeugung schwer, diese nicht auf andere zu übertragen, speziell auf Menschen, die sie lieben. (Man denke nur an Abtreibungsgegner, Zeugen Jehovas usw.) Die Kombination aus Liebe und Sex ist sicherlich wunderbar, aber nur Novizen glauben, dass das strenge, lebenslange Festhalten daran Bedingung für eine Beziehung ist. Zudem ist es anmaßend, von einem Partner zu erwarten, dass er seine Vergangenheit wie Strandgut seines Lebens abstreitet. Gleichermaßen ist es äußerst vulgär, sich in einer Beziehung die Maske der Reinheit aufzusetzen und so zu tun, als habe man keine nennenswerte Sexualgeschichte. Menschen mit guter Kinderstube und wahrer Kultiviertheit wissen, dass die Vergangenheit des Partners, sei sie auch noch so unheimlich, ihn zu dem Wesen macht, das sie zurzeit so bewundern. Es ist schicklich, anzuerkennen, dass jeder die Fähigkeit zu Weiterentwicklung und Veränderung hat. Genau wie Sie einem Menschen vergeben, der in der Schulzeit Cheerleader war oder sich als Student Dave Matthews angehört hat, akzeptieren Sie auch die Tatsache, dass er möglicherweise nicht in der Lage ist, sich an die Namen all jener zu erinnern, die er gebumst hat. Die einfache Tatsache, dass Sie beide jetzt eine Bindung mit liebevollem Sex genießen, sollte Beweis genug für die emotionale Weiterentwicklung des Betreffenden sein.

Die Anzahl von Partnern in der Vergangenheit sollte kein Thema sein – denn egal, ob Sie mit einem oder 100 Partnern geschlafen haben, Sie können einige erstaunliche Sexualmanöver erlernt, sich einige unglückselige Infektionen zugezogen oder beides angesammelt haben. Es erinnert an weniger aufgeklärte Zeiten und ist höchst geschmacklos, eine zufällige Zahl zu wählen, die, wenn sie übertroffen wurde, dem Betreffenden einen Platz im offiziellen Nuttenclub garantiert. Davon ausgehend, dass Sie bei Ihren Begegnungen immer freundlich, ehrlich, so sicher, wie technisch möglich, und rücksichtsvoll sind, können Sie mehr herumbumsen als der besessenste Erotomane und sich dennoch vier bis fünf Jahrzehnte heiße Monogamie verdienen, wenn Sie schließlich sesshaft werden. Eine bunte Vergangenheit weist möglicherweise nur auf eine gesunde Libido hin und ist mit Sicherheit nicht Merkmal eines Abtrünnigen: Wenn Sie im Allgemeinen bei Verstand waren, wenn Sie nüchtern (genug) waren, wenn Sie die meiste Zeit über mit Ihrem Schicksal zufrieden waren, wenn Sie bei dieser Art von Sex mitgemacht haben, weil Sie es wollten und nicht, weil Sie damit etwas erzielen wollten, wenn *Sie* sich deshalb nie geschämt haben, dann wäre es beleidigend und herablassend, wenn ein anderer der Meinung ist, Sie *sollten* sich deshalb schämen. Aufgehorcht, liebe Leser: Es ist nicht notwendig, dass einem die Vergangenheit eines Lovers gleichgültig ist, aber es ist erforderlich, sie mit Humor zu betrachten. Amüsement in der Vergangenheit zu finden ist der Schlüssel zu einem zufriedenen Leben – oder zumindest dafür, aufgrund von unerbittlichen Lebenskrisen nicht völlig den Verstand zu verlieren.

Dennoch diktiert wahre Höflichkeit natürlich, dass Sie dieses Thema mit Takt und Diskretion angehen. Mit seiner Vergangenheit anzugeben ist ungehobelt und äußerst fehl am Platz. Was Sie (oder mit wem Sie es) in der Vergangenheit getrieben haben, ist für Ihre derzeitige Beziehung nicht relevant, aber die Art und Weise, wie Sie dies jetzt handhaben, *ist* wichtig. Sie könnten einen lockeren Bericht über Ihre lockeren Sexualbeziehungen für ein vergnügliches und zuträgliches Gesprächsthema auf einer Cocktailparty halten, während Ihr Partner das als schamlos oder sogar bedrückend empfinden könnte. Wie belustigt auch immer jemand Ihre Sexualgeschichte akzeptiert, das Gespräch über Ex-Partner ist im Allgemeinen verdrießlich. Um sich mit der eigenen Vergangenheit wohl zu fühlen, ist es nicht erforderlich, dass man sie dem Partner ständig unter die Nase reibt. Es würde uns wahrscheinlich allen gut tun, die jeweiligen Ex-Partner mit der angemessenen Kühle zu betrachten, und nur ein Tölpel mit schlechter Kinderstube würde einen Partner mit der Vollversion der Geschichte über den Ex und den auf geheimnisvolle Weise verschwindenden Buttplug erfreuen. (Weiteres zur Etikette in Bezug auf Ex-Partner finden Sie auf Seite 283ff.)

Eifersucht

Es gibt einige Damen und Herren, die glauben, dass die zivilisiertesten Wesen fähig sind, die Eifersucht ganz zu verbannen (siehe »Offene Beziehungen« auf Seite 263ff.). Andere sind der Meinung, dass eine tägliche Dosis Eifersucht wesentlich für langfristige Treue und Monogamie ist. Wir raten, beide Extreme zu vermeiden und zu lernen, mit natürlich auftretender Eifersucht zu leben und diese weder vollständig zu verbannen noch zu kultivieren (oder, schlimmer noch, dazu anzustacheln).

Ein *wenig* Eifersucht erinnert uns daran, für wie kostbar wir uns gegenseitig halten – und wie viel wir zu verlieren haben, wenn wir unseren Liebsten nicht verehren. Zu viel riecht nach Unsicherheit, Verzweiflung, Bedürftigkeit und Misstrauen. Wohlerzogene Damen und Herren kennen den Unterschied zwischen Verehrung und Ersticken, zwischen liebenswerter Empörung und kleinbürgerlicher Besitzergreifung. Wenn der Partner beispielsweise *niemals* eifersüchtig ist, fragen wir uns, ob wir ihm überhaupt wichtig sind. Denn obwohl es akzeptabel ist, sich sicher zu sein, dass der geliebte Partner einen nicht verlassen wird, ist es völlig widerlich, so zu tun, als sei dies ein Recht und kein Privileg. Wenn der Partner im Gegensatz dazu *ständig* eifersüchtig ist, wird das grünäugige Monster zum

Mittelpunkt der Beziehung, sodass ihm ständig Aufmerksamkeit geschenkt werden muss.

In den kultivierten Beziehungen hebt die zurückhaltende Eifersucht eines Partners jeweils die des anderen auf, und beide rücken näher zusammen, statt dass die Unsicherheiten der Betreffenden ständig neu entzündet werden und beide auseinander treiben. Nacktfotos der Exfreundin des Partners zu entdecken verursacht ein ungutes Gefühl; es ist jedoch nicht akzeptabel, sie ins Internet zu stellen. Es ist richtig, beschützerisch zu reagieren, wenn man merkt, dass andere Männer die Freundin beäugen, aber es ist unangemessen, die Partnerin dazu zu zwingen, im August dicke Mäntel zu tragen, um ein derartiges Interesse zu unterbinden. Es ist höflich, dem anderen Eifersuchtsgefühle mitzuteilen, solange man nur eine Empfindung wiedergibt, statt den Partner einer Handlung zu beschuldigen, die nur in der eigenen Phantasie existiert. Ein Wort zum Schluss: Es ist vulgär, Eifersucht zu provozieren, sodass der Partner Grund hat, die Zuneigung in Zweifel zu ziehen. Damen oder Herren haben nichts dagegen, ihr Verhalten ein wenig zu mildern, wenn der Partner eine etwas geringere Toleranz für kokettierendes Verhalten zeigt als üblich.

Monogamie

Nur Barbaren glauben, dass Monogamie in einer Beziehung einfach so *passiert*. Wahre Damen und Herren wissen, dass es eine gemeinsam getroffene Entscheidung ist. Monogamie ist auch keine Sache, die *Ihnen* einfach so passiert – wenn Sie entscheiden, dass dies etwas für Sie ist, ist ein gewisses Maß an

Arbeit erforderlich. Wenn Damen oder Herren die Hitze der Monogamie nicht aushalten können, tut der Betreffende wohl daran, die Küche zu verlassen. Doch der kultivierte Bürger sorgt immer für einen dramatischen Abgang – es kann nicht toleriert werden, dass er sich des Nachts durch das Fenster davonstiehlt und am nächsten Morgen wieder hineinklettert (für eine durchführbare Alternative finden Sie Hinweise auf Seite 263ff. unter »Offene Beziehungen«).

Es ist äußerst vulgär, anzunehmen, dass nachlassende Leidenschaft Grund dafür ist, eine Beziehung aufzugeben, denn auch eine seit 50 Jahren bestehende Ehe ist nicht die ganze Zeit über von Geilheit geprägt. Vornehme Damen und Herren erwarten nicht, dem Ehepartner jede Nacht beizuwohnen. Sie erwarten nicht, jeden Morgen, wenn sie neben dem Ehepartner aufwachen, diesen mit lüsternem Appetit zu betrachten. Sie erwarten nicht einmal, dass sie jeden Tag verheiratet sein wollen. So erklärte schon Alan Alda in *Vier Jahreszeiten*, dem klassischen Film für Paare, man könne es bisweilen kaum erwarten, dass der Ehepartner zur Tür hereinkommt, während einen bei anderer Gelegenheit schon die Art und Weise, wie er atmet, zur Weißglut treiben kann. Und wie *wir* immer wieder gern betonen, sind Sie verpflichtet, gelegentliche unangenehme Tage

Damen und Herren in einer monogamen Bindung sollten besonders darauf achten, dass sie die Monogamie fördern, statt sie auf die Probe zu stellen.

(oder auch Monate) im Austausch dafür zu ertragen, dass Sie das angenehmste Wesen um sich haben, mit dem Sie die Vielzahl Ihrer Tage teilen können.

Die Kohlen der Monogamie schüren

Es mag eine Zeit kommen, in der ein oder zwei unangenehme Tage sich zu einer Dürreperiode entwickeln, die über eine ganze Jahreszeit hinweg anhält. Es ist nicht richtig, eine solche Dürreperiode einfach zu ignorieren – höfliche Damen und Herren ertragen Härten, ignorieren diese aber niemals in der Hoffnung, dass sie von allein wieder vergehen. Es ist durchaus korrekt, in einer Beziehung körperliche Intimität zu fordern, denn dabei handelt es sich um ein legitimes menschliches Bedürfnis (doch nur vulgäre Menschen benutzen dieses Argument, wenn erst drei Tage seit der letzten Brunst vergangen sind). Selbst äußerst vornehme und reservierte Damen und Herren leiden bei einer Diät, die aus unerwiderter Lust besteht.

Wie bei allen Aspekten einer langfristigen Beziehung ist es vernünftig, Probleme gemeinsam zu lösen. Höfliche (und geile) Damen und Herren versichern dem Partner, dass sie zwar nicht jede Nacht schmutzigen Pornosex erwarten, doch gelegentliche eheliche Wonnen durchaus angemessen sind. Es ist empfehlenswert, den Partner daran zu erinnern, dass es nicht einfach nur um die eigene Libido geht – vielmehr vermissen Sie es zweifellos auch, Vergnügen zu *geben*.

Zudem sollten Lover, die nicht in Stimmung sind, so vorsichtig wie möglich erklären, warum dies so ist, damit dies beim Partner nicht zu einem Minderwertigkeitskomplex führt.

Es gehört sich, den Partner daran zu erinnern, dass dies nichts mit seiner relativen Schönheit zu tun hat, sondern auf einen unangenehmen Arbeitstag, einen schlechten Tag auf dem Klo, einen schlechten Tag am Altar usw. zurückzuführen ist.

Schickliches Benehmen am Valentinstag

Wir haben keine Probleme mit jenen Zeitgenossen, die eine blinkende Weihnachtsbeleuchtung im Wohnzimmerfenster für kitschig halten, und wir können in einer Welt leben, in der ernsthafte Christen das Ostereiersuchen unangemessen finden. Aber wir können jene kaltherzigen Schlangen nicht ausstehen, die das Anti-Konsumdenken als Entschuldigung verwenden, um den Valentinstag nicht zu feiern. Wenn es einen Tag des Jahres gibt, an dem wir nicht gewillt sind, die hohen Priester der Linken zu loben, ist dies der 14. Februar.

Solange es einen Markt für blauen Lidschatten und weiße Stöckelschuhe gibt, existiert auch ein Markt für übergroße Karten und herzförmige Schachteln, die mit minderwertigen Pralinen gefüllt sind. Welcher elegante, urbane Dater, der etwas auf sich hält, hat es gerne, wenn seine Beziehung mit derartigem Schund in Verbindung gebracht wird? Es ist jedoch ungehobelt, das Baby mit dem billigen Kölnisch Wasser auszuschütten – wenn Sie den Valentinstag boykottieren, ist es der Partner, der als Einziger wirklich leidet. Sie mögen sich albern dabei vorkommen, mit den Plebejern auf das Förderband der romantischen Liebe aufzuspringen, doch ist dies nichts im Vergleich dazu, was Ihre intime Freundin fühlt, wenn man sie fragt, wie sie den »großen Tag« gefeiert hat. Eine Beziehung bringt eine Reihe von Vorteilen mit sich, von denen dies die wichtigsten sind: a) Sie haben jemanden, der Ihnen die Pickel auf dem Rücken ausdrückt, und b) Sie müssen sich im Februar nicht wie ein Ausgestoßener fühlen. Damen und Herren wissen, dass das *Nicht*feiern dieses Tages nicht unbedingt den großen Tieren bei Hallmark eine Botschaft vermittelt, aber dem Liebsten *durchaus* etwas mitteilt. Liebe Leser, damit schreien Sie Ihre Botschaft förmlich heraus! Sie lautet: »Du bedeutest mir so wenig, dass ich mich weigere, einen kurzen Liebesgruß auf einer frankierten Postkarte zu senden! Während der Rest der Welt die Liebe, die zwei Menschen gemeinsam gefunden haben, feiert, bringt unsere Liebe mich nicht dazu, auch nur den kleinen Finger zu heben!« Eine solche Botschaft ist abscheulich und unverzeihlich. Eine derart hässliche Einstellung hat langfristige Nachwirkungen.

Natürlich fordern wir nicht dazu auf, einen zwei Meter großen pinkfarbenen Teddybären, eine herzförmige Schachtel mit Schokoladentrüffeln oder diamantbesetzte Ohrgehänge zu kaufen. Konsum als Kompliment ist immer plump. Sie müssen keinen Groschen ausgeben, aber es ist erforderlich, dass Sie mehr als eine Minute aufwenden, um zu entscheiden, wie Sie auf die angemessenste Weise vor Ihrer Beziehung den Hut ziehen, unabhängig davon, ob Sie seit zehn Tagen oder zehn Jahren zusammen sind. Eine selbst gebastelte Karte (auch wenn sie noch so schlecht gezeichnet ist) wird Ihre Chancen auf wunderbare orale Aufmerksamkeit am späteren Abend mehr erhöhen als jedes Schmuckstück oder eine teure Grußkarte, die beim Öffnen den Carpenter-Song »Close to You«

Öffentliche Zuneigungsbekundungen

Öffentliches Bekunden von Zuneigung kann so ungebührlich und unschicklich sein wie die öffentliche *Zurschaustellung* derselben, wenn man nicht diskret dabei vorgeht. Reden Sie nicht ständig darüber, wie »stark verliebt« Sie sind oder wie sehr der Sex Ihre »Seelen vereint« – vor allen Dingen dann nicht, wenn Sie erst seit zwei Wochen zusammen sind und normalerweise eine Beziehung nach der anderen haben. Dauernd über den Erfolg der derzeitigen Beziehung zu sprechen – zumal in der Gesellschaft von Freunden, die ohne Partner sind – ist so vulgär, wie mit Urlaubsgeld vom Arbeitgeber zu prahlen. Es ist besonders grotesk, mit seinem Glück im Bett anzugeben – klar sehende Freunde können dies am Glanz Ihrer Wangen und an Ihrem diskreten, allgemeinen Bericht ablesen, dass alles bestens ist. Elegante Damen und Herren wissen, wie sie gute Nachrichten vermitteln können, ohne ein Spektakel daraus zu machen. Es ist kein Zufall, dass Beziehungen, die ein schnelles Ende nehmen, häufig jene sind, mit denen dereinst besonders begeistert angegeben wurde.

spielt. Damen oder Herren servieren das Frühstück im Bett, senden den ganzen Tag über freche E-Mails, bereiten ein Lieblingsessen zu, lassen ein Bad ein, zünden ein paar Kerzen an, legen eine Lieblings-CD auf. Andere exquisite Noten sind eine einstündige Massage mit duftendem Öl, eine Pediküre, ein

Striptease, ein gemaltes Bild, ein selbst gedichtetes Lied, ein auswendig gelerntes Rilkegedicht. Geben Sie schlechte Angewohnheiten auf, die der andere hasst, hängen Sie das Foto des Partners am Kühlschrank auf, halten Sie einen Abend lang Ihre Darmwinde zurück. Bestellen Sie Pizza, kaufen Sie ein Sechserpack Bier und leihen Sie *Pizza, Pizza* aus, wenn dem Partner daran liegt. Oder kaufen Sie eine CD mit Meeresrauschen, servieren Sie Mai Tais mit Papierschirmchen und füllen Sie ein Kinderplanschbecken mit warmem Seifenwasser, in dem Sie beide die Füße baumeln lassen. Machen Sie einander Komplimente. Zählen Sie, auf wie viele Arten und Weisen Sie sich lieben; zählen Sie die Art und Weise, wie Sie einander begehren; zählen Sie mindestens bis 1000, während Sie den Partner oral befriedigen. Mit dem Herzen am rechten Fleck werden Sie mit Sicherheit Anklang finden.

Masturbation

Die Masturbation passt zu einer langfristigen Beziehung so gut wie ein gutes Glas Port und ein Stück Stiltonkäse nach einem Festmahl. Es ist vulgär, diese Gewohnheit mit Stirnrunzeln zu betrachten, als sei sie ein Indikator für Untreue (beim Masturbierenden) oder Unzulänglichkeit (bei demjenigen, der sich zurückhält). Die Masturbation spielt die verschiedensten Rollen in einer Beziehung, wobei die wichtigste darin besteht, nicht die Tuchfühlung mit Ebbe und Flut der sexuellen Vorlieben Ihres Körpers – und denen des Partners – zu verlieren. Zudem ist es eine erfrischende Lernpause (die nicht dick macht), Erleichterung bei Stress, Spannkraft für die Libido,

Spannkraft für die Beckenbodenmuskulatur (was den Orgasmus verbessern kann), sie ist sicher vor sexuell übertragbaren Krankheiten, erfordert kein Schmusen und zaubert ein Lächeln auf Ihr Gesicht. Wenn sie vom Paar gemeinsam praktiziert wird, kann sie als Vorspiel oder Sex dienen. Sie können einander damit Ihre patentierten Bewegungen demonstrieren, und es ist die beste Aussicht auf einen gleichzeitigen Orgasmus (obwohl Damen und Herren wissen, dass dieses Spektakel generell überbewertet wird). Lover tun gut daran, gemeinsam als Übung für Telefonsex zu masturbieren – wenn einer oder beide schüchtern sind, könnten sie üben, während sie gemeinsam einen lüsternen Film ansehen oder bei gedimmtem Licht.

Es ist falsch, der eigenen Libido mit Reserviertheit zu begegnen, als sei sie ein ungnädiger Gastgeber, dem zu viele Besuche unangenehm wären. Ganz im Gegenteil: Die meisten Damen und Herren stellen fest, dass viele Besuche bei ihrer Libido, wenn sie allein sind, dazu führen, dass sie sie auch gemeinsam mit dem Partner öfter aufsuchen wollen. Unsere Libido ist zumeist extrovertiert: voller Energie, wenn sie zum Spielen aufgefordert wird, langweilig, wenn man sie ignoriert. Seien Sie also beweglich, was Ihre Masturbationsgewohnheiten betrifft, liebe Freunde, denn Untersuchungen belegen, dass dies das Sexualleben nur verbessern kann.

Natürlich ist der Partner in dieser Hinsicht nicht immer aufgeklärt, und es mag erforderlich sein, dass Sie Ihre Masturbationsgewohnheiten erläutern. Solange Sie Solosex dem gemeinsamen nicht vorziehen, wird man Sie nicht rügen, doch es ist angebracht, dem Partner zu versichern, dass er auf Ihre Beziehung mit Ihrer rechten Hand (oder der Ecke des Couchtisches) nicht neidisch sein muss. Vielleicht empfindet er den Akt als anstößig, weil er ihn als zweitklassigen Ersatz für Sex betrachtet. In diesem Fall könnte er Ihre Onanie als einen Verrat werten. Oder vielleicht betrachtet er sie als ersten Schritt zu Betrügereien, vor allem, wenn Sie es gern beim Betrachten von Pornos tun. Es ist angebracht, zu erklären, dass Sie häufig an den Partner denken, während Sie sich selbst befriedigen, dass der Akt Sie einfach nur über Wasser hält, bis Sie dem Partner wieder ins Gesicht schauen können. Es wäre nicht falsch, ein physiologisches Argument zu verwenden – bisweilen ist es nicht mehr als ein Bedürfnis zur Freisetzung von Spannungen, was in manchen Kreisen auch als »Wartungsorgasmus« bezeichnet wird.

Wenn Sie Ihr Argument geäußert und geklärt haben, dass Sie nicht beabsichtigen, diese Gewohnheit aufzugeben, ist es nicht erforderlich, damit zu prahlen. Es ist selbstverständlich nicht notwendig, es heimlich zu tun oder zu lügen, aber es wäre ungehörig, sich das Lieblingspornoheft zu schnappen, ins Badezimmer zu stürzen und zu rufen: »Bis in zehn Minuten, Liebling!« Damen oder Herren sind diskret – sparen Sie sich

Damen oder Herren klauen dem Partner nie die teure Gesichtslotion/Haarprodukte/das Olivenöl Extra Vergine zur Selbstbefriedigung, ohne zuvor – taktvoll – zu fragen.

den schmutzigsten Porno für Gelegenheiten auf, wenn keine Chance besteht, dass der Partner Sie dabei überraschen könnte, und vermeiden Sie es, sich einen im Wohnzimmer herunterzuholen, wenn Sie die Partnerin zum Abendessen erwarten.

Wie man ein wohlwollender Freund bleibt

Wohlerzogene Frauen und Männer erwarten nicht, dass der Partner einen besten Freund für eine langfristige Beziehung aufgibt. Die Angewohnheit, seine Busenfreunde für einen heißen Typen aufzugeben, ist unerträglich. Es wäre jedoch dumm, so zu tun, als würden sich Freundschaften durch die Ankunft eines festen Partners nicht ändern. Wenn wir die Situation logisch betrachten, hat der Betreffende einfach weniger Zeit. Zudem könnten Ihre Freunde den Verlust von Spontaneität bei Ihnen beklagen, wenn Sie sich plötzlich unter das Joch begeben. So können Sie sie nicht mehr am Freitagabend nach Mitternacht anrufen und erwarten, dass sie sich mit Ihnen in der Kneipe an der Ecke auf ein Bier treffen werden. Denn wenn Sie nicht bereits mit Ihren Freunden unterwegs sind, werden Sie wahrscheinlich mit Ihrem Schatz vor einem flackernden Kamin (oder vielleicht auch dem Fernseher) kuscheln. Treue Freunde tadeln frisch Eingejochte nicht, nur weil diese etwas Vorwarnung brauchen, wenn sie zum Spielen herauskommen sollen – und auch der Betreffende schmollt nicht, wenn er zu diesen spontanen Ausflügen nicht aufgefordert wird. Eine Dame aus unserem Bekanntenkreis, die die Spontaneität nicht auf dem Altar des Paardaseins opfern wollte, *plante* dementsprechend; sie informierte ihr junges Ross, dass sie den Montag- und Mittwochabend für zufällige Einladungen freihalten würde. Abende, an denen sie sich nicht mit ihm treffen würde, selbst wenn sie keine Pläne hatte, Abende, an denen sie für spontane Verabredungen mit ihren Freunden zur Verfügung stehen würde. Doch die meisten Damen und Herren könnten ein solches Verfahren für ein wenig übertrieben halten und es vorziehen, sich einfach einen Terminkalender zu kaufen. Unzählige andere Komplikationen können sich einstellen: Sie finden die Freunde des Partners geistlos; Ihre Partnerin findet die Kneipe Ihrer Freunde mies und widerlich; Sie können die Gesellschaft des Lovers der besten Freundin nicht ertragen und so weiter. Die folgenden Punkte der Etikette sollten dafür sorgen, dass Ihre Freunde zur Stelle sind, falls und wenn dieses exquisite Wesen (für dessen Gesellschaft Sie versucht sind, so viel zu opfern) Ihnen das Herz bricht.

- Es ist taktlos, vom Lover zu erwarten, dass sie den Pokerabend der Damen am Dienststag/er den Aquarellabend für Herren am Mittwoch aufgibt.
- Es ist altmodisch, es als gegeben zu betrachten, dass der Samstagabend grundsätzlich Verabredungen mit dem Partner vorbehalten ist. Doch nur vulgäre Damen oder Herren planen für jeden Samstag des Monats einen Zug durch die Gemeinde ein, bei dem keine Verabredungen mit dem Partner möglich sind.
- Damen oder Herren halten immer an den ersten Plänen fest, die gemacht wurden, egal, ob sie mit einem Freund oder mit dem Partner abgesprochen wurden.

- Das »dritte Rad« ist eine Erfindung der Gesellschaft, und zivilisierte Damen und Herren haben kein Problem damit. Sie finden es nicht merkwürdig, in einer Dreiergruppe auszugehen, nur weil zwei von den Dreien später am Abend sexuell übereinander herfallen werden. Die beiden Brünstigen sollten jedoch in Bezug auf anhaltendes Unbehagen beim Dritten feinfühlig sein und es vermeiden, sich der Leidenschaft so sehr hinzugeben, dass Irritationen auftreten.

- Es ist flegelhaft, die Freunde des schöneren Geschlechts (je nachdem, welches Geschlecht man für das schönere hält) aufzugeben, weil der Partner eifersüchtig ist oder die Freundschaft für unangemessen hält. Doch kultivierte Damen oder Herren könnten das typische Flirtverhalten in Gegenwart dieser Freunde etwas mildern, wenn der Partner sich dabei unbehaglich fühlt – speziell zu Beginn einer Beziehung, wenn Gefühle der Unsicherheit überhand nehmen könnten. Speziell platonisches Begrabschen des Hinterns sollte unterlassen werden.

- Wenn man ohne den Partner ausgeht, sollten Damen und Herren die hassenswerte Angewohnheit vermeiden, Singles des schöneren Geschlechts (auch hier gilt: je nachdem, welches Geschlecht man für das schönere hält) wie einen Feind zu behandeln. Tun Sie es nicht einem verheirateten Herrn aus unserem Bekanntenkreis nach, der sich sogar weigert, mit ungebundenen Damen höflich zu plaudern, so als sei Untreue eine ansteckende Krankheit und die unter uns weilenden Singles Träger dieses Virus.

- Auch wenn Sie noch so sehr verliebt sind, verdient Ihr bester Freund Ihr Vertrauen. Wenn er Sie bittet, keiner Seele von einer Sache zu erzählen, meint er damit nicht: »Bitte erzähl keiner Seele davon mit Ausnahme deiner Freundin/deines Freundes.«
- Damen oder Herren gehen nie davon aus, dass der Partner willkommen ist, wenn man sich mit ein oder zwei engen Freunden trifft – es ist höflich, zuvor zu fragen, ob der Partner an den Festivitäten teilnehmen darf. Bei größeren Zusammenkünften ist dies eine unnötige Formalität.

In Bezug auf die Freunde Ihres Partners

Damen oder Herren beurteilen die Freunde des Partners nicht so rasch, wie sie Fremde beurteilen würden. Es ist korrekt, anzunehmen, dass die Menschen im gesellschaftlichen Umfeld des Partners (speziell seine besten Freunde) aufrechte Bürger sind, die Ihren Respekt verdienen, es sei denn, es stellt sich etwas anderes heraus. Tatsächlich würde es uns allen nicht schaden, so zu tun, als sei dies in der Welt öfter der Fall, doch vorerst werden diese beiden Ratschlagtanten ihre Träume etwas zurückschrauben. Den Freunden des Partners eine zweite, dritte, selbst fünfte Chance beim ersten Eindruck zu geben, ist eine Auszeichnung, die wahre Damen und Herren von Plebejern unterscheidet. Damen oder Herren, die einen Freund des Partners unerträglich finden, stellen nicht seinen Geschmack in Frage, sondern versuchen, das Gewebe zu entdecken, aus dem sich diese Freundschaft zusammensetzt. Man frage nicht: »Was um alles in der Welt siehst du in diesem Mondkalb?«, sondern: »Ich habe das Gefühl, dass ich Herrn Schmidt nicht besonders gut kenne; erzähl mir mehr über ihn.« Damen oder Herren machen nie den Vorschlag, dass der Partner sich von dem betreffenden Freund verabschieden sollte. Und es ist die Höhe der Vulgarität, in der Gesellschaft dieses Freundes offen zu schmollen oder ihn zu beschimpfen. Es ist jedoch durchaus korrekt, den Partner aufzufordern, dass er sich mit seinem Freund in seiner Freizeit allein trifft, wobei wir annehmen, dass die zuvor erwähnte diskrete Art des Fragenstellens nicht dazu geführt hat, dass Sie Ihr Herz für ihn erwärmen konnten.

In Bezug auf die Partner Ihrer Freunde

Es ist überflüssig, hinzuzufügen, dass nur Plebejer sich weigern würden, den Partnern ihrer Freunde die zuvor erwähnte zweite, dritte oder fünfte Chance zu geben. Denken Sie an den Affront, den solche Treffen verursachen können, und an die merkwürdige Auswirkung, die dies auf eine Persönlichkeit haben kann – es ist daher nur höflich, dem Eindruck des Freundes (zumindest für die ersten ein, zwei Monate) mehr zu vertrauen als dem eigenen. Damen oder Herren sind darauf bedacht, den Partner eines Freundes auf der Grundlage des augenscheinlichen Glücks dieses Freundes zu beurteilen und nicht danach, wie viel »Spaß« man beim Zusammensein mit diesem Partner hat.

Den begriffsstutzigen und verklemmten Partner eines Freundes jedoch fünf Abende pro Woche zu ertragen ist unerträglich langweilig. Nach ein paar Monaten ist es akzeptabel, dass Sie sich zumindest eine Meinung über seinen »Spaßfaktor« bilden. Was tun Damen oder Herren also, wenn der Liebste der Freundin schlecht wegkommt? Sie dürfen nicht so direkt sein und Ihrer Freundin *sagen*, dass Sie lieber zu Hause bleiben und häkeln würden, als gezwungen zu sein, ihrem Liebling eine weitere witzige Bemerkung zu erklären. Aber es wird auch gar nicht erwartet, dass Sie beste Freunde werden. Es ist unelegant, den Schwachkopf von größeren gesellschaftlichen Ereignissen auszuschließen, aber es ist nicht erforderlich, seinem Buchclub beizutreten oder an jedem Freitag gemeinsam zu viert auszugehen. Der Betreffende ist immer mit Achtung zu behandeln, aber es ist klug, dafür zu sorgen, dass die Begegnungen in großen Gruppen stattfinden, in denen die von Ihnen zu erbringende Achtung minimal ist.

Wenn Sie jedoch gegen den festen Partner eines Freundes aus Gründen, die mit *seinem* Glück zu tun haben, etwas haben, sollten Sie diese Meinung kundtun. Wieder warten zivilisierte Damen und Herren mehrere Wochen ab, bis sie zu diesem Schluss gelangen. Doch wenn Sie davon *überzeugt* sind, dass diese Person für Ihren Freund nicht gut ist, Ihren Freund nicht so behandelt, wie er es verdient, oder Ihren Freund in irgendeiner Weise irreführt oder missbraucht, dann dürfen Sie nicht den Mund halten. Als Freund ist es Ihre Pflicht, Ihre Ansicht mitzuteilen. Und Sie tun gut daran, gleich etwas zu sagen, nachdem sich Ihre Überzeugung gefestigt hat, damit Sie nicht während der Hochzeit das Schweigen brechen müssen, wenn der Geistliche spricht: »Wenn irgendjemand hier heute einen guten Grund weiß, warum diese beiden Menschen nicht heiraten sollten, dann soll er dies nun kundtun oder für immer Stillschweigen bewahren.« Es ist in jedem Fall ratsam, sich 100 Prozent sicher zu sein, dass Ihre Überzeugung auf echter Sorge beruht und nicht nur auf Ihrer Unfähigkeit, mit dem Beau der Freundin auszukommen.

Wenn Sie schließlich Ihre Befürchtungen eingestehen, tun Sie dies nicht mit so viel Schwung, als würden Sie einen Vorhang aufreißen, hinter dem der Zauberer von Oz steht. Seien Sie freundlich und taktvoll, und hören Sie sich an, was Ihr Freund zu sagen hat. Stellen Sie kein Ultimatum, und greifen Sie nicht ein, es sei denn, Ihr Freund befindet sich in ernster Gefahr – wenn nur seine Gefühle bedroht sind, dürfen Sie lediglich eine faire Warnung geben und sich an die Seitenlinie zurückziehen, wo Sie mit einer Riesenportion Eiskrem auf den unausweichlichen Absturz und das Inferno warten. (Unter »Die Regeln der Befreiung« auf Seite 268ff. finden Sie weitere Hinweise für die Handhabung eines solchen Absturzes und Infernos.)

Offene Beziehungen

Für die Liebe gelten keine Gesetze, aber Traditionen. Und wenn Sie in einer recht traditionellen Beziehung leben (das heißt in einer monogamen), werden Ihnen alle, angefangen bei Shakespeare bis hin zu Jerry Springer, sagen, was Sie von besagter Beziehung erwarten dürfen und was nicht. Doch wenn Sie beschließen, auf Traditionen zu pfeifen und es mit einer dieser neumodischen offenen Beziehungen zu versuchen, könnten Sie ins Schwimmen geraten. Wenn wir tatsächlich alle gezwungen wären, in Bezug auf unsere Absichten so offen zu sein, wären Leitfäden für die Etikette wie dieser hier größtenteils rein akademisch.

Es ist nicht vulgär, sich parallel mit mehr als einer Person treffen zu wollen. Es ist nicht vulgär, kein Verlangen nach Monogamie zu haben, egal, ob Sie 22 oder 52 sind. Es ist nicht vulgär, *nie* das Verlangen nach Monogamie zu haben. Aber es *ist* unbeschreiblich vulgär, vorzugeben, dass man sich Monogamie wünscht, um sich etwas anderes zu besorgen. In einer offenen Beziehung ist offene Kommunikation wichtiger als alles andere. Sie sind verpflichtet, die Bedingungen und Grenzen Ihrer romantischen Situation zu definieren. »Offen« bedeutet nicht, dass es an Regeln mangelt, sondern vielmehr, dass Sie die Regeln selbst schreiben – und befolgen. Die nachstehenden Überlegungen sollten erwogen und vereinbart werden. Für die einzelnen Fragen gibt es keine richtigen oder falschen Antworten – es ist lediglich erforderlich, dass Sie beide dieselben Antworten geben würden, falls Sie an einer Quizshow teilnehmen würden:

- **Wie werden Sie körperliche Treue neu definieren?** Ist alles erlaubt? Oder nur oraler Sex, analer Sex oder nur Rumknutschen? Wie ist es um Dinge bestellt, die traditionell eher als romantisch gelten wie beispielsweise Händchenhalten, Augenkontakt, Bettgeflüster?
- **Wie werden Sie emotionale Treue neu definieren?** Welche Einstellung haben Sie zu außerplanmäßigen *romantischen*

Verstrickungen? Können Sie sich mit einem anderen als Ihrem Hauptpartner verabreden, oder sollte es nur ums Bumsen gehen? Dürfen Sie sich regelmäßig mit anderen für Sex verabreden, oder bevorzugen Sie ausschließlich One-Night-Stands?

- **Wie viele Informationen wünschen Sie sich beide?** Werden Sie jedes Mal um Erlaubnis bitten (beispielsweise per Anruf der Handynummer des Partners)? Möchten Sie den Nebenpartner kennen lernen oder nur am nächsten Morgen die schmutzigen Einzelheiten hören? Ist es akzeptabel, jemanden aufzugabeln, während Sie zusammen mit Ihrem Partner unterwegs sind? Werden Sie eventuell füreinander als Eisbrecher oder Flirtbeistand fungieren? Oder möchten Sie lieber gar nichts wissen?
- **Werden Sie als Gruppe eine Bindung eingehen?** Haben Sie beide Interesse am Swinging, an Spielpartys, Dreiern oder mehr? (Falls ja, sollten Sie im Kapitel über lockere Sexualbeziehungen auf Seite 127ff. nachlesen.) Oder sind Sie nur an Aktivitäten mit jeweils einem Partner interessiert?
- **Gilt etwas anderes bei Damen?** Oder Herren? Gelten leicht unterschiedliche Regeln, wenn der Nebenpartner ein anderes Geschlecht als Ihr Partner hat?
- **Dürfen Sie aktiv suchen?** Ist es akzeptabel, aktiv nach Gelegenheiten zu suchen (beispielsweise durch die Aufgabe einer Kleinanzeige), oder sollte man alles auf sich zukommen lassen? Ist die Suche nur akzeptabel, wenn Sie sich an einem anderen Ort aufhalten? Dürfen Sie einen Übernach-

tungsgast haben, wenn Ihr Partner geschäftlich unterwegs ist? Oder wird stets erwartet, dass Sie sich vor Sonnenaufgang trennen?

- **Befindet sich Ihre offene Beziehung in der öffentlichen Domäne?** Ist es Ihnen angenehm, dass Freunde den Status Ihrer Beziehung kennen? Wie steht es mit den Kollegen? Familienmitgliedern?

Es gibt nur ein universales Gesetz, dem alle an einer offenen Beziehung Beteiligten gehorchen müssen: Niemand besorgt sich einen Nebenpartner unter Vorspiegelung falscher Tatsachen. Das heißt: Jeder mögliche Partner muss über Ihren Beziehungsstatus Bescheid wissen, falls der Betreffende es vorziehen sollte, nicht an diesem modernen Arrangement teilhaben zu wollen.

Rollenverteilung

Eine offene Beziehung ist nicht für jeden geeignet. Vielmehr ist sie ein unglaublich neues soziologisches Phänomen – sie muss noch umfassend studiert und vollständig verstanden werden. Tatsächlich glauben viele Menschen nicht einmal, dass sie überhaupt existiert. Es ist ein diskretes Segment der Bevölkerung, das über jene Neurotransmitter verfügt, die in der Lage sind, erfolgreich uralte menschliche Emotionen wie Eifersucht, Unsicherheit und Besitzgier zu blockieren, was eine Voraussetzung für den Erfolg dieses Lebensstils ist.

Genau wie es Frühaufsteher und Nachteulen, Raucher und Nichtraucher, Katzenliebhaber und Hundefreunde gibt, gibt es Monogamisten und Polyamoristen. Interessanterweise ist nicht jeder seinem wahren Ich treu. Viele Menschen erleiden die, wie sie es empfinden, Unwürdigkeit einer offenen Beziehung, weil sie glauben, dass der Partner Monogamiepotenzial hat (»Meine Liebe wird ihn ändern«), während andere sich zur Monogamie zwingen, weil sie meinen, dass es das einzig elegante Verhalten ist – und diese Menschen sind alle unglücklich.

Es ist dumm, zu denken, dass diese Gruppen nach Geschlechtern getrennt sind – Damen und Herren finden gleichermaßen in offenen wie in monogamen Beziehungen ihre Erfüllung. Und es ist geschmacklos, das eine oder das andere zu verurteilen. Sie sollten sich auch nicht für das eine oder andere entscheiden müssen und resolut an dieser Entscheidung festhalten. Um festzustellen, welches Modell für Sie das beste ist, müssen die Optionen ausprobiert werden. Es ist nicht taktlos, den Versuch zu unternehmen, sich so zu konditionieren, dass man die Vorteile der Polyamorie genießen kann (führwahr gibt es da einige). Natürlich gehen Sie dann das Risiko ein, die Vorteile der Monogamie zu verlieren (und da gibt es wahrlich so manche). Es ist nur erforderlich, dass Sie diese Entscheidung für sich selbst treffen – und nicht für einen derzeitigen oder potenziellen Liebespartner.

Schließlich müssen wir jene Menschen tadeln, die behaupten, die Monogamie sei bürgerlich und nichts außer gesellschaftlich konditioniertes Verlangen. Wie kann man gesellschaftliche Formen von seinem Herzenswunsch und seiner genetischen Codierung trennen? Und wer sagt, was schicklich und was unschicklich ist? Eine Armee lederbekleideter Gimpel, die die Monogamie mit Stirnrunzeln betrachtet, ist nicht weniger dickköpfig als ein Kongress voller Männer in Anzügen, die familiäre Werte vorantreiben. Tatsächlich ist es die Überbrückung der Kluft zwischen diesen beiden Extremen, die Sex so großartig macht: Perversitäten können der Monogamie Würze verleihen, und die Monogamie kann Perversitäten – speziell das Machtspiel – noch intensiver gestalten. Manche sind in der Lage, gut mit anderen zu spielen, und einige kommen mit einem einzigen Spielgefährten besser aus. Es ist keine Schande, sich zu wünschen, dass ein Mensch und nur dieser eine Mensch Sie an den Bettpfosten fesselt und heißes Wachs auf Ihre Brustwarzen tropfen lässt, so lange Sie leben.

Die Regeln der Befreiung

Wenn Menschen sich trennen, sind normalerweise so viel Traurigkeit, Schmerz und wutschnaubender, blanker Hass vorhanden, dass der Anstand in den Hintergrund tritt und schlechtem Benehmen und Beleidigungen bezüglich der sexuellen Fähigkeiten des anderen Platz macht. (»Du machst Schluss mit mir? Viel Glück, damit du jemanden findest, der auf so einen Schlappschwanz wie dich reinfällt!« – besser bekannt als »Ich hatte deine besten Jahre«-Entkräftung.) Doch wenn beide Seiten sich einen Augenblick Zeit nehmen würden, um ihre Gedanken zu sammeln, um wie in einem Yoga-Kurs aus dem

Bauch heraus zu atmen, um zu erkennen, dass so viel Hass nur möglich ist, wenn noch etwas Liebe vorhanden ist, dann könnten Trennungen sehr viel zivilisierter ablaufen. Oder auch nicht. Aber zumindest könnten sie zu einer weiteren leicht unangenehmen Tatsache des Lebens werden. Gefühle könnten verschont und etwas Würde könnte bewahrt werden. Wenn es Ihnen gelingt, die Regeln der Befreiung zu befolgen, was das Brechen von Herzen und die Minderung von Herzeleid betrifft, sind Sie ein wahrhaft beispielhafter Bürger.

Regeln für den, der Schluss macht

Das Schlussmachen ist eine delikate Angelegenheit. Die Last, es richtig zu machen, trifft zum größten Teil Sie: Sie sind während des gesamten Prozesses für die Fürsorge gegenüber dem Partner, der bald Ihr Ex sein wird, verantwortlich; Sie dürfen sich emotional nicht lösen, wenn Sie erst einmal entschieden haben, dass es vorbei ist, egal, wie irrational der andere die Nachricht aufnimmt. Sie müssen alles tun, um sein Wohlbefinden sicherzustellen: *Planen* Sie Ihr Vorhaben, gehen Sie rücksichtsvoll vor, überschütten Sie den anderen mit Güte. Dies ist nicht der richtige Zeitpunkt für brutale Ehrlichkeit – sagen Sie nicht: »Ich habe dich nie wirklich geliebt«, oder: »Ich habe neulich eine unsagbar heiße Frau kennen gelernt und möchte meine Zukunft mit ihr teilen.« Tatsächlich ist dies eine der wenigen Gelegenheiten, in denen Notlügen zulässig sind, solange Sie davon überzeugt sind, dass die Sache für Ihren Partner dadurch leichter wird statt leichter für Sie, weil Sie ein Feigling sind (siehe Kasten auf Seite 271).

Natürlich gelten diese Richtlinien nicht, wenn Sie Schluss machen, weil Sie entdeckt haben, dass Ihr Partner Sie betrogen hat. In diesem Fall pfeifen Sie auf den Anstand.

Wie sollten Damen oder Herren dieses Thema nun angehen? Wir wollen uns zuerst damit befassen, wie man es *nicht* tun sollte. Wenn Sie länger als zwei Wochen zusammen sind oder einander öfter als dreimal beigewohnt haben (und es kein ausdrücklich lockerer Beischlaf war, siehe Seite 127ff.), dann ist es unsagbar rüde, sich per E-Mail oder SMS zu verabschieden. Wenn Sie länger als zwei Monate zusammen sind und öfter als, sagen wir mal, 20-mal miteinander geschlafen haben, dürfen Sie es nicht am Telefon tun. Sie dürfen es nicht in einer Bar tun, es sei denn, Sie sind beide ziemlich betrunken, und keiner wird sich am nächsten Morgen daran erinnern. Es ist hartherzig, es zu tun, nachdem der Partner gerade erfolgreich eine schlechte Angewohnheit abgelegt hat, die ihm bei Stress Erleichterung verschafft hat, wie beispielsweise das Nägelkauen oder Crackrauchen. Sie dürfen es nicht in der Lieblingsbar oder im Lieblingsrestaurant des Partners oder im Park tun – jener heilige Ort, an den er sich zurückziehen kann, wenn Sie mit ihm Schluss gemacht haben. Sie dürfen es an keinem Ort tun, wo eine sonst schöne Erinnerung, die Sie beide bisher hatten, verdorben werden könnte, es sei denn, das Schlussmachen soll die schöne Erinnerung überschatten. Tun Sie es nicht vor dem Mittagessen; eine spätere Tageszeit ist vorzuziehen, da der Partner sonst gezwungen wäre, fünf oder sechs ganze Stunden zu überstehen, bevor er sich mit guten Freunden betrinken kann (oder unter einem selbst auferlegten Schuldkomplex lei-

Zulässige Lügen

- Warum Sie Schluss machen: Bieten Sie eine milde Version der Wahrheit an.
- Wie schwer Ihnen die Entscheidung gefallen ist: Es ist immer »sehr schwer«. Aber vermeiden Sie Melodramatik, und sagen Sie nicht, dass es eins der schwersten Dinge oder *das* Schwerste ist, das Sie je tun mussten – das klingt nicht nur unaufrichtig, sondern auch herablassend.
- Was Sie wirklich über seine Eltern/seine ärgerlichste Angewohnheit/den Körperteil denken, bezüglich dessen sich der Betreffende so unsicher ist: Lügen, verdammte Lügen!
- Was Sie tun werden, wenn Sie mit dem Betreffenden Schluss gemacht haben: Lügen Sie, es sei denn, Sie gehen wirklich nach Hause, um zehn Tage lang in Ihr Kissen zu heulen.
- Wenn ein anderer im Spiel ist: Das hängt ganz davon ab. Wenn es einen anderen gibt, mit dem Sie gern eine Beziehung eingehen würden, es aber noch nicht zum Sex gekommen ist, sagen Sie nichts; wenn es einen anderen gibt, mit dem Sie den Partner betrogen haben, aber den Sie nicht wieder sehen wollen (d. h., die Affäre diente lediglich als Katalysator), sagen Sie nichts; wenn es einen anderen gibt, mit dem Sie bereits eine Beziehung begonnen haben, die Sie weiterführen wollen, *sagen Sie es.*

det, weil er vor dem Mittagessen trinkt). Tun Sie es nicht während des Abendessens – das verlängert nur das Unausweichliche und gibt dem Partner das Gefühl, dass er so bemitleidenswert und lächerlich wie eine Ratte ist, die in der Falle hockt und Käse frisst. Wenn ein Tropfen das Fass zum Überlaufen bringt, während Sie in einem Restaurant zu Abend essen, und Sie entscheiden, dass es einfach nicht mehr so weitergeht, ist es höflich, zumindest abzuwarten, bis die Teller abgeräumt wurden, damit es dem Kellner nicht peinlich wird oder ein vorzügliches Essen vergebens war.

Wenn Sie sich mit dem Partner treffen, um die Neuigkeit zu verkünden, ist es stillos, lange um den heißen Brei herumzureden. Der andere wird eine oberflächliche Konversation nicht zu schätzen wissen – Ihr Beau wird die Plauderfassade sofort durchschauen. Damen oder Herren vermeiden stets Klischees. »Ich liebe dich, aber ich bin nicht in dich verliebt« ist so klischeehaft, dass man gleich ein Candygramm schicken könnte. Auch wenn Sie dieses Wesen niemals mehr zu Gesicht bekommen wollen, sind dennoch Worte angebracht, die von Herzen kommen, und kein Schmierenkomödiantentum.

Wenn Sie es fertig bringen, ein paar Tränen zu vergießen (*natürlich* nicht, indem Sie an der Nase oder den Schamhaaren ziehen), ist dies immer eine nette persönliche Geste. Erwarten Sie keinen Sex zur Trennung, und initiieren Sie ihn *keinesfalls*. Wenn der Partner ihn initiiert, müssen Sie 1) zumindest ein wenig Widerstand leisten und 2) dann absolut und völlig überzeugt sein, dass der andere es zumindest teilweise für sich selbst tut (das heißt, er will eher dafür sorgen, dass Sie Ihre Entscheidung *bedauern*, und nicht versuchen, Sie umzustimmen).

Was die Nachwirkungen betrifft: Prahlen Sie nicht, und geben Sie mindestens drei Wochen lang keine Kleinanzeige online auf: Der Freund eines Freundes Ihres Ex-Partners *wird* sie sehen, und Ihr Ex *wird* davon erfahren. Wenn Sie den Freund des Ex-Partners später an diesem Abend/in dieser Woche/diesem Monat in einer geselligen Situation treffen sollten, ist es angebracht, traurig und/oder zerknirscht zu tun. Sollten Sie in einer Kleinstadt leben, ist es klug, lieber ein paar Tage lang zu Hause zu bleiben und Freunde dort zu unterhalten. Es gibt keine Regel der Etikette, die vorschreibt, wie lange man nach einer Trennung bis zum Bumsen mit einer anderen Person warten sollte. *Wenn* Sie sich absolut und völlig sicher sind, dass Ihr Ex dies *nie* erfahren wird, und wenn Sie sich absolut und völlig sicher sind, dass Sie sich mit Ihrem Ex *nicht* aussöhnen werden, können Sie zu neuen Taten schreiten. Sich von einem Partner zu trennen, um Sex mit einem anderen zu haben, nur um nach vollbrachter Tat zum alten Partner zurückzukehren, zeugt nicht nur von schlechtem Benehmen, sondern beschert Ihnen eine Fahrkarte erster Klasse in die Hölle. Und in der Hölle gibt es keine Manieren. Schließlich sollten wir nicht darauf hinweisen müssen, dass das Bumsen oder Umwerben von Freunden, Kollegen oder Verwandten des Ex-Partners mindestens zwei Jahre lang tabu ist. Doch ein Mensch von wahrer Klasse wird seine Hände in alle Ewigkeit von diesen Personen fernhalten.

Regeln für den, mit dem Schluss gemacht wird

Wenn jemand mit einem Schluss macht, bestehen die einzigen angenehmen Aspekte in der vorübergehenden Freiheit, alles zivilisierte Benehmen zum Fenster hinauszuwerfen. Das bedeutet nicht, dass Sie ganz und gar zum Flegel werden dürfen, denn durch etwas Schamgefühl unterscheiden wir uns immerhin vom Tier. Und Sie wollen demjenigen, der Schluss macht, sicher keine weiteren Gründe liefern, damit dieser glaubt, er habe die richtige Entscheidung getroffen, als er Sie verlassen hat.

Wenn Ihnen klar wird, dass man mit Ihnen Schluss macht, behalten Sie die Ruhe. Hören Sie sich an, was Ihr Ex Ihnen zu sagen hat. Nehmen Sie keine schweren Gegenstände zur Hand, und drohen Sie nicht, damit zu werfen. Kein Geschrei, meine Damen und Herren – dieses vulgäre Verhalten ist allein Babys und Shannon Doherty vorbehalten. Aber natürlich dürfen Sie weinen. Und es ist durchaus akzeptabel, dass Sie sich ins Badezimmer zurückziehen, um sich etwas Wasser ins Gesicht zu spritzen, sich die Nase zu putzen, sich zu übergeben, den Tampon-/Kondomautomaten zu zertrümmern und so weiter und so fort. Kehren Sie auf jeden Fall mit ein paar Taschentüchern zurück: Ein Rotzfluss, der aus Ihrer Nase strömt, wird Ihnen das Ganze nur schwerer machen (und für den, der Schluss macht, leichter).

»Warum?« ist eine legitime Frage, aber Sie müssen die erste … na gut, die zweite Antwort akzeptieren. »Ist da jemand anders?« ist ebenfalls akzeptabel. Ihrem Gegenüber zu raten, es sich anders zu überlegen, ist jedoch nicht angebracht. Sie kön-

Mit dem Feind schlafen – den Ex für Sex anrufen

- Derjenige, mit dem Schluss gemacht wurde, muss bei den ersten beiden Malen der Initiator sein. Danach gilt es als höflich, wenn der andere die Initiative ergreift, damit sich der Zurückgelassene nicht allzu jämmerlich vorkommt.
- Sie sprechen nicht darüber, was »schief gelaufen« ist.
- Sie sprechen nicht darüber, »warum wir nicht mehr zusammen sind«.
- Sie sprechen *unbedingt* darüber, wie toll Sie zusammen im Bett waren.
- Ladys first, egal, wer mit wem Schluss gemacht hat.
- Gesichtsmasken, grober Sex, Fesselung, Wasserspiele und/oder Eindringen von hinten können helfen, einen »Schlussstrich« zu ziehen, vorausgesetzt, alle beteiligten Seiten geben ihre Genehmigung und die Person, die in der Beziehung den Kürzeren gezogen hat, ist in *dieser* Bumssituation diejenige, die die Macht hat.

(Auf Seite 139ff. finden Sie weitere Hinweise zur Etikette für Sex-Anrufe.)

nen ihn bitten, »noch eine Nacht« zu bleiben, aber nur dann, wenn Sie in der Lage sind, sich am nächsten Morgen höflich zu verhalten, und den anderen nicht beschuldigen, er habe Sie benutzt oder Ihnen etwas vorgespielt.

Als zulässiges Verhalten während der anschließenden Erholungsphase gilt, sich fast bis zur Bewusstlosigkeit zu betrinken, direkt aus der Packung zu essen, sich nicht zu duschen und die Unterwäsche nicht zu wechseln, dem Ex einen ziemlich unfeinen Spitznamen zu geben oder den Ex gegenüber der besten Freundin schlecht zu machen. Dieses plumpe Verhalten sollte nicht länger als sieben Tage andauern.

Der Rachefick ist völlig akzeptabel. Anders als bei dem, der Schluss gemacht hat, unterliegen Sie in Bezug auf geeignete Partner sehr viel weniger Einschränkungen. Die besten Freunde und Verwandten Ihres Ex sind immer noch verboten, aber seine Bekannten und Kollegen (den Chef ausgenommen) sind akzeptable Bumspartner zu Therapiezwecken. Und Sie müssen nicht einmal besonders diskret vorgehen – es ist unelegant, eine Anzeige in der *New York Times* zu schalten und jeden neuen Bettpartner zu veröffentlichen, aber machen Sie sich keine Sorgen, wenn Ihrem Ex das über die Gerüchteküche zu Ohren kommt. Natürlich gelten die üblichen Regeln bei all diesen Aktivitäten: kein irreführender, unehrlicher oder destruktiver Sex. Tatsächlich sollte sich Ihr Ersatzpartner zumindest vage bewusst sein, dass die Verabredungen für Sie wahrscheinlich nur ein gaumenreinigendes Bündnis sind. Im Kapitel über lockere Sexualbeziehungen finden Sie die feineren Regeln der Etikette für solche Situationen.

Schließlich dürfen Sie in den ersten sechs Wochen nach einer Trennung unter keinen Umständen (mit Ausnahme einer Einweisung ins Krankenhaus) den Ex anrufen, um mit ihm »zu reden« – speziell dann nicht, wenn Sie betrunken sind. Sie

Was kein Ex verdient

Folgende Taktlosigkeiten sind in *jeder* Trennungssituation unverzeihlich, egal, wie herzzerreißend sie auch ist: Das Einstellen von Nacktfotos (und/oder unschmeichelhaften) Bildern des Ex-Partners ins Internet; die Gefährdung seines Arbeitsplatzes; die Verkündung des tiefsten und dunkelsten Geheimnisses des Betreffenden in einem Zimmer voller Freunde; Anschwärzen beim Finanzamt wegen Steuerhinterziehung; Benachrichtigung des Ausländeramts, damit der Betreffende abgeschoben wird. Egal, wie furchtbar der Ex-Partner ist, sollten Sie sich als zivilisierter Mensch nicht zu Rachetaktiken herablassen, die fernsehwürdig sind. Glauben Sie an Ihr Karma, liebe Freunde – den bösen Ex *wird* schließlich auch das gebührende Schicksal ereilen.

dürfen ihm nicht sagen, wie sehr Sie ihn vermissen und wie sehr Sie sich wünschen, wieder mit ihm zusammen zu sein, und Sie dürfen ihn nicht mit Klagen über Depressionen, Panik wegen einer Phantomschwangerschaft und/oder leeren Selbstmorddrohungen beschämen, damit er eine Aussöhnung in Betracht zieht. Rufen Sie lieber Ihren Therapeuten an. Wenn diese sechswöchige Gnadenzeit vorbei ist, können Sie ein abschließendes Treffen vorschlagen, aber nur, wenn Ihre beste Freundin glaubt, dass Sie mental bereit sind, das zu bewältigen. (Weiteres dazu in den »Regeln für alle nach einer Trennung« auf Seite 279.)

Regeln für den besten Freund

Ein guter Freund weiß instinktiv, dass er in dieser Zeit eine wichtige Aufgabe erfüllt. Und ein wohlerzogener Freund akzeptiert diese Verantwortung ohne Zögern oder Klagen. Sie müssen all Ihre eigenen Probleme vorübergehend vergessen und Zeit und Aufmerksamkeit aufbringen, um das Fest des Selbstmitleids desjenigen, der Schluss gemacht hat beziehungsweise mit dem Schluss gemacht wurde, geduldig zu ertragen.

Wenn er sein Herz ausschüttet, nicken Sie nur und stimmen allem zu. Drücken Sie nie eine *eigene* Meinung über den Ex aus, die Ihre Position jetzt oder später aufs Spiel setzen könnte – Ihre Freundin könnte noch Gefühle für den ehemaligen Partner haben und ihn in Schutz nehmen wollen oder, schlimmer noch, sich wieder mit besagtem Ex aussöhnen. Eine Dame in unserem Bekanntenkreis trennte sich nicht weniger als sechsmal von einem Herrn, bevor sie zugab, dass er ihre einzig wahre Liebe war – hätten ihre Freundinnen bei den giftigen Hasstiraden, die jede Trennung begleiteten, mit eingestimmt, hätten sie viele Besen fressen müssen. Es ist daher ratsam, mindestens mehrere Monate (oder bis der letzte Funke für eine mögliche Aussöhnung erloschen ist) abzuwarten, bevor Sie Ihrer persönlichen Freude über die Trennung Ausdruck verleihen. Es ist jedoch akzeptabel, den Ex mit dem neuen, abfälligen und unfeinen Namen zu bezeichnen, den Ihre Freundin sich ausgedacht hat. Zu keiner Zeit sollten Sie sagen: »Das habe ich dir doch gleich gesagt.« Erwähnen Sie nie den Abend, an dem der Ex Ihrer Freundin betrunken war und versucht hat, sich an Sie ranzumachen. Sie dürfen jedoch an die Zeit erinnern, als der Ex etwas ziemlich Harmloses, aber äußerst Peinliches getan hat, indem er beispielsweise auf ein Internet-Pyramidenschema hereingefallen ist, oder etwas *vorübergehend* Unschmeichelhaftes wie das eine Mal, als er mit einem Haarschnitt vom Friseur zurückkehrte, den Sie insgeheim als »Klobürste« bezeichnet haben.

Und jawohl, liebe Leser, als beste Freundin ist es äußerst geschmacklos, sich selbst um den Ex zu bemühen (oder ihn dazu zu ermutigen, Ihnen den Hof zu machen) – und zwar nicht nur jetzt, sondern *bis in alle Ewigkeit*. (Siehe »Ex-Etikette« auf Seite 283ff., wenn Sie dieses Gefühl nicht bekämpfen können.)

Regeln für alle nach einer Trennung

In Bezug auf materielle Dinge sind Damen oder Herren nie kleinlich. Es ist korrekt, alle persönlichen Gegenstände zurückzugeben, von denen Sie wissen, dass der andere sie haben möchte, wenn dieser zu höflich oder zu stolz ist, darum zu bitten. Nur weil Sie sich getrennt haben und den Ex möglicherweise nicht mehr respektieren, ist es dennoch unsäglich vulgär, schlechte Fotos oder Videos, die Sie vielleicht gemacht haben, öffentlich zu zeigen. Vielmehr geben wahre Damen und Herren das gesamte kompromittierende Material (einschließlich Negative) an den fraglichen Ex zurück. Die gemeinsame Versorgung von Haustieren klappt nicht – lassen Sie nicht zu, dass Ihr Chihuahua *Kramer gegen Kramer* durchlebt. Im Zweifelsfall bleibt alles, was warm, kuschelig und tröstend ist, bei dem, mit

Das Gesetz über die Informationsfreiheit

- Derjenige, mit dem Schluss gemacht wurde, darf in der Öffentlichkeit verkünden, dass »es gegenseitig war«, selbst wenn er unsanfter als ein Sack Ziegelsteine fallen gelassen wurde.
- Derjenige, mit dem Schluss gemacht wurde, darf *nicht* in der Öffentlichkeit verkünden, dass er Schluss gemacht hat oder dass der andere ihn betrogen hat, wenn dies nicht der Wahrheit entspricht.
- Derjenige, mit dem Schluss gemacht wurde, darf die Fertigkeiten des Ex im Schlafzimmer verächtlich machen, aber nur gegenüber sehr guten Freunden; *derjenige, der Schluss gemacht hat*, darf dies nur tun, wenn der andere die hier aufgeführten Regeln für Trennungen bricht.
- Keiner von beiden darf sich beim E-Mail-Konto des anderen anmelden, selbst wenn er nur sichergehen will, dass der andere alle für Trennungen geltenden Regeln einhält. »Das hat er sich selbst eingebrockt, weil er mich betrogen/mit mir Schluss gemacht/mich nie oral befriedigt/sein Passwort nicht geändert hat« sind keine akzeptablen Entschuldigungen. Speziell demjenigen, der Schluss macht, sei geraten, zur Sicherheit alle Passwörter zu ändern.
- Keine Partei sollte gemeinsame Freunde in Verlegenheit bringen, indem diese ausgehorcht werden, um Informationen über den Ex zu erhalten.

- Damen oder Herren begeben sich nicht auf eine Informationsreise hinsichtlich des neuen Lebens des Ex-Partners, bis der Betreffende in der Lage ist, besagte Tatsachen auf reife und kultivierte Art und Weise zu handhaben. Derjenige, mit dem Schluss gemacht wurde, holt immer eine zweite Meinung (normalerweise vom besten Freund) ein, ob er mit der Wahrheit umgehen kann.

(Weitere Einzelheiten zur »Ex-Etikette« finden Sie auf Seite 283ff.)

dem Schluss gemacht wurde. Über alles Schuppige oder im Wasser lebende kann durch Werfen einer Münze entschieden werden. Die Planung der Einzelheiten bei diesem Austausch wird von dem Zurückgelassenen festgelegt – sollte der Betreffende darauf bestehen, diese Angelegenheiten sofort zu regeln, muss der andere sich fügen; sollte der Zurückgelassene das Thema nicht ansprechen, muss der andere mindestens zehn Tage warten, bevor er um sein Lieblings-T-Shirt bittet (das eine, das so gut nach Weichspüler duftet).

Es ist nicht ratsam, Gegenstände von Liebhaberwert direkt nach einer Trennung zu zerstören. Warten Sie damit ein paar Wochen, bis Sie einen klaren Kopf haben. Sie *dürfen* diese Dinge sofort irgendwo einschließen, doch Menschen, die rücksichtsvoll sind, wenn sie mit jemandem Schluss machen, lassen ein paar dieser Gegenstände stehen – ein Foto auf dem Schreibtisch oder am Kühlschrank –, falls die Chance besteht, dass der andere sie in den nächsten Wochen zu Gesicht bekommen könnte (wenn er beispielsweise etwas vorbeibringt).

Ein »Treffen zum Abschluss« ist ebenfalls das Vorrecht des Zurückgelassenen. Kurz gesagt – der Betreffende hat in allen Fällen das Recht, sich freundlich oder distanziert zu verhalten. Normalerweise hat er nicht viele Rechte, sodass wir ihm die wenigen, die er hat, mit Anstand zugestehen wollen. Derjenige, der Schluss gemacht hat, muss der Forderung des Ex nach einem Treffen zum Abschluss zu jedem beliebigen Zeitpunkt sechs Wochen bis neun Monate nach der Trennung nachkommen. Wenn nach neun Monaten kein letztes Treffen verlangt wurde, kann er davon ausgehen, dass ein solcher Schlussstrich nicht gezogen werden muss. Abhängig von der Dauer der Beziehung und den Umständen der Trennung kann mehr als ein Treffen erforderlich sein, um alle Punkte auf der Tagesordnung abzuhaken; mehr als drei Treffen sind jedoch übertrieben. Wenn der Zurückgelassene sich an die Etikette hält und das Treffen mindestens sechs Wochen nach der Trennung fordert, muss der andere mit der Wahrheit hinsichtlich der Trennungsgründe etwas weniger zurückhaltend sein. Alle anderen Vorschriften der Etikette müssen allerdings auf den Buchstaben genau befolgt werden. Ein abschließendes Treffen gilt nicht offiziell als solches, wenn es mit Sex endet (Ausnahmen sind im Kasten »Mit dem Feind schlafen« auf Seite 275 geregelt), obwohl sanftes Streicheln oder Zungenküsse akzeptabel sind.

Es gilt, mehrere Regeln der Etikette zu beachten, wenn Sie beginnen, anderen den Hof zu machen. Es besteht ein Unterschied zwischen einem Lieblingsfilm oder -song von Ihnen und einem Film oder Song, den Sie und Ihr Ex mit »unser« bezeichnet haben. Die erstgenannten dürfen gemeinsam mit neuen Partnern genossen werden; die letztgenannten sollten mindestens fünf Jahre lang aus Respekt für die tote Beziehung mit niemandem genossen werden. Jeder Partner verdient ein neues Sexspielzeug; bei Dildos und Buttplugs sind gebrauchte Artikel nicht zulässig (siehe dazu »Gemeinsames Spielzeug« auf Seite 199f.). Es ist jedoch akzeptabel, halb aufgebrauchte Tuben Gleitmittel allein oder mit anderen aufzubrauchen. Sie dürfen Reizwäsche und Schlafanzüge, die Ihnen Ihr Ex gekauft hat, vor neuen Partnern tragen, solange Sie darin nicht Ihre Jungfräulichkeit verloren oder die Flitterwochen verbracht haben. Damen oder Herren haben niemals Sex, während eine vom Ex-Partner gebrannte Musik-CD läuft. (Weitere Informationen zur Etikette bei Treffen und bei der Begrüßung eines Ex-Partners finden Sie im folgenden Abschnitt.)

Ex-Etikette

Die Aufrechterhaltung von Manieren in der Gesellschaft eines verhassten oder – schlimmer – verhassten und immer noch hinreißenden Ex-Partners ist besonders aufreibend. In solchen Fällen rät uns die Vernunft, die Etikette als beste Chance zur Wahrung des Gesichts zu betrachten und zumindest ein wenig Stolz zu bewahren. Ihr Ex hat Ihr Lächeln, Ihr Glück und Ihre Katze gestohlen? Dann lassen Sie nicht zu, dass er sich auch mit Ihren Manieren davonmacht!

Lass uns Freunde bleiben

Wir können nicht beurteilen, ob Sie mit Ihrem Ex-Partner eine Freundschaft schmieden sollten. Dies ist eine individuelle Entscheidung, die mit einem äußerst komplexen Durcheinander der Gefühle (und gelegentlich auch komplizierten Sexualakten) belastet ist. Manche Damen und Herren sind mit allen Personen befreundet, die sie auch nur geküsst haben, während andere das Buch einer Beziehung, die ihren Zweck erfüllt hat, lieber schließen. Keine dieser Einstellungen ist unbedingt eleganter als die andere; vielmehr ist die Art und Weise, wie Sie die Situation handhaben, Zeichen Ihres Charakters.

Damen und Herren sollten nie ihre Würde verlieren, wenn sie mit einem Ex-Partner sprechen, wobei wir davon ausgehen, dass Sie die bereits erwähnte Abschlussphase hinter sich haben. Wenn auch nur die geringste Chance besteht, dass Sie zu heulen beginnen, mit schweren Objekten um sich schmeißen, sich dem Partner zu Füßen werfen oder sich auf andere Weise unangemessen verhalten, sollten Sie Ihre Interaktionen lieber dem Stift oder der Tastatur anvertrauen – oder besser noch den Annalen der Beziehungsgeschichte.

Wenn Sie sich sicher sind, dass Sie die Freundschaft mit Fassung handhaben können, tun Sie gut daran, Grenzen zu setzen. Wie viele Informationen über das neue Leben des Ex-Partners brauchen Sie? Wie bei der offenen Beziehung geht es darum, ein Balance zu finden, mit der Sie sich beide wohl fühlen. Vernünftigerweise stelle man nie eine Frage, wenn man vermuten kann, dass die Antwort Kummer verursachen wird. Zudem ist es möglicherweise angebracht, die Grenzen abhängig von Ihrem derzeitigen Beziehungsstatus neu zu ziehen – auch wenn Sie nach einer sechsstündigen Tour durch die Kneipe mit dem Ex gern in Erinnerungen schwelgen, ist dies nicht unbedingt angebracht, wenn man sich in einer langfristigen neuen Beziehung befindet. Obwohl wir die Reife jener Damen und Herren bewundern, die mühelos Freundschaften mit dem Ex-Partner aufrechterhalten können, beäugen wir jene Personen mit Misstrauen, die es für notwendig erachten, den Ex täglich kontaktieren zu müssen.

Neue Partner mit an einen Ort zu nehmen, von dem Sie wissen, dass der Ex-Partner oft dorthin geht, ist eine ganz und gar zu verdammende Belustigung.

Darf ich dir meinen neuen Bettgenossen vorstellen: Die Begrüßung von Ex-Partnern in der Öffentlichkeit

Unabhängig davon, ob Sie mit dem Ex-Partner befreundet sind oder ihn nur als Voodoo-Puppe betrachten, kommt wahrscheinlich irgendwann einmal die Zeit, wenn Sie ihm in der Öffentlichkeit begegnen und einer von Ihnen – oder Sie beide – mit einem neuen Partner unterwegs sind. Es ist unnötig und klingt gestelzt, dem Ex- oder dem derzeitigen Partner bei der Vorstellung einen bestimmten Titel zu geben. Sagen Sie nicht: »Das ist meine Freundin/das *war* meine Freundin« – dies dürfte für alle Anwesenden aufgrund Ihres unbeholfenen Tons oder dem Zucken in Ihrem linken Auge offensichtlich sein.

Klingeling, die Hexe steht vor der Haustür

Begegnungen mit alten Flammen werden besonders peinlich, wenn ein Ex-Partner unangekündigt vorbeikommt, während Sie ein Tête-à-tête haben – speziell dann, wenn der Butler nicht zugegen ist, um zu verkünden: »Madame ist nicht zu Hause.« Aus diesem Grund empfehlen wir unbedingt, *niemals* unangekündigt bei einem Ex-Partner aufzukreuzen. Sollte Ihre Ex-Partnerin in diesem Punkt der Etikette nicht bewandert sein, sollten Sie ehrlich, aber nicht zu ehrlich sein. Es ist korrekt, zu sagen: »Meine Freundin und ich wollten gerade mit dem Essen beginnen. Ich ruf dich später an, ja?« Es ist falsch, zu sagen: »Meine heiße neue Spielgefährtin wollte gerade mit einem Dildo meinen Hintern bumsen. Ich ruf dich später an, ja?«

Der einfache Austausch der Namen reicht aus, bevor Sie sich höflich, aber schnell aus dem Staub machen. Es ist immer verkehrt, den neuen Partner stehen zu lassen, um einen bedrückten Ex-Partner zu trösten – Sie müssen warten, bis Ihre Verabredung zu Ende ist, bevor Sie den Ex anrufen, um ihm Trost zu spenden. Denken Sie daran, liebe Leser, Takt sorgt für gute Manieren. Verwickeln Sie Ihren Ex und den neuen Partner nicht in eine langwierige Diskussion über die vielen verschiedenen Einsatzmöglichkeiten von Backsoda, nur um Gleichgewicht und Harmonie in Ihrem Leben zu haben, wenn klar ist, dass das Gespräch für die anderen beiden Teilnehmer qualvoll ist.

Eine abschließende Warnung: Wenn Sie einem Ex-Partner begegnen, dem Sie das Herz gebrochen haben, könnten Glückwünsche zum neu gefundenen Glück/zur neuen Beziehung/bisexuellen Identität bisweilen mit zu großem Feuereifer ausgesprochen werden. Dadurch würde sich der Gedanke aufdrängen, dass der andere trotz schlecht stehender Chancen erfolgreich war.

Gespräche über den Ex-Partner

Damen und Herren sollten sich ernsthaft vor Augen führen, dass neue Partner nur selten etwas über alte Flammen hören wollen. Angeben oder in Erinnerungen schwelgen ist keinesfalls angebracht, und selbst wenn Sie den Ex schlecht machen, lässt Sie dies wie einen gefühllosen Flegel aussehen. Es wäre jedoch närrisch, so zu tun, als wären Sie nie zuvor mit jemandem zusammen gewesen. Tatsächlich würde uns eine völlig reine Weste zu denken geben. Die folgenden Tipps sollten dafür sorgen, dass Sie sich taktvoll verhalten, wenn Sie mit einem neuen Partner auf das Thema Ex-Partner zu sprechen kommen.

- Man kann nicht deutlich genug darauf bestehen, dass Sie die Leistungen von Ex-Partnern im Schlafzimmer nicht diskutieren – selbst, oder vielleicht besonders dann, wenn es der Herabsetzung dienen soll.
- Es ist vernünftig, die vorhandenen sexuellen Vorlieben von Partnern nur ganz *allgemein* zu erfragen. Fragen Sie beispielsweise: »Was soll ich mit meiner Zunge tun, was dir ge-

Recycling

Es beleidigt den guten Geschmack und den gesunden Menschenverstand, sich um die Ex-Partnerin eines Freundes zu bemühen. Doch manchmal, verehrte Leser, schießt Amor einen Pfeil durch das Herz des guten Geschmacks und des gesunden Menschenverstands. Es ist leicht zu verstehen, wie es zu dieser Anziehung kommt – speziell dann, wenn Ihr Freund sowohl in Bezug auf Freunde als auch Liebespartner einen guten Geschmack hat –, doch es ist unermesslich schwer zu entscheiden, ob sich dieses Streben lohnt, die Freundschaft dafür aufs Spiel zu setzen. Auf jeden Fall müssen mindestens sechs Monate abgewartet werden (oder bis ein Schlussstrich gezogen wurde, je nachdem, was länger dauert), egal, wie kurz die ursprüngliche Beziehung war. Wenn es sich lohnt, das Protokoll zu verletzen, dann lohnt es sich, ein halbes Jahr zu warten. Genau wie bei Verabredungen mit Verwandten eines Freundes (siehe Seite 26), ist es erforderlich, seine Absichten zuerst gegenüber dem Freund kundzutun, obwohl Sie nicht um *Erlaubnis* bitten sollten, wenn Sie nicht darauf vorbereit sind, ein »mais non!« zu akzeptieren. Obwohl wir nicht so vermessen sein und im Namen von Amor sprechen wollen, können wir uns nicht vorstellen, dass dieser kleine Kerl so boshaft sein und dafür sorgen würde, dass Sie auf den Idioten hereinfallen, der im letzten Herbst das Herz Ihres Freundes gebrochen hat. In diesem Fall würden wir dazu raten, trotz Verliebtheit mindestens ein Jahr abzuwarten und alles in Ihrer Macht Stehende zu tun, um besagtem Ex aus dem Weg zu gehen. Hüten Sie sich davor, verehrte Leser, die unglückselige Auffassung, dass Ihre Vereinigung »unmöglich!« ist, fälschlicherweise für wahre Liebe zu halten. Wenn Sie beschließen, die Beziehung weiterzuverfolgen, können wir Ihnen nicht guten Glaubens Ratschläge erteilen, da wir dann den Eindruck erwecken würden, dass wir ein derartiges Verhalten gutheißen. Ein Wort zum Schluss: Es ist normalerweise akzeptabel, sich mit dem früheren Sexpartner eines Freundes zu treffen – man hat einen entsprechenden Einblick, was die Wollust betrifft, aber emotional dürfte das Modell kaum abgenutzt sein.

fallen würde?«, und nicht: »Wie war dieser Arsch von ehemaligem Freund im Bett? Mein Schwanz ist größer, oder?«

- Ähnlich gilt es als Verstoß gegen die Etikette, Vergleiche zwischen Ex-Partnern und dem derzeitigen Partner anzustellen, selbst wenn sie noch so verlockend sind. Damen und Herren wissen, dass frühere und derzeitige Liebschaften wie Äpfel und Birnen sind und nicht miteinander verglichen werden sollten, es sei denn, Sie möchten den Eindruck erwecken, dass Sie es in 14 Tagen auf eine Banane absehen können.

- Selbst die kultiviertesten Damen und Herren haben schon einmal den ungebührlichen Fehler begangen und den neuen Partner Folgendes gefragt: »Weißt du noch damals, als wir …?«, während sie dabei an einen anderen Partner gedacht haben. Zu versuchen, diesen Fehler zu ignorieren – oder schlimmer noch, den neuen Partner zu piesacken, bis sich dieser an das Ereignis »erinnert«, um nicht aufzufliegen –, ist lahm. Zudem ist es ungehobelt, die Peinlichkeit zu verlängern, indem man erklärt, dass »jeder diesen Fehler gemacht haben könnte«. Damen oder Herren, die einen solchen Fehler machen, sorgen dafür, dass sie im späteren Verlauf des Tages im Schlafzimmer selbstloser als üblich sind.

- Fotos von Ex-Partnern sollten nie die Wohnung schmücken. In der Tat ist es nur akzeptabel, einem Partner Fotos des Ex zu zeigen, wenn bei einem oder beiden die Frisuren auf dem Bild entsprechend retro (d. h. scheußlich) aussehen.

Tabus

Die Themen, mit denen wir uns in diesem Kapitel befassen wollen, sind nichts für furchtsame Naturen. Obwohl sie nie in höflicher Gesellschaft – am Esstisch, bei einem Familientreffen, beim Tee mit der Queen – diskutiert werden sollten, ist dennoch Sensibilität und Höflichkeit erforderlich, falls sie zur Sprache kommen sollten. Bevor Sie protestieren, möchten wir zu denken geben, dass es eine bemitleidenswerte Steifheit in Bezug auf das Normale und Natürliche zeigt, wenn man bei den Tatsachen des Lebens und Fleisches so leicht Anstoß nimmt. Ja, liebe Leser, das Furzen mit der Scheide oder anderen Körperöffnungen gehört zum Leben. Finden Sie sich damit ab. Schamlippen gibt es in allen möglichen Formen, Größen und Farben. Bitte akzeptieren Sie das. Wenn Sie Sex während der Menstruation haben, nehmen die Dinge eine rötliche Färbung an. Wir möchten Sie bitten, Ihren Sinn für Humor zu bewahren und Ihren Horizont ein wenig zu erweitern, wie es sich für einen kultivierten Bürger gehört.

»Unsittliche« Emissionen

Körpergeruch

Henry David Thoreau sagte: »Kein Geruch ist so schlecht wie der, der aus besudelter Tugend emporsteigt.« Sie können die Höflichkeit selbst sein, doch wenn Sie Ihren Pflichten als Mitglied der Zivilisation nicht nachkommen und nicht auf persönliche Sauberkeit und einen relativ angenehmen Duft achten, könnten Sie genauso gut mit den Händen essen, sich in der Öffentlichkeit am Hintern kratzen und mit Ihrem Kot spielen – denn Sie sind nicht reinlicher als ein Tier.

Wie wir bereits in dem Abschnitt über das Küssen in dem Kapitel »Flirten« (Seite 11) kurz erwähnt haben, sollten Damen und Herren für frischen Atem sorgen, sei es, indem sie nicht rauchen, Kaffee meiden, oft ihre Zähne und die Zunge putzen und/oder jederzeit Pfefferminzbonbons dabei haben. Kaugummi sollte möglichst vermieden werden: Kühe geben sich dem Wiederkäuen hin, zivilisierte Damen und Herren tun dies nicht. Wenn es keine andere Alternative gibt und Ihr Atem eine ganze Kolonie schwarzer Ameisen mit einem Hauch vernichten könnte, sei es Ihnen erlaubt, ein Kaugummi in den Mund zu stecken. Sie müssen jedoch leise und mit geschlossenem Mund kauen, denn nichts ist so unelegant wie schmatzendes Kaugummikauen. Die niederen Klassen, die Kaugummiblasen machen und diese platzen lassen, wollen wir nicht einmal erwähnen. Unabhängig davon, ob Sie Pfefferminzbonbons oder Kaugummi verwenden, sollten die Menschen in Ihrer Umgebung in keiner Weise feststellen können, dass Sie etwas im Mund haben; das einzig Verräterische sollte der süße Duft sein, der Ihrem Mund entströmt. Nehmen Sie immer genug für die Atemfrische mit, sodass Sie Ihrem Date oder anderen Mitmenschen ebenfalls etwas anbieten können. Wenn Sie während einer Verabredung nur ein Bonbon übrig haben, müssen Sie sich den Genuss versagen, es sei denn, Sie können es teilen.

In der Vergangenheit galt das Rauchen als recht elegant: Zigarren nach dem Essen und lange, silberne Zigarettenhalter waren *de rigueur*. Heutzutage ist es weniger modern – zumeist geben sich nur Süchtige, rebellierende Teenager, junge Schülerinnen, die meinen, dadurch »cool auszusehen«, und sowohl echte als auch eingebildete Rockstars dieser Unart hin. Wenn auch Sie sich am Ende eines Sargnagels befinden, müssen Sie sich nach den Vorlieben der Menschen in Ihrer Umgebung richten – zumindest nach den Vorlieben jener, die sich in Ihrer unmittelbaren Nachbarschaft befinden. Bestehen Sie nicht auf unveräußerliche Rechte, denn das Verstänkern der guten Atemluft ist eine wahre Zumutung, ein übel riechendes Eindringen in den persönlichen Raum. Stattdessen sollten Sie sich Ihren Fix besorgen, wenn Sie ihn kriegen können, und bereit sein, darauf zu verzichten, wenn die Höflichkeit dies verlangt. Wenn Sie sich in der Gegenwart eines Nichtrauchers aufhalten, ist es höflich zu fragen, ob dieser etwas dagegen hat, wenn Sie rauchen. Leisten Sie jeder Ablehnung Folge. Wenn der Betreffende jedoch gnädig ist und Ihnen Ihre schmutzige Angewohnheit gestattet, sollten Sie darauf achten, dass Sie den Rauch in die entgegengesetzte Richtung blasen, wobei Sie den

Wind und die Belüftung berücksichtigen, denn nichts ist so widerwärtig wie eine Wolke giftigen Rauchs, der einem direkt ins Gesicht gepustet wird.

Wenn Sie ein unverbesserlicher Raucher sind, empfehlen wir Ihnen, Gleichgesinnten den Hof zu machen. Wenn Sie diesen Rat törichterweise nicht befolgen und sich mit einem Nichtraucher verabreden, dürfen Sie niemals davon ausgehen, dass Sie sich in dessen Wohnung eine Zigarette anzünden können. Selbst wenn der Betreffende die Erlaubnis erteilt, ist es höflich, sich an ein geöffnetes Fenster zu stellen und niemals eine postkoitale Zigarette bei ihm im Bett zu rauchen. In der Tat raten wir, sich dieses altmodische Ritual abzugewöhnen, damit die kostbare Schmusezeit dadurch nicht unterbrochen wird. Wenn Sie es einfach nicht lassen können, fordern wir Sie erneut auf, sich an Ihresgleichen zu halten und nur mit anderen Schloten auszugehen – nichts ist so abstoßend wie ein Partner, der ins frisch gemachte Bett steigt und wie ein übervoller Aschenbecher riecht. Und gehen Sie niemals mit einem Nichtraucher aus, weil Sie meinen, dies sei ein Anreiz, das Rauchen aufzugeben. Das wäre genauso selbstsüchtig, wie sich mit den widerwärtigen Abkömmlingen des Chefs zu ver-

Als Nichtraucher dürfen Sie Personen in Ihrer Gesellschaft höflich auffordern, nicht zu rauchen, wenn diese sich in Ihrer Wohnung befinden, während Sie essen oder wenn Sie zusammen in (Ihrem oder ihrem) Bett liegen.

abreden, nur um befördert zu werden. Sollten Sie sich in eine junge rauchfreie Maid oder einen ebensolchen Burschen verlieben und von dem Wunsch befallen werden, das Rauchen für den Betreffenden aufzugeben, sollten Sie Ihren letzten Zug *vor* dem ersten Kuss nehmen.

Was wäre, wenn so manches Parfüm mehr erfreut als der Atem des Geliebten? Leider wissen die meisten, die an Mundgeruch leiden, nicht, dass dies der Fall ist. Wenn es sich um eine erste Verabredung handelt, erlaubt sozusagen der gute Geschmack höchstens, ein Pfefferminz anzubieten. Wenn Sie befürchten, dass selbst dies beleidigend wirken könnte, machen Sie vorsichtig eine Bemerkung, um das Verhalten in Bezug auf frischen Atem positiv zu beeinflussen. So könnten Sie beispielsweise vorschlagen, den Espresso nach dem Essen ausfallen zu lassen, damit Sie beide auf die Promenade zu einem mitternächtlichen Spaziergang bei Mondschein entfliehen können, »bevor es zu spät wird«. Leider könnten durch die unschuldige Unkenntnis der Situation derart subtile Hinweise beim Betreffenden ihre Wirkung verfehlen. In diesem Fall müssen Sie den Mundgeruch einfach ertragen und möglichst flach atmen. Die Vernunft rät, bis nach der fünften Verabredung oder bis wir mit der schuldigen Partei geschlafen haben zu warten, um das Problem direkt und deutlich, aber höflich anzusprechen: »Weißt du, Liebling, ich bete dich an, aber ...«

Daraus folgt: Wenn jemand Ihnen ein Pfefferminz anbietet, sollten Sie das Angebot nicht schnell und freundlich ablehnen, denn es könnte nicht nur aus Höflichkeit, sondern aufgrund von Sauerstoffmangel erfolgt sein.

Dürfen wir bescheiden vorschlagen, dass Sie den Sex vergessen, wenn Sie den Inhalt Ihres Magens in eine Porzellanschüssel oder einen Straßengully erbrechen? Es ist nicht nur unzivilisiert, innerhalb von 24 Stunden nach einer solchen Emission vom Partner zu erwarten, dass er diesen Mund küsst, sondern es ist zudem unzivilisiert, ihn in diesem Ihrem Zustand gewissen sexuellen Unzulänglichkeiten zu unterwerfen.

Vielleicht ist der anstößige Geruch nicht auf den Mund beschränkt, sondern scheint stattdessen aus allen Poren zu strömen. Kluge Bürger wissen, dass Körpergeruch aus dem Innern stammt, und entscheiden sich bewusst, die Aufnahme von Giftstoffen einzuschränken. Bestimmte Nahrungs- und Genussmittel können Auswirkungen darauf haben, wie Sie weiter da unten riechen. Die schlimmsten Übeltäter bezüglich der männlichen und weiblichen Liebessäfte sind Spargel, Kaffee, Alkohol, Zigaretten und einige Drogen (speziell Kokain). Knoblauch und manche indische Currygewürze mögen gut für die Gesundheit sein, sind aber schlecht für Ihr Liebesleben. Sie könnten auch feststellen, dass Brokkoli in großen Mengen, salzige Nahrungsmittel, alkalihaltige Nahrungsmittel wie Fleisch und Fisch sowie Molkereiprodukte dazu beitragen, dass Sie ein wenig komisch schmecken. Rücksichtsvolle Damen und Herren verbessern ihren Geschmack downtown und insgesamt, indem sie Melonen, Kiwis, Ananas, Erdbeeren und Zimt essen. Wenn Sie ein höflicher Mensch sind, bitten Sie nicht um orale

Aufmerksamkeit, wenn Sie sich einen ganzen Abend dem Biergenuss, harten Drinks, Kaffee, Zigaretten oder Drogen hingegeben haben. Zumindest trinken Sie zuerst viel Wasser zum Durchspülen.

Vielleicht schwitzen Sie leicht. In diesem Fall sollten Sie ein- oder auch zweimal täglich duschen, speziell vor dem Sex, und auch eine Rasur und die Verwendung eines natürlichen Deos in Betracht ziehen, damit Sie Ihren Partner nicht in die Flucht schlagen. Regelmäßiges Waschen und frische, atmungsaktive Unterwäsche tragen zur Verhinderung genitaler Infektionen wie Pilzerkrankungen der Leistenbeuge und Hefeinfektionen bei, was das Mindeste ist, das Sie für sich und Ihre Partner tun können. Es muss nicht hinzugefügt werden, dass Sie im Fall einer solchen Infektion auf Sex verzichten müssen.

Nehmen wir einmal an, dass Sie dabei sind, sich zu verlieben, und das einzige Hindernis für völlige Wonne ein unangenehmer Geruch ist, der von den warmen, feuchten Stellen des Partners produziert wird. Beobachten Sie seine täglichen Angewohnheiten, damit Sie vorsichtig Alternativen zu seinem liebsten pakistanischen Restaurant vorschlagen können, oder bitten Sie höflich darum, dass er (zumindest für Sie) den Zigarettenkonsum reduziert, oder schlagen Sie vor, dass Sie gemeinsam duschen, bevor Sie zu Bett gehen. Genaueres dürfen Sie erst sagen, wenn Sie mindestens dreimal zusammen nackt waren, und nur dann, wenn Sie konstruktive Kritik rücksichtsvoll und auf der Grundlage von Beobachtungen äußern können.

Es ist jedoch ausgesprochen unschicklich, im Bereich der

Aromen prüde zu sein: Die Körperteile des Menschen müssen nicht wie ein Sommerabend riechen, nur weil ein Großunternehmen das meint. Moschus ist ein natürliches Aphrodisiakum. Zumindest verhält es sich so, wenn die Körperchemie zweier Menschen zusammenpasst. Wie Ihre Einmündung für einen Liebespartner duftet, sagt nichts darüber aus, wie sie für einen anderen riecht; manche können meinen, der Geruch sei übler als der Körpergeruch des Fahrlehrers, während andere ihn für süßer als den Nektar der Götter halten können; manche können einen Anflug von saurer Milch entdecken, während andere jedes Mal, wenn sie Luft holen, Bilder von Lavendelfeldern vor sich sehen. Vor allen Dingen sollten Damen und Herren daran denken, dass Körpergeruch eine sehr persönliche Sache ist. Sie tun gut daran, vorsichtig zu sein, wenn das Thema angesprochen wird.

Sich mit Parfüm oder Eau de Cologne zu übergießen, statt ein Duschbad zu nehmen, ist so vulgär, wie den Schmutz unter den Teppich zu kehren. Sich nach dem Duschen mit Parfüm oder Eau de Cologne zu übergießen ist so vulgär, wie ein nach Vanille riechendes Duftmittel fürs Auto an ein Bouquet frisch geschnittener Blumen zu hängen.

Popel

Wenn sich bei Ihnen schnell Nasenschleim bildet, ist es klug, eine Packung Papiertaschentücher zur regelmäßigen Verwendung mit sich herumzutragen. Während Stofftaschentücher noch für jene reizvoll sind, die sich nach den höflichen Traditionen der Vergangenheit sehnen, lehnen wahrhaft moderne Damen und Herren diese als bakterienverseuchte Rotztücher ab. Das Beschneiden der Nasenhaare ist ein Akt der Güte, der heimlich jedem entgegengebracht wird, der im Verlauf des Tages einen Blick auf Sie werfen könnte. Außerdem hilft es, Herumstreuner daran zu hindern, nach unten in sichtbares Territorium zu kriechen – ein weiterer Vorteil für jene, mit denen man eng kommuniziert (speziell jene Menschen, die kleiner sind als Sie).

Wenn Sie sich mit jemandem getroffen haben – egal, ob zum ersten oder fünfzigsten Mal –, sind Sie verpflichtet, Ihr Gegenüber sofort darauf aufmerksam zu machen, wenn ein gewisses Partikel an der Nase hängt. Diskretion und Reserviertheit sind dabei besonders wichtig: Sagen Sie einfach: »Du hast da was ...«, wobei Sie ein Taschentuch anbieten oder leicht mit dem Fingerrücken zwei- oder dreimal unter der eigenen Nase entlangfahren. Dies ist keine Entschuldigung, um in der eigenen Nase zu popeln: führen Sie vielmehr feine, subtile Bewegungen aus. Und Sie müssen den Satz *nicht* beenden; wenn Ihr Gegenüber aufgeweckt ist, wird er Sie verstehen. Führen Sie das Gespräch fort, als sei nichts geschehen. Deuten Sie nicht mit dem Finger und werden Sie nicht hysterisch, gleichgültig, ob Sie der Informant oder das Opfer sind. Schleimstalaktiten sind nur entsetzlich, wenn Sie sie dazu machen. Wenn derjenige, mit dem Sie zusammen sind, diese Regel nicht befolgt, tun Sie es einfach mit einem Achselzucken ab, und fahren Sie mit hocherhobenem Kopf fort (vorausgesetzt, Sie haben sich von vorhandenem Nasenschmuck befreit). Wenn Sie ein Taschentuch brauchen und Ihr Gegenüber Ihnen keins anbietet, dürfen Sie die Serviette auf Ihrem Schoß verwenden.

Wenn keinerlei Stoff- oder Papierbehälter für Ihren Popel griffbereit ist, dürfen Sie die bloßen Finger verwenden – aber nur dann. Waschen Sie sich bei der nächsten Gelegenheit die Hände und stecken sie sich nicht in den Mund (was *immer* zivilisiert ist). Wenn Sie sich nicht sicher sind, ob Sie den Ausreißer entfernen konnten, dürfen Sie Ihren Gefährten leise fragen, ob er weg ist, wobei Sie nicht den Kopf so hoch heben, dass Ihr Gehirn ins Blickfeld kommt. In solchen Fällen ist es jedoch angebracht, sich zu entschuldigen und den Spiegel in der Toilette zu Rate zu ziehen.

Dasselbe gilt für Essensreste, die sich zwischen den Zähnen festgesetzt haben. Und nein – das Besteck darf nicht als behelfsmäßiger Zahnstocher herhalten.

Das einzig richtige Endziel für den Inhalt Ihrer Nasenhöhle ist ein Taschentuch und niemals die Unterseite des Schreibtisches, der Bereich hinter Ihrem Bett oder die Straße. Unsere Schreibfedern weigern sich, die abscheulichen »Lufttaschentücher« mit einer weiteren Diskussion zu würdigen.

Furze

Wenn man sich einigermaßen sicher ist, dass man später am Abend im Bett des Partners landen wird, gibt es Maßnahmen, die frühzeitig ergriffen werden können, um spätere Flatulenz zu vermeiden. Der größte Schuldige für Winde ist die Aufnahme von zu viel Luft, zu der es kommt, wenn man Essen hinunterschlingt, nicht kaut, *Kaugummi* kaut (ein weiterer Grund, dies zu unterlassen), raucht (als ob ein weiterer Grund erforderlich wäre), durch einen Strohhalm trinkt und wenn Sie – sagen Sie nicht, dass das nicht stimmt! – mit vollem Mund sprechen. Bei der ersten Verabredung sollten Sie die eben genannten Dinge ohnehin nicht tun (dies gilt grundsätzlich für jede Art von höflicher Gesellschaft). Außerdem *könnten* folgende Nahrungsmittel zu Flatulenz führen, selbst wenn Sie sie vor dem Hinunterschlucken zu einem Brei zerkauen: Brokkoli, Kohl, Möhren, Sellerie, Rosinen, Backpflaumen, Zwiebeln, Bohnen (aller Art), Spargel, Birnen, Äpfel, Pfirsiche, Vollkorn, Molkereiprodukte, Soda und speziell Rosenkohl. Da bleibt natürlich nicht viel auf der Speisekarte übrig. Daher raten wir im Allgemeinen, alle Gerichte mit Bohnen zu meiden sowie alle Gerichte, die viele Molkereiprodukte enthalten, und alle Gerichte, die mit Rosenkohl serviert werden.

Obwohl es ungesund ist, die Gase ständig im Körper zurückzuhalten, müssen Sie notfalls die Pobacken beim frühen amourösen Austausch zusammenkneifen. Denken Sie daran, dass das Furzen nach dem Sex sehr viel gefälliger ist als das Furzen vorher. Unabhängig davon, ob es vorher oder danach geschieht, machen nur die allerschlimmsten Barbaren ein

Spektakel aus ihren Verdauungsemissionen, indem sie den Kopf des Partners unter die Bettdecke zwingen. Solche Kindereien sollte man sich abgewöhnen. Doch wenn es zu zufälligen Emissionen kommt, ist es ähnlich unpassend, deshalb ungehalten zu werden. Sie können die Winde einfach ignorieren oder darüber lachen, was ganz vom Volumen und Gestank abhängt. Es ist ratsam, darüber zu witzeln. So könnte der Furzende beispielsweise ironisch sagen: »Ich werde nicht weiter darauf eingehen, aber tu das nie wieder.« Es ist am besten, solche Vorfälle als schnellen Vorlauf zu mehr Intimität zu betrachten.

Scheidenfurze

Verehrte Damen und Herren, »Furze« aus der Scheide sind in diesem Universum etwas ganz Natürliches, und man kann nichts tun, um sie zu verhindern. Dabei handelt es sich um nichts anderes als die (geruchlose) Freisetzung von Luft aus der Scheide, die dort während der Erregungsphase oder Penetration eingeschlossen wurde. Die Scheide einer Dame dehnt sich, wenn die Betreffende stark erregt ist, und die Luft wird normalerweise ausgestoßen, wenn sich penetrierende Objekte verlagern oder wenn die Scheide in ihren Alltagszustand zurückkehrt, während Sie miteinander schmusen. Wenn Sie den Scheidenfurz nicht ignorieren können (was die meisten Damen und Herren wahrscheinlich tun wollen), sondern sich gezwungen fühlen, einen Kommentar abzugeben, gehen Sie wie beim normalen Furz vor. Das Gesicht zu verziehen ist äußerst rüde und beleidigend. Wenn es bei Ihnen ständig zu Scheidenfurzen kommt und Sie diese Angewohnheit verbergen möchten, könnten Sie eine erotische CD auflegen, die als Sex-und-Schmuse-Soundtrack dient.

Große Geschäfte

Wir kennen keine größere romantische Krise, in der man sich bei einer Verabredung befinden kann, die auf Sex zuzugehen scheint oder bei der Sex scheinbar kurz bevorsteht, als wenn Sie plötzlich das Gefühl haben, unbedingt aufs Klo zu müssen. Zu scheißen oder nicht zu scheißen, das ist hier die Frage, liebe Leser.

Zuerst einmal tun Sie gut daran, solch problematische Situationen durch vorbeugenden Maßnahmen (eine tägliche Dosis Ballaststoffe) zu verhindern. Ein Teelöffel Flohsamenpulver, das Sie morgens in Ihren frisch gepressten Orangensaft einrühren, sorgt für eine Darmentleerung, die so regelmäßig ist wie die Wachablösung, damit Sie Ihre Liebesbegegnungen entsprechend planen können.

Doch nehmen wir einmal an, dass das Schwertfischsteak schlecht war und Sie sich jetzt in der prekären Situation befinden, den Darminhalt während der Verabredung loswerden zu müssen. Wenn Sie sich in der Öffentlichkeit, in einem Restaurant oder einer Cocktailbar aufhalten, schlagen wir vor, dass Sie sich entschuldigen, die Toilette aufsuchen und Ihr Geschäft erledigen. Sie sollten dies jedoch nur tun, wenn es weniger als fünf Minuten dauert, besagtes Geschäft zu erledigen, und keine langen Schlangen vor der Toilette stehen. Wenn die Menschenmengen rüpelhaft sind oder Sie die Befürchtung haben, dass das Öffnen der Schleusentore mindestens eine halbe Stunde auf dem Klo in Anspruch nehmen wird, müssen Sie die Verabredung abbrechen. Seien Sie kein Wagehals oder Märtyrer; täuschen Sie eine unbestimmte Krankheit vor, drücken Sie Ihr Bedauern aus, machen Sie Pläne, die Verabredung an einem anderen Ort und zu einer anderen Zeit fortzusetzen, und verabschieden Sie sich.

Sie sollten keine Gäste zu sich in die Wohnung einladen, wenn Sie tief in Ihren Gedärmen auch nur das leichteste Beben wahrgenommen haben. Denn wenn eine Einladung zu einem Besuch ausgesprochen und akzeptiert wurde, ist es äußerst unhöflich, diese unerwartet rückgängig zu machen. Wenn Sie in dieser Situation plötzlich von starkem Rumpeln heimgesucht werden, stehen Sie vor zwei Übeln, die gleichermaßen unangenehm sind: Sie können Ihren Gast ohne Erklärung hinauswerfen oder ihn ausräuchern. Es ist besser, beides zu vermeiden und lieber auf Nummer Sicher zu gehen.

Sollte sich Ihre Unpässlichkeit erst bemerkbar machen, wenn Sie zum ersten Mal (oder auch zum zweiten oder dritten) Mal bei Ihrem *Partner* zu Hause sind, sollten Sie die Situation abschätzen. Wenn Sie sich sicher sind, dass Ihre Darmentleerung die Wände – aromatisch oder hörbar – durchdringen wird, sodass Ihr Partner Ihren Verdauungsprozess mit Sicherheit zur Kenntnis nehmen wird, ist es klug, die Örtlichkeit zum Zweck der Darmentleerung zu verlassen und Ihr Zwischenspiel zu verschieben. Denken Sie daran: Drängen Sie einer ganz neuen Beziehung nicht mehr Intimität auf, als diese handhaben kann. Schließlich ist es das Geheimnisvolle, das die ersten Verabredungen so magisch macht. Verderben Sie dies nicht, indem Sie die Toilette mit Bremsspuren verunreinigen.

Wenn die Situation nicht *gar so schrecklich* ist und Sie sich sicher sind, dass Sie das Ganze schnell und leise handhaben können, gibt es mehrere Möglichkeiten, das Beste aus einer Scheißsituation zu machen, wie die Tabelle auf den folgenden Seiten zeigt. Natürlich können all diese Maßnahmen nach hinten losgehen, denn jede Lösung könnte ein neues Problem verursachen. Und wenn Ihr Partner besonders klug und aufmerksam ist, werden Sie sich verraten. Daher sollten Sie möglichst diskret sein. (Weiteres dazu in der Tabelle auf Seite 306f.)

Nehmen wir einmal an, dass Sie sich erfolgreich erleichtert haben und zu den amourösen Zuneigungen Ihres Partners zurückgekehrt sind, der zufälligerweise hinsichtlich Ihrer kürzlich durchgeführten Aktivitäten völlig unwissend ist. Wenn verabredet wurde oder wenn es ganz offenkundig ist, dass man Ihre Körperhöhlen intim erforschen wird, oder auch wenn Sie einfach nur die Nacht über bleiben, ist es durchaus akzeptabel, ja, anzuraten, den Gast zu fragen, ob Sie sich duschen dürfen. Erklären Sie, dass Sie einen langen Tag hinter sich haben und sich schmutzig fühlen, dass Sie immer vor dem Zubettgehen duschen, um sich zu entspannen und die Laken sauber zu halten, oder dass es einfach ein Ritual vor dem Sex für Sie ist. Erwähnen Sie *keinesfalls*, dass Sie vor wenigen Minuten eine schwere Last losgeworden sind. Wenn ein Duschbad aus irgendeinem Grund nicht möglich ist, müssen Sie eine Alternative finden, um den gesamten unteren Bereich schnell und

Technik	*Pro*	*Kontra*
Tragen Sie immer Streichhölzer mit sich.	Es ist nicht unfein, Streichhölzer dabei zu haben (speziell, wenn man Raucher ist), und es ist mit Sicherheit bequemer und diskreter, als ein Raumspray mit sich herumzutragen. Ein Streichholz anzuzünden und es sofort zu löschen befreit von allen schädlichen (und abscheulichen) Gerüchen.	Anstelle Ihrer Darmladung könnte Ihr Partner das Streichholz riechen, was genauso verräterisch ist (auch wenn der Geruch angenehmer ist).
Stellen Sie den Wasserhahn an, während Sie auf dem Klo sitzen	Dies *sollte* für ausreichende Geräusche sorgen, um das schweinchenhafte Quieken Ihres Hinterns zu dämpfen.	Wenn Sie Ihr Geschäft nicht schnell erledigen, könnten Sie den Eindruck erwecken, dass Sie sich zwanghaft die Hände waschen müssen. Sie könnten den Partner sogar unabsichtlich beleidigen, wenn dieser auf Umweltfragen und Wasserkonservierung empfindlich reagiert.
Husten Sie.	Wenn Ihr Timing untadelig ist, können Sie auf diese Weise durch Darmwinde verursachte Geräusche und das gefürchtete »Plopp« verschleiern.	Der andere könnte befürchten, dass Sie heimlich rauchen oder an Schwindsucht leiden.
Dämpfen Sie das Tuten mit Toilettenpapier.	Wenn vernehmbare Darmwinde Ihr Hauptproblem sind, können Sie vorsichtig einen Stoß Toilettenpapier an den After drücken, um das Geräusch zu dämpfen.	Obwohl dies wunderbar funktioniert, ist anzunehmen, dass die Blockierung des natürlichen Gasweges nicht gerade gut für die Konstitution ist.

Technik	*Pro*	*Kontra*
Ziehen Sie zweimal ab.	Noch einmal abzuziehen, nachdem die Stoffwechselprodukte hinweggespült wurden, kann helfen, den Restgeruch zum Teil wegzuzaubern.	Das bedeutet, dass Sie nach dem Hinternabputzen ein zweites Mal abziehen müssen, was dem anderen nahe legen könnte, dass Ihre Kreation gigantisch war – kein schönes Bild vor dem Sex.
Schütten Sie Flüssigseife in die Kloschüssel.	Wenn neben dem Waschbecken Flüssigseife steht, können ein, zwei Spritzer in die Kloschüssel vor dem Abziehen erfrischend wirken.	Zu viel könnte übermäßig viel Schaum verursachen – eine rätselhafte Entwicklung für den anderen, wenn dieser als nächster die Toilette aufsucht. Sie könnten immer wieder abziehen, aber dann besteht das unter dem zuvor genannten Kontra beschriebene Risiko.
Werfen Sie zuvor Toilettenpapier in die Kloschüssel.	Wenn Ihre Ablagerung eine besonders lange Entfernung zurücklegen muss, bevor die Wasseroberfläche durchbrochen und daher wahrscheinlich ein lautes unhygienisches Platschen verursachen wird, können Sie einen Landeplatz aus Toilettenpapier basteln, um den Fall zu bremsen.	Dies ist nicht sehr ratsam, da zu viel Toilettenpapier das WC verstopfen könnte. Wenn Sie sich die eilige Suche nach einem Pümpel vorstellen, die intensive Reinigung und die Chance, dass der andere optischen Kontakt mit dem frischen Inhalt Ihres Enddarms haben könnte, ist es tausendmal schlimmer, als wenn der andere einfach nur annimmt, dass Sie wie jeder normale Mensch auch mal aufs Klo müssen.

diskret im Badezimmer zu waschen. Dabei sollten Sie darauf achten, dass keine Toilettenpapierstückchen zurückbleiben.

Selbst wenn keiner von beiden das Gefühl hat, aufs Klo zu müssen, besteht immer die Chance, ein wenig Schmutz zu entdecken, wenn man sich analem Sex hingibt. Reife Damen und Herren wissen, dass dies einfach eine Tatsache des Lebens ist. Sie machen keinen Aufstand, wenn der Nagel des Ringfingers nach einigem Herumstochern mit der Nagelbürste gut gereinigt werden muss, und sie bekommen keinen Anfall, wenn das Kondom nach dem Herausziehen nicht genau dieselbe Farbe hat wie beim Einführen. Natürlich kann dies zum größten Teil durch die Aufnahme von Ballaststoffen, wie zuvor empfohlen, vermieden werden und indem Sie sich mit der korrekten und höflichen Durchführung von analem Sex vertraut machen.

Menstruationsblut und andere spaßige Flüssigkeiten

Viele Damen und Herren nehmen fälschlicherweise an, dass Sex während der Menstruation (bestimmte religiöse Traditionen ausgenommen) nicht zulässig ist. An der Natur ist nichts Unschickliches – unschicklich sind lediglich die kindischen und sexistischen Reaktionen darauf. Ja, natürlich haben Sie ein Anrecht auf Ihre Vorlieben, und es ist nicht schändlich oder falsch, wenn Sie Ihr Liebesspiel ohne einen Anflug von Röte bevorzugen. Es ist jedoch eine Verletzung der Etikette, die eigene Philosophie diesbezüglich taktlos dem Partner aufzuerlegen, womit Sie dessen persönliche Ansichten oder seinen Körper beleidigen. Und falls sich der Mond mitten im Koitus unerwartet auf die Lenden Ihrer Partnerin auswirkt, dürfen Sie keine Abscheu zeigen oder Schreckensschreie ausstoßen. Selbst wenn Sie beide vereinbaren, die Gewässer des Roten Meeres zu durchschiffen, müssen Sie unreifen Impulsen widerstehen und dürfen kein »Iiih« über Ihre Lippen kommen lassen, wenn die Reise beendet ist und die Reinigung durchgeführt wird. Dies gilt für alle Körperflüssigkeiten, sei es Blut, Urin, Samen oder weibliches Ejakulat. Falls Sie Angst um Ihre Bettlaken haben, legen Sie einfach ein dunkles Handtuch unter. Und glauben Sie nicht, Schutz sei nicht erforderlich, denn eine Schwangerschaft ist immer noch möglich, und die Wahrscheinlichkeit, Geschlechtskrankheiten zu übertragen, nimmt bei der Gegenwart von Blut zu. (Weitere Informationen zu Samen, weiblichem Ejakulat und Urin finden Sie auf den Seiten 186ff. und 207f.)

Safer Sex

Sex ist schon seit langem ein akzeptables Gesprächsthema am Esstisch. Es ist schick, Schmutzigkeiten zu sagen, und *de rigueur*, Neigungen wie die Löffelstellung oder das Spanking zuzugeben. Sie werden jedoch nie zu hören bekommen, dass Ihre Freunde beim Sex keine Vorsichtsmaßnahmen ergreifen. Das tut man einfach nicht!

Und dennoch kommt es immer wieder vor – nicht nur bei ungebildeten Teens oder betrunkenen Studenten. Auch Menschen, die sich für Damen und Herren halten, machen sich dessen schuldig. Kluge, anständige Menschen, die für Wohltätigkeitsorganisationen spenden, bei Friedensmärschen mitmachen und mit geschlossenem Mund kauen. Menschen, in deren Medizinschrank die neuesten Latexprodukte lagern. Menschen, mit denen Sie *Beziehungen* haben.

Wir dürfen das jedoch nicht dem Gruppenzwang oder jenen unerträglichen jungen Kerlen zuschreiben, die der Partnerin weismachen wollen, es fühle sich an, als ob man mit behandschuhter Hand klatsche. Vielmehr liegt ein *Mangel* an Gruppenzwang unter Erwachsenen vor – die einfache, gemeinsame Entscheidung, die Tatsachen zu ignorieren. Wie bei einer Mutprobe warten die Beteiligten darauf, dass der andere das vorbeugende Mittel anbietet, bis es sozusagen Zeit zu spielen ist ... das Spiel läuft ... und dann plötzlich vorbei ist.

Man könnte es als Geschlechtskrankheiten-Überdruss bezeichnen, vielleicht weil den grundlegenden Tatsachen, die wir auswendig kennen, nicht durch Aufsehen erregende Schlagzeilen auf der Titelseite der Zeitung ein Stoß versetzt wurde. Vielleicht sind wir auch abgestumpft, weil diese Opfer alle auf einem anderen Kontinent zu leben scheinen. Und da AIDS hier im Westen eher ein permanenter, aber behandelbarer Zustand scheint, hat selbst der König der sexuell übertragbaren Krankheiten einen Teil seiner Macht verloren.

Also: Auch wenn wir Geld für Kampagnen wie »Kondome für Afrika« spenden und andere Regierungen und multinationale Pharmaunternehmen verurteilen, weil sie keine Medikamente zu angemessenen Preisen zur Verfügung stellen, sollten wir daran denken, dass die eigene Familie zuerst kommt.

Wirklich kluge Damen und Herren wissen, dass ihre Art nicht vor unerwünschten Schwangerschaften oder Krankheiten immun ist, dass Weltgewandtheit kein Schutz vor Infektionen ist. Und hier geht es nicht nur um HIV, sondern auch um Herpes, HPV, Gonorrhöe, Chlamydien-Infektionen, Hepatitis B und so weiter und so fort. Die Vernunft gebietet, dass wir hinsichtlich unseres Schutzes und des Schutzes unserer Partner stets Sorgfalt walten lassen. Denn wenn Etikette letztendlich dazu dient, zu verhindern, dass wir einander vernichten, sind regelmäßige Tests, Kommunikation bezüglich der persönlichen sexuellen Geschichte und die Verwendung von Schutz- und Verhütungsmitteln allerbestes schickliches Benehmen. Damen und Herren, die sich nicht daran halten, verdienen nicht das Vergnügen, das ihre Genitalien ihnen schenken können.

Es ist keine Zumutung, gemeinsame Tests für alle sexuell übertragbaren Krankheiten zu fordern, bevor man mit einem neuen Partner herumbumst. Desgleichen ist es nicht unhöflich, auf die Verwendung von Schutzmitteln zu bestehen, bis sechs Monate seit dem letzten Beischlaf mit dem vorherigen Partner (oder einem Nebenpartner) vergangen sind, alle Tests über sexuell übertragbare Krankheiten (am Ende dieses Zeitraums) negativ zurückgekommen sind und Ihr Partner sich Ihr Vertrauen verdient hat.

Kondome

Es ist die Pflicht jedes sexuell aktiven Bürgers, vorbereitet zu sein. Besorgen Sie sich nur die allerbesten Schutzmittel: Hochwertige Verhütungsmittel sind nicht nur Zeichen eines guten Charakters, sondern fühlen sich auch einfach besser an. Verehrte Damen, erwarten Sie nicht, dass dafür allein der Partner zuständig ist: Sie sollten diesbezüglich Ihre eigene Meinung – und Vorräte zur Hand – haben. Man kann nie zu viele Qualitätskondome im Haus haben, aber man *kann* ein wenig Diskretion bei ihrer Art der Aufbewahrung üben: Eine überquellende Nachttischschublade könnte von bescheideneren Lovern als Anzeichen Ihres »Playa«-Status falsch interpretiert werden. Wohlerzogene Lover machen sich mit der richtigen Lagerung von Verhütungsmitteln vertraut (ein kühler, trockener, nicht überfüllter Ort, der nicht von Nachbarn eingesehen werden kann, die unerwartet vorbeikommen, um sich etwas Zucker zu leihen) und damit, wie man sie richtig verwendet und trägt (das, liebe Freunde, bedeutet, die Anweisungen sorgfältig zu lesen).

Selbst wenn Sie sich erst in jüngster Zeit haben testen lassen, müssen Sie der Bitte eines Partners Folge leisten und sich schützen, denn es besteht nicht nur die Gefahr einer unerwünschten Schwangerschaft, sondern immer auch die Chance, dass man Träger einer Krankheit ist, die bei den Standardtests nicht entdeckt wurde. Es ist äußerst unschicklich, sich über die »gefühlsbetäubenden« Wirkungen eines Kondoms zu beklagen. Und es ist völlig barbarisch, einen Partner unter Druck zu setzen, damit dieser ungeschütztem Sex zustimmt (was auch für alle anderen Sexualpraktiken gilt), speziell wenn besagter

Verhütungsetikette für den Herrn

Genau wie es nicht automatisch in der Verantwortung des Herrn liegt, die Kondome zu besorgen, ist es nicht allein Aufgabe der Dame, für andere Methoden der Schwangerschaftsverhütung zu sorgen. Bieten Sie Ihrer Dame an, Sie zum Arzt oder zu Pro Familia zu begleiten. Wenn Sie in einer festen Beziehung leben oder nur regelmäßig Sex haben, ist es höflich, anzubieten, dass Sie sich die finanzielle Belastung der Schwangerschaftsverhütung teilen, ja, Sie sollten darauf bestehen. Wenn eine neue Pille bei Ihrer Freundin vorübergehend für Wahnsinn sorgt, sollten Sie immer verständnisvoll, einfühlsam und geduldig reagieren. Nur Wilde geben dem Drang nach, ihrer Wut Ausdruck zu verleihen, wenn die Partnerin unfreiwillig aufgrund künstlicher Hormone emotional Achterbahn fährt, damit Sie *beide* die Vorteile sorgloserer sexueller Begegnungen genießen können.

Lover ein leicht zu beeindruckendes junges Blatt am Baum sexueller Erfahrung ist. Falls das Kondom oder das Dental Dam bei einer besonders lebhaften Begegnung platzt, dürfen Sie keine Sekunde lang auch nur denken, dass ein möglicher Schaden nun bereits angerichtet *wurde*, warum sich also weiter mit Schutzmaßnahmen abmühen? Wenn Sie »die Wurst verstecken« spielen wollen, werfen Sie die traurigen Überreste des zerrissenen Kondoms oder Dams ruhig weg und besorgen sich sofort ein neues.

Blinde Passagiere im Genitalbereich

Wir kannten einst einen jungen Mann von außergewöhnlichem Charakter, der eines Tages mit einer Entzündung an seinem königlichen Glied aufwachte. Bald entdeckte er, dass er wie ein Fünftel der Amerikaner an Genitalherpes litt. Als verantwortungsbewusster Bürger gelobte er, mit allen potenziellen Partnerinnen das Herpesgespräch zu führen. Im ersten Jahr seiner Infektion war er heldenhaft offen, was seine Krankheit und seine Gefühle für seine potenziellen Sexpartnerinnen betraf, und auch in Bezug darauf, wie man bei einem Minimum an Risiko sexuell kreativ sein kann. Doch diese Gespräche schienen immer das Ende der potenziellen Beziehung zu markieren; die fraglichen Damen verschwanden stets aus seinem Leben, nachdem sie diese Neuigkeit erfahren hatten. Von Kummer überwältigt, fand er sich mit einem Leben der Abstinenz ab und trat in eine Abtei ein, wo er zurzeit sehr populäre CDs mit gregorianischen Gesängen produziert.

Diese traurige Katastrophe, die unseren Freund und viele andere heimsuchte, hätte vermieden werden können. Damit meinen wir nicht die Infektion als solche, sondern vielmehr, dass diese Infektion nicht das Leben ruinieren sollte. Denn die Krankheit ist weit verbreitet – fast so wie ganz normale Erkältungen. Wie man mit einer solchen Krankheit *umgeht*, trennt die Spreu vom Weizen. Unser klösterlicher Freund war ursprünglich auf dem richtigen Weg. Tatsächlich sollten Bürger wie er eine Ehrenmedaille für ihre Tapferkeit und Ehrlichkeit im Angesicht der Gefahr erhalten (oder zumindest im Angesicht vorübergehender Keuschheit). Wenn sich alle so wie er genötigt fühlen würden, ihre Sexualgeschichte umfassend zu offenbaren, würden wir in einer gebildeteren, gesünderen und harmonischeren sexuellen Gesellschaft leben. Wir wären besser über sexuell übertragbare Krankheiten informiert und daher besser dafür gerüstet, solche Nachrichten mit Fassung aufzunehmen. Statt mit Dankbarkeit und Lob begegnete man seiner Offenheit mit rüder Abweisung – ein lähmender Schlag, von dem er sich nicht erholen konnte. Also, liebe Leser, wenn Sie bei einem solchen Gespräch *Empfänger* einer derartigen Nachricht sind, sollten Sie mit jeder Faser Ihres Wesens versuchen, sie sich bereitwillig anzuhören. Ehrliche Äbte sollten für ihr Verhalten belohnt werden – natürlich nicht mit ungeschütztem Genitalkontakt, sondern zumindest mit einer höflichen und mitfühlenden Reaktion. Die Betreffenden sind wahrscheinlich besser informiert als die meisten Ihrer weniger kommunikationsfreudigen Lover. Natürlich hat jeder Bürger das Recht, einen Partner aus welchem Grund auch immer stehen zu lassen, aber es ist unverzeihlich, davonzurennen. Bevor wir dem Betreffenden den Rücken zukehren, werden die Nachdenklichen unter uns einen Augenblick lang in Betracht ziehen, dass wir den einen, wahren Seelenpartner stehen lassen und auf eine Zukunft ewiger Einsamkeit zusteuern könnten.

Leider sind nicht alle so zivilisiert und rücksichtsvoll, und Ehrlichkeit ist nicht immer der schnellste Weg zu besonders viel Sex. (Daher gibt es so viele Lügner und Betrüger ... die zweifellos bis in alle Ewigkeit dazu verdammt sein werden, die schlechten Tischmanieren von Kindergartenkindern zu korrigieren, die zu viel Schokolade gegessen haben, während die heißen Flammen der Hölle an ihren Rücken schlagen.) Doch wenn Sie ein Geschenk erhalten haben, das sich weiterverschenken lässt, müssen Sie das eingestehen. Leugnen, Ignoranz, Geilheit, Angst vor der Einsamkeit oder weitschweifige Erklärungen sind Entschuldigungen, die nur von schlecht erzogenen Kretins vorgebracht werden. Das Bumsen von Damen und Herren sollte nicht als Recht, sondern als Privileg betrachtet werden, das man sich durch ehrliche Kommunikation über den Körper – und wo er gewesen ist – verdienen muss.

Wir versichern Ihnen, dass das Gespräch nicht so traumatisch sein muss wie einer Achtjährigen mitzuteilen, dass ihr geliebtes Pony gestorben ist. Machen Sie keinen zu großen Wirbel darum, aber übertünchen Sie es auch nicht. Es ist nicht unhöflich, anzunehmen, dass Ihre neuen Partner nichts wissen und dass Sie ihnen Grundkenntnisse vermitteln müssen, denn obwohl Sex in unserer zeitgenössischen Kultur eine so große Rolle spielt, leben die meisten Menschen noch im Mittelalter, was die Bildung bezüglich sexuell übertragbarer Krankheiten betrifft. Es ist falsch, anzunehmen, dass Sie umfassende Kenntnisse besitzen, nur weil Sie ein bestimmtes Leiden haben. Machen Sie Ihre Hausaufgaben, damit Sie mögliche Fragen des Partners korrekt beantworten können. Die Gesundheitsämter und ihre Beratungsstellen haben keine einheitliche Internetadresse, aber über Google können Sie mit den Stichworten »Beratung« sowie »sexuell übertragbare Krankheiten« die Beratungsstellen der Städte und Landkreise erreichen, wie etwa gesundheitsamt-berlin.de. Andere höfliche Menschen sind bei profamilia.de anzutreffen.

Anschließend gewähren Sie Ihren Partnern Zeit, die Neuigkeit zu verdauen. Verweisen Sie sie auf die oben erwähnten Quellen, sodass sie eigene Nachforschungen anstellen und eine sachkundige Entscheidung treffen können. Setzen Sie einen Partner nie unter Druck, damit er eine Antwort gibt, schreiben Sie ihm nicht vor, welche Gefühle er diesbezüglich haben sollte, und versuchen Sie nicht, ihn hereinzulegen, indem Sie dafür sorgen, dass er sich in Sie verliebt, bevor Sie Ihr Geständnis ablegen. Doch mit jeder Faser Ihres Wesens zu hoffen, dass sich der Betreffende in Sie verliebt, ist zulässig.

Wenn Sie Ihren Partner erstmals mit Ihrer Situation vertraut machen, sollten Sie die jeweilige sexuell übertragbare Krankheit, unter der Sie leiden, nicht mit zu viel Eifer erwähnen. (»Ach ja? Du machst wegen Genitalwarzen Schluss mit mir? Ich wette, alle deine Ex-Partner waren infiziert und zudem lügende Arschlöcher.«) Stattdessen führen Sie einfach die Tatsachen auf, wie es sich für alle kultivierten und gut aussehenden Bürger mit sexuell übertragbaren Krankheiten gehört.

Ein letzter Hinweis: Wenn Sie eine sexuell übertragbare Krankheit haben – seien es Parasiten wie beispielsweise Filzläuse, von denen man sich innerhalb weniger Tage befreien kann, oder ein Virus wie Herpes, der Sie ein Leben lang begleiten wird –, ist es vor allem wichtig, dass Sie *sich selbst* sowohl körperlich als auch emotional gut behandeln. Sprechen Sie mit Ihrem Arzt über die richtige Methode, denn selbst Viren, für die es keine Heilung gibt, lassen sich mit hemmenden Medikamenten *behandeln*. So ist es beispielsweise möglich, die Schwere und Häufigkeit von Herpesausbrüchen zu verringern und auch die Erholung von wunden Stellen mit Medikamenten zu beschleunigen. Die Stärkung des Immunsystems hilft zusätzlich bei der Erholung oder der Handhabung *jeder beliebigen* sexuell übertragbaren Krankheit. Nehmen Sie daher täglich ein Multivitaminpräparat ein, und verzichten Sie auf Junk Food, Alkohol, Zigaretten und Drogen (oder genießen Sie diese Dinge zumindest in Maßen). Wenn Sie sich eine Geschlechtskrankheit fürs Leben zugezogen haben, wenden Sie sich an einen Therapeuten oder eine Selbsthilfegruppe, denn jeder Bürger verdient es, einen Ansprechpartner zu haben, bei dem er seinen Frust loswerden kann. Sie könnten auch eine Website mit Kleinanzeigen von Menschen in ähnlichen Situationen anklicken. Wenn Sie dort nicht die Liebe Ihres Lebens finden, wird man Ihnen zumindest mit Trost, Mitgefühl und Ratschlägen zur Seite stehen. (Um einen Überblick über alle Monster zu erhalten, die im Schlafzimmer auf Sie lauern, lesen Sie in unserem Buch *Sex for Winners* nach, oder loggen Sie sich bei einer der bereits empfohlenen Websites ein.)

Versagensangst

Wir kennen eine Dame von gutem Ruf, die meinte, den Mann ihrer Träume gefunden zu haben: attraktiv, charmant, intelligent, wunderbar bescheiden, wohlhabend und, welch Glück!, tadellos ausgestattet. Der Abend, an dem sie ihre Beziehung mit einem Ganzkörperkuss besiegeln würden, war gekommen. Sie freute sich erwartungsvoll auf die reinen Wonnen des Glücks. Liebe Leser, stellen Sie sich ihren Schrecken vor, als seine Zunge sie angriff, als ob ein Salamander einer Fliege zu Leibe rücken würde. Die Situation wurde noch schlimmer, als sie feststellen musste, dass er in allen Bereichen der Liebeskunst ähnlich ungeschickt war: keine gekonnten Bewegungen, keine Raffinesse, kein Takt.

Viele unbefriedigte, verblüffte Lover beißen sich auf die Zunge und fassen ihre Frustrationen nicht in Worte, weil sie zu feige sind, deutlich zu werden. Entweder haben sie den Betreffenden *einmal* geliebt und sind gegangen, oder sie haben sich einfach daran gewöhnt. Zweifellos waren sie der Meinung, dass es höflich sei, die Gefühle des Lovers zu schonen, aber in Wirklichkeit haben sie sich vor der Bürgerpflicht gedrückt, sexuelles Wissen an ihre Bettgefährten weiterzugeben. Bürger der Welt, es liegt in Ihrer Verantwortung, einen Lover weiser zurückzulassen, als Sie ihn vorgefunden haben. Nur *Sie* können abscheulichen Sex verhindern.

Natürlich meint niemand, dass er im Bett etwas zu wünschen übrig lässt. Einige mögen hinsichtlich ihrer oralen Fähigkeiten oder der Anzahl von Stellungen und Öffnungen in ihrem Repertoire unsicher sein, aber *jeder* glaubt, dass er das Grundsätzliche fest im Griff hat. Jeder meint, er sei ein guter Küsser. Bei amourösen Aktivitäten, die als *erworbene* und nicht als angeborene Fähigkeiten gelten, wird das Vermitteln und Erhalten von Anweisungen erwartet, ja, sogar ermutigt. Doch Kritik am sexuellen *Stil* des Betreffenden? Das wäre ähnlich wie ihm zu sagen, er lache »inkorrekt«.

Leider ist dies genau das, was die anständigen Bürger unter uns tun müssen (natürlich auf die allerfreundlichste Art und Weise), wenn wir jahrelange schlechte Bettgewohnheiten bei einem Lover rückgängig machen wollen – oder diesem Lover zumindest beibringen wollen, wie *wir* unseren Sex mögen. Zuerst einmal müssen wir uns jedoch sicher sein, dass wir nicht sexuellen Faschismus mit sexueller Erziehung verwechseln. Wir sind alle Individualisten mit ganz eigenen Geschmäckern. Der kultivierte Bürger weiß, wie man zwischen einem Lover mit falschen Bewegungen und einem Lover unterscheidet, der diese Bewegungen in einer einzigartigen Reihenfolge durchführt.

Wenn Sie Ihre Motivation überprüft und festgestellt haben, dass sie tatsächlich philanthropisch ist, dürfen Sie sich mit reinem Gewissen ans Werk machen. Zuerst sorgen Sie für ein positives Umfeld, indem Sie Ihrem Schüler all die Dinge mitteilen, die Sie an ihm bewundern, angefangen bei seiner Bescheidenheit bis hin zu seiner Männlichkeit oder Weiblichkeit. Dann dürfen Sie ihm sagen, dass Sie, was das Fleischliche betrifft, nicht dieselbe Verbindung spüren, aber dass Sie nichts lieber tun würden, als einen solchen Funken zu erzeugen. Es wäre taktlos, Ihrem Gegenüber vorzuwerfen, dass er im Bett

Entschuldigung nicht angenommen

Damen und Herren entschuldigen sich, wenn sie versehentlich auf der Straße mit jemandem zusammenstoßen oder wenn sie einen Fremden mit jemandem verwechseln, mit dem sie einmal geschlafen haben – aber *nicht*, wenn sie nicht kommen, beim Deepthroating würgen müssen, wenn unabsichtlich ein Furz losgeht oder wenn sie eine bestimmte sexuelle Aktivität einstellen möchten. Man sollte sich beim Sex *nur dann* entschuldigen, wenn man beim 69 oder bei einem Dreier dem Lover mit dem Ellbogen einen Schlag auf die Nase versetzt hat.

lausig ist; stattdessen lassen Sie sich von den Pop-Psychologen im Fernsehen inspirieren und reden von sich selbst. Zum Beispiel: »Ich brauche X unbedingt, ich mag es wirklich, wenn du Y machst, ich habe gehofft, dass du ganz vorsichtig dein Z in mein O stecken könntest«, statt zu sagen: »Du machst alles falsch.« Außerdem ist es vornehm, möglichst spezifisch und positiv zu sein: »Oh mein Gott, als du mit deiner Zunge immer wieder eine Acht gemacht hast, war das wahnsinnig toll«, statt zu sagen: »Meistens bist du ziemlich übel beim oralen Sex.« Wenn etwas *ganz und gar* im Argen liegt, sollten Sie kein Märtyrer sein und schweigen; bieten Sie freundliche, vorsichtige Kritik zusammen mit ein paar praktischen Vorschlägen an. Also: »Ein bisschen weicher, Liebling. Lass uns etwas mehr Gleitmittel nehmen.«

Verküss dich

Hier finden Sie höfliche Entschuldigungen, die helfen können, die wilde Zunge eines Lovers in ihren Käfig zu verbannen und Ihre Beziehung in die richtige Bahn zu lenken:

- **Das öffentliche Ärgernis:** »Hoppla, wir wollen auch nicht übertreiben. Ich habe nichts gegen Zärtlichkeitsbekundungen in der Öffentlichkeit, aber wir sollten sie wegen der Kinder jugendfrei gestalten.«
- **Spiel für Langweiler:** »Ich kenne dieses wirklich coole Spiel. Dabei küsst man sich, ohne etwas außer den Lippen zu berühren, das heißt, auch die Zunge und alle anderen Körperteile sind passé. Hast du Lust?«
- **Vorspiel für Narren:** »Liebling, leg dich hin, entspann dich, und lass mich die *ganze* Arbeit tun. Du musst dich kein bisschen bewegen. Nein, das meine ich im Ernst, beweg dich nicht!«
- **Das Attest vom Arzt:** »Mein Zahnarzt hat gesagt, dass wegen meines Wurzelkanals keine fremden Objekte in meinen Mund gelangen dürfen, beziehungsweise nur durch einen Strohhalm.«
- **Die Barry-White-Entschuldigung:** »Wow, yeah, Baby, ich liebe deine schönen, geschmeidigen Lippen, oooooh, sie sind so rund und rot, oh oh oh, ich will sie die ganze Nacht über lieben, wiiiiiirklich weich und wiiiiiiirklich langsam, Baby.«

- **Das stumpfe Instrument:** »Ich genieße diese nassen Küsse hin und wieder, aber die Leute sind schon neugierig wegen der Zahnspuren. Bitte sei auch mal sanft zu mir. Jetzt kannst du mich küssen, du Narr!«

Versuchen Sie nicht, Ihren Partner in einer Sitzung neu zu programmieren. Reife Damen und Herren gehen solch delikate Dinge langsam an. Spielen Sie kleine Spiele, die den Sex retten, aber das Ego verschonen. An einem Abend konzentrieren Sie sich auf Aktivitäten, die viel Hautkontakt bieten, ohne dass es dabei zum Sex kommt – beispielsweise eine Ganzkörpermassage. Dies bietet Gelegenheit, den Partner körperlich zu genießen, ohne sich sorgen zu müssen, dass alles ruiniert wird, wenn es zur Sache geht – und ist gleichzeitig eine Unterrichtsstunde in sinnlicher Finesse. An einem anderen Abend könnten Sie ein Spiel vorschlagen, bei dem der Betreffende Ihnen alles nachmacht: Sie küssen oder berühren ihn so, wie Sie geküsst oder berührt werden möchten, und er macht es Ihnen nach. Sie müssen ihn lobend ermuntern, wenn er es Ihnen wie ein Spiegelbild gleichtut. Sie könnten auch vorschlagen, voreinander zu masturbieren, sodass Ihr Schüler zuschauen und sich sorgfältige Notizen machen kann. Wagemutigere Damen und Herren könnten den Partner fesseln, sodass er sich nicht bewegen kann, ihm vorsichtig einen Knebel in den Mund stecken, damit er nicht küssen kann, und dann alles mit ihm tun, was das Herz begehrt.

Zumutungen

Wenn Ihr Partner eine neue Technik ausprobiert, die Sie kalt lässt, gehört es sich nicht, zu gähnen, verärgert zu seufzen oder geistesabwesend die Nagelhaut zu untersuchen, um schweigend eine »Feuerpause« zu vermitteln. Machen Sie einfach lächelnd oder mit heißer Stimme einen Alternativvorschlag: »Lass uns mal das probieren!« Damen oder Herren meiden demoralisierende Ausbrüche wie: »Nein, nicht da, du Anfänger!« Ein gelegentliches »Autsch« darf nur in Notfällen verwendet werden, obwohl Damen oder Herren stets versuchen, solche Ausbrüche mit einem höflichen Lachen zu glätten, nachdem der Schmerz nachgelassen hat, damit das Selbstbewusstsein desjenigen, der Vergnügen bereitet, keinen schweren Schlag erleidet.

Während dieser Lektionen ist es nicht unhöflich, schmutziges Bettgeflüster in Anweisungen umzuwandeln – und umgekehrt. Sie sollten jedoch daran denken, dass dies nicht ihr eigener, persönlicher Vaginamonolog ist: Auch Ihr Lover sollte sagen dürfen, was er sich wünscht und braucht, damit Sie nicht als Tyrann in Sachen Sex dastehen.

Hänschen und Hans

Es ist unbestreitbar eine Verletzung der Etikette, einem bestimmten Sexualakt so viel Bedeutung beizumessen, dass man gewillt ist, eine ansonsten völlig befriedigende Beziehung aufzugeben, nur weil dieser Wunsch verneint wird. (Das ist besonders abscheulich, wenn es sich bei dieser Beziehung um eine Ehe handelt.) Die Drohung, den anderen zu verlassen, wenn gewisse »Bedürfnisse« nicht erfüllt werden – beispielsweise ein Buttplug, der einem in den Hintern gesteckt wird –, ist *furchtbar* vulgär. In Beziehungen geht es darum, Kompromisse zu finden, und bisweilen muss man die Gummikleidung aufgeben, um Unterstützung und einen Gefährten fürs Leben zu gewinnen.

Wir würden jedoch unsere Pflicht vernachlässigen, wenn wir nicht darauf hinweisen würden, dass zu einem Kompromiss immer zwei gehören. Ist es nicht ähnlich dickköpfig und ungnädig, den speziellen Wunsch eines liebevollen Partners nicht zu erfüllen, weil es da ein irrationales Vorurteil aus einem anderen Leben gibt? Natürlich befürworten wir es keinesfalls, dass Sie etwas tun, das Sie für unmoralisch, erniedrigend oder schmerzhaft halten, beispielsweise das Anschauen von Kinderpornos, das Tragen einer Nixon-Maske beim Sex oder analer Sex ohne Gleitmittel, nur weil jemand Sie dazu auffordert. Doch schadet es unserer Meinung nach nicht, *auf sichere Weise* weniger traditionelle Sexualakte auszuprobieren, beispielsweise das Umschnallen eines Dildos oder das Fisten mit einem Menschen, mit dem Sie besonders intim sind. Statt auf unvertrautes Gebiet impulsiv und mit einer Reflexreaktion zu reagieren, könnten Sie ein paar Nachforschungen anstellen und herausfinden, wie man das Ganze sicher, sauber und angenehm gestalten kann. Falls und wenn Sie entdecken, dass die spezielle Neigung Ihres Partners all diese Dinge sein *kann*, lernen Sie vielleicht auch, es zu genießen. Denn es gibt mehr erfüllende Sexualakte zwischen Himmel und Erde, als Sie es sich je erträumen könnten.

Es besteht kein Grund, sich völlig zu verändern und über Nacht zum Fisting-Aficionado oder Arschpiraten von Penzance zu werden – es ist durchaus höflich, bestimmten Bitten nur an Geburtstagen und gesetzlichen Feiertagen nachzukommen. An allen anderen Tagen reicht es aus, mit Geist, Herz und Körper für neue Dinge (im angemessenen Rahmen) aufgeschlossen zu sein. Schließlich versetzt einer sexuellen Beziehung nichts so sehr den Todesstoß wie die ständige Unwilligkeit, einen Partner auf seiner Lustreise zu begleiten.

Furchtbar heikle Themen

Schon Portia argumentierte vor dem Gericht von Venedig: »Der Gnade Wesen ruht auf keinem Zwang. Sie fällt vom Himmel wie der sanfte Regen.« So sollte auch Ihre Gnade auf einen Lover fallen, der weniger unter einem Problem des Stils als der Ausrüstung leidet.

Frauen haben ihre eigenen Sorgen, was ihren Körper betrifft, aber man kann nicht verneinen, dass Männer, was Leistungsprobleme angeht, den Löwenanteil an technischen Schwierigkeiten tragen. Fast jeder Herr hat schon einmal unter den beiden häufigsten Unwürdigkeiten gelitten, indem er nicht Haltung angenommen und ungebührlich früh angekommen ist. Dies ist besonders häufig (und demütigend) zu Beginn einer Beziehung (wenn Aufregung die Leistung behindern kann), nach einer durchzechten Nacht oder nach einer langen Durststrecke der Fall. Manche Herren leiden auch unter der gegenteiligen Unwürdigkeit (es kann fürwahr eine Unwürdigkeit sein) und kommen ungebührlich spät an – oder überhaupt nicht. Sollten Sie unschuldiger Zuschauer bei solch mechanischem Versagen sein, geben Sie nicht schnell abgedroschene Versicherungen wie: »Ist schon okay, das kann jedem mal passieren«, da dies herablassend und unaufrichtig klingt. Noch weniger sollten Sie beide viel Wirbel um nichts machen – es wäre melodramatisch, aufgrund einer einzelnen, isolierten Fehlfunktion ein medizinisches Problem zu diagnostizieren. Stattdessen retten kultivierte Damen und Herren die Situation – sie ignorieren den erlahmten kleinen Kerl nicht und hetzen ihn mit Sicherheit nicht zur Teilnahme, sondern wählen Aktivitäten, die er auf halbmast genießen kann. Der wohlerzogene Herr geht nie davon aus, dass ein nicht kooperierendes Glied das Ende der Begegnung bedeutet, sondern sieht es vielmehr als unerwartete Gelegenheit, seine Partnerin in den Mittelpunkt zu stellen. Seine Partnerin akzeptiert diese Aufmerksamkeit gnädig und fühlt sich aufgrund des Mangels an Zuwendung auf dem unteren Deck nicht persönlich beleidigt. Der Herr könnte die armselige Vorführung auf die leichte Schulter nehmen und beispielsweise sagen: »Komm schon, Freund, lass mich hier nicht im Stich«, aber es ist vulgär und tut der Stimmung Abbruch, wenn er diesen traurigen Zustand als »Bierschwanz«, »Schlappschwanz« oder mit anderen plumpen Redewendungen bezeichnet, wie die klassenlosen Massen sie gern verwenden.

Was die Damen betrifft, gibt es mehrere Missverständnisse

bezüglich der sensorischen Indikatoren, dass die Frau »bereit« ist, welche bei ihr oder ihrem Partner übermäßigen Stress oder Unruhe verursachen könnten. Wenn sie feucht ist, ist sie bereit, wenn nicht, dann nicht – oder so ähnlich. Zu natürlicher Feuchtigkeit kommt es recht häufig, unabhängig davon, ob die Betreffende im Bett liegt oder im Lebensmittelladen steht. Doch in der Hitze des Augenblicks ist die automatische Produktion von Liebesnektar begrenzt, zumindest bei den meisten Frauen. Während einer Begegnung olympischen Ausmaßes könnte sie daher mit dem Kopf beim Spiel sein, während ihre Flüssigkeit produzierenden Drüsen an der Seitenlinie stehen. Schon Shakespeare machte die kluge Beobachtung, dass der Wunsch die Leistung überleben kann. Zudem kann es durch das Liegen in der Horizontalen erschwert werden, dass es nach unten regnet. Aus diesem Grund ist es nicht unhöflich, die Verwendung künstlicher Gleitmittel für jegliche Untersuchung der Vagina vorzuschlagen. Äußerungen oder Proteste wie »Gleitmittel sind eine Krücke« sind extrem unangemessen.

Ähnlich sind erigierte Brustwarzen nicht immer Anzeichen für sexuelle Erregung. Dabei handelt es sich um einen Mythos, der von neunjährigen Jungen verbreitet wird, die über Fernleuchten Witze machen, um ihre absolute Ehrfurcht vor ihren (wahrscheinlich frierenden) gleichaltrigen Freundinnen zu verbergen. Wenn dieser Mythos erst einmal akzeptiert wurde, kann man sich ihm nur schwer entziehen, zumal heute Brustwarzen, die Haltung annehmen, ein Modeaccessoire mit Sexappeal geworden sind (manche Musik- und Filmstars, die für die unangemessene und protzige Zurschaustellung von Reich-

Sag *meinen* Namen

Wenn Sie an eine andere Person denken, während Sie mit jemandem im Bett sind, seien Sie wortkarg, damit Sie nicht versehentlich den falschen Namen rufen. Wenn Sie unabsichtlich reden, bevor Sie denken, bleiben Sie ruhig, machen weiter, tun so, als ob Sie den Namensirrtum nicht einmal bemerkt haben, und beten zu den Göttern, dass der Partner es nicht gehört hat. Wenn Ihnen die Götter nicht hold sind und Ihr Partner den Namen einer dritten fehlenden Person gehört *hat*, stellen Sie sich taub, aber nur, wenn Ihnen dies überzeugend gelingt. In beiden Fällen müssen Sie sich letztendlich mit größter Demut dem Willen des Partners beugen, erklären, dass es einfach auf die Fehlzündung von Synapsen und einen Versprecher zurückzuführen ist, während Sie im übertragenen Sinn (oder auch buchstäblich, wenn der andere dies wünscht) seinen Hintern küssen. Sollten Sie der Empfänger eines solchen Dolches für die Ohren sein, ist es durchaus richtig, Ihrer Wut und Ihrem Schmerz Ausdruck zu verleihen. Und es ist nicht unhöflich, das Bumsen sofort zu unterbrechen. Doch sehen Sie das Ganze im richtigen Verhältnis. Eine solche Situation ist nicht so schmerzvoll wie ein tatsächlicher Betrug durch Ihren Lover mit diesem Dritten, obwohl es natürlich beunruhigender ist, als wenn Ihr Lover nur eine platonische Tasse Kaffee mit besagtem Dritten getrunken hätte. Verhalten Sie sich entsprechend.

tum bekannt sind, beschäftigen angeblich professionelle Brustwarzenzwicker auf dem Set). Doch die Brustwarzen eines großen Prozentsatzes von Frauen richten sich nicht auf und betteln, wenn die Betreffenden darum *betteln*. Lassen Sie sich also nicht entmutigen, und stampfen Sie auf keinen Fall mit den Füßen, wenn Ihre Brustwarzen nicht wie Mini-Krabben wachsen.

Eine weitere irrige Besessenheit ist der unzuverlässige weibliche Orgasmus. Wenn die Frau einen Orgasmus nicht durch penetrierenden Sex erreichen kann, wird häufig angenommen, dass etwas kaputt ist – sei es aufgrund einer emotionalen Blockade (möglicherweise Bühnenangst oder Probleme mit dem Vater) oder einer Pawlowschen Konditionierung durch ihren Lieblingsvibrator. Dies mögen für manche Frauen legitime Gründe sein, aber bei anderen ist es nichts weiter als die Funktionsweise ihres Körpers. Der Druck, zielorientierten Geschlechtsverkehr durchzuführen, wird nicht helfen und wird daher von einem respektvollen Bürger, der etwas auf sich hält, niemals ausgeübt. Solange alle ihren Spaß haben, sollten Da-

Es gibt einige ungebildete und kleingeistige Flegel, die uns glauben machen wollen, dass Wollust, wenn sie einmal erregt wurde, keinen Raum lässt für Vernunft, Gewissen oder dafür, auf ein Angebot später zurückzukommen. Noch nie zuvor wurde derartiger Unsinn von so vielen für bare Münze genommen. Es sollte ausreichen, derartig anstößige Absurditäten nur zu erwähnen, um sie so zu verdammen, wie es sich gehört.

men und Herren einfach den Ritt genießen, auch wenn er unorthodox sein sollte. (Weitere Informationen zur Orgasmusetikette finden Sie unter der Überschrift »Offizieller Sex« auf Seite 76ff.)

Stilelemente

Stellen Sie sich einmal vor, dass Sie eine Beziehung zu jemandem haben, von dem Sie ganz hingerissen sind: Der Betreffende kennt sich in der Liebe gut aus, ist weiser, als sein Alter vermuten ließe, und verfügt über einen rasiermesserscharfen Verstand. Besonders eindrucksvoll sind seine tadellosen Tischmanieren. Dennoch stehen Sie vor einem moralischen Rätsel. Das Dilemma? Diesem besonderen Jemand mangelt es in einem oder mehreren der folgenden Bereiche: Aussehen, Frisur, Modegeschmack, körperliche Vorzüge und/oder körperlicher Fitness. Und zwar so sehr, dass Sie jedes Mal zusammenzucken, wenn Sie ihn ansehen. Glücklicherweise schließen Sie die Augen, wenn Ihre Lippen aufeinander treffen, und Ihre Abscheu wird vorübergehend herabgesetzt. Sie haben Schuldgefühle, weil Sie sich nach derart oberflächlichen Normen richten, aber dennoch können Sie Ihre Gefühle nicht unterdrücken. Sie sagen sich, dass Ihre Absichten ehrenhaft sind, dass Sie den Betreffenden vor den Beurteilungen anderer schützen wollen, aber letztendlich befürchten Sie, dass man *Sie* danach beurteilen wird, mit wem Sie zusammen sind. Sie fragen sich: Wie kann ich von jemandem, der mir ästhetisch so unangenehm ist, körperlich so sehr angezogen werden? In Augenblicken der Überlegenheit sagen Sie sich, dass Sie besser als Ihr Lover sind. Und dennoch sind Sie verliebt ... fast.

Wenn wir diesbezüglich die Etikette zu Rate ziehen, lernen wir, dass es zulässig ist, von jemandem in ästhetischer Hinsicht nicht angezogen zu werden, aber dass es nicht zulässig ist, sich des Betreffenden zu schämen. Es ist *Ihnen* erlaubt, jemanden nicht für attraktiv zu halten, aber es ist nicht zulässig, sich wegen der Dinge, die andere denken könnten, Gedanken zu machen. Es ist zulässig, zu denken, dass man in einem Bereich besser ist als der Betreffende, aber es ist nicht zulässig, anzunehmen, dass man deshalb im Allgemeinen besser ist. Es ist zulässig, das Aussehen eines Menschen zu beurteilen; es ist nicht zulässig, den *Wert* dieses Menschen nach seinem Aussehen zu beurteilen. Es ist zulässig, den heißen Sex (und seine Gesellschaft) zu genießen, ohne eine ernste Beziehung eingehen zu wollen; es ist nicht zulässig, dem anderen *das Gefühl zu geben*, dass Sie eine ernste Beziehung wünschen, nur damit Sie guten oralen Sex bekommen und über seine Witze lachen können.

Kluge Damen und Herren wissen, dass hinsichtlich der sexuellen Kompatibilität eine Unzahl von Faktoren beteiligt ist. Dabei geht es nicht nur um eine einzelne ästhetische Sache, sondern auch um Chemie, Pheromone, Politik, Kussstile, Kreativität, emotionale Sensibilität, Intelligenz, Sinn für Humor, Vorlieben bei der Schwangerschaftsverhütung, den Perversitätsfaktor, die Fadenzahl der Bettwäsche, Tests über sexuell übertragbare Krankheiten, Selbstachtung, Durchhaltevermögen, Exhibitionismus, Ehrgeiz und Spargelverzehr. Einen oberflächlichen Faktor über alle anderen zu stellen ist so, als würden Sie ihr altes Portemonnaie voller nagelneuer Hunderter in den Mülleimer werfen, nur weil sich eine Naht in Wohlgefallen auflöst.

Es ist durchaus akzeptabel, gewisse Vorlieben in Sachen Schönheit zu haben, aber es ist verabscheuungswürdig, zu einem Schönheitsfaschisten zu werden. Sie können den Tatsachen nicht entgehen, dass die Haut mit dem Alter schlaffer wird, Trübsinn lethargisch macht und Stress zu grauen Haaren führt. Natürlich können wir die Gesetze der Natur mit Hilfe von Drogen oder Chirurgie entsprechend unserer eitlen Launen *beugen*, aber wir können sie nicht brechen. Wir sollten uns vielmehr vor Augen führen, dass gutes Aussehen mit Sicherheit verblassen wird, aber dass persönliche Integrität für immer fortbesteht.

Körperliche Fitness

Genau wie sich Raucher um andere Raucher bemühen sollten, sollten Fitnessstudio-Ratten Gleichgesinnten nachstellen. Denn wenn etwas, das für den Betreffenden so wesentlich ist (wie eine Nikotin- oder Sportsucht), mit der Philosophie und den Gewohnheiten eines Partners kollidiert, werden die Grenzen der Liebe regelmäßig auf die Probe gestellt, und zwar häufiger, als dies normalerweise der Fall wäre. Obwohl sich manche Menschen mit Sicherheit ändern können und dies auch tun, wäre es ein Fehler, jemanden nur aufgrund seines *Potenzials* zu heiraten. Es ist sicherer, davon auszugehen, dass eine

Couch-Potato eher dazu neigen wird, Komfort, Intimität und Stabilität einer Beziehung zu missbrauchen, und daher beginnen wird, sich gehen oder noch mehr gehen zu lassen. Sollte sich diese Annahme als unwahr erweisen, ist dies ein Glücksfall. Wenn nicht, wird zumindest Enttäuschung nie ein Thema sein.

Wenn Sie feststellen, dass Ihr einst aktiver und munterer Partner plötzlich ein Doppelkinn bekommt – nicht aufgrund des natürlichen Alterungsprozesses (den Sie vergeben und zulassen *müssen*), sondern aufgrund von zu viel Brie und Baguette, erstickt man dies am besten im Keim, denn schlechte Angewohnheiten entstehen schnell und sterben nur langsam. Widerstehen Sie dem Drang, ein Ultimatum zu stellen; solche Drohungen sind unter Ihrer Würde. Stattdessen sorgen Sie für ehrliche Kommunikation unter dem Deckmantel gemeinsamer Selbstverbesserung. Zählen Sie die Arten und Weisen, wie Sie Ihren Partner lieben und sich um ihn sorgen, aber geben Sie zu, dass es Ihnen wehtut, mit anzusehen, wie er nicht auf *sich selbst* achtet. Schlagen Sie vor, dass Sie sich gemeinsam durch regelmäßige Tennisspiele oder etwas Bikram-Yoga in Form bringen, damit Sie sich akrobatischem Sex hingeben können, auf den die Mitglieder des Cirque du Soleil stolz wären. Sagen Sie, dass Sie sich gesünder ernähren wollen, damit Sie sich zur Feier Ihrer diamantenen Hochzeit immer noch selbst (oder gegenseitig) füttern können. Letztendlich müssen Sie bereit sein, dieselben Änderungen des Lebensstils neben Ihrem Partner zu erleiden, denn wie bei allen Stilelementen gilt, dass das, was für einen gut ist, auch für den anderen gut ist.

Frisuren

Die Menschen sind bei keinem anderen Stilelement so eigen, sensibel, abwehrend oder unerbittlich wie bei der Haarpflege, speziell im Schambereich. Viele fehlgeleitete Damen und Herren setzen starke Behaarung mit Animalismus und daher Unzivilisiertheit gleich. Doch kein genetisch festgelegter körperlicher Zug ist an sich falsch – dies gilt nur für das *Verhalten*. Wie Sie mit Ihrem eigenen Körperhaar umgehen (oder nicht umgehen), ist allein Ihre Sache – das ist Ihr Recht. Sie dürfen jedoch nicht die Rechte anderer verletzen, indem Sie Ihren eigenen Stil dogmatisch als universalen moralischen Imperativ darstellen und dies mit übertriebenen Behauptungen in Bezug auf Hygiene und die Behinderung oraler Fähigkeiten begründen. Das *einzige* Körperhaar, für das es ein Beschneidungsgesetz gibt, das von allen Menschen befolgt werden sollte, ist das Nasenhaar (siehe »Popel«), aber alles andere sollte über Befragungen oder Beleidigungen erhaben sein.

Sie können unerwünschtes Haar mit Freundlichkeit abtöten. Sagen Sie niemals: »Du musst irgendwas wegen des Bibers in deinem Schoß unternehmen, wenn diese Beziehung gedeihen soll« oder etwas ähnlich Unverschämtes. Erklären Sie stattdessen, dass Sie eine Rasur schon immer zum Teil des erotischen Spiels machen wollten. Alles, was Sie sich von einem Partner wünschen, müssen Sie auch selbst bereit sein, über sich ergehen zu lassen. Wenn das haarlose Arschloch Ihres Partners Ihr Fall ist, müssen Sie bereit sein, sich vornüber zu beugen und die eigenen Backen zu spreizen. Sie müssen ebenso bereit sein, das Pflegeritual durchzuführen, denn wenn

Sie sich etwas wünschen, müssen Sie es selbst tun – sei es, dass Sie für die Rasur des Partners bezahlen oder sich selbst mit dem Rasierpinsel vertraut machen. Beachten Sie jedoch, dass Geräte zur Entfernung von Nasenhaaren oder andere Haarentfernungssysteme kein romantisches Geschenk darstellen.

Wenn ein Partner auf Ihre Bitte eingegangen ist, wäre es furchtbar, wenn Sie das Ergebnis oder das stopplig nachwachsende Haar kritisieren würden. Dieselben Regeln gelten übrigens für alle Instandhaltungen.

Zum Thema Größe

Wir kennen einen gescheiten jungen Künstler namens Spencer Tunick. Er ist in allen möglichen pikfeinen und künstlerischen Kreisen für seine Nacktaufnahmen von Gruppen bekannt, die häufig unerlaubterweise an öffentlichen Plätzen geschossen werden. Tunick, der oft 1000 Teilnehmer für eine Aufnahme zusammenbringt, zieht Menschen aus allen Lebensbereichen an, angefangen bei der zierlichen Studentin über den Bierkenner in mittleren Jahren bis hin zur faltigen, revolutionären Oma. Jeder, der Thema eines seiner Fotos war, weiß, dass das Herunterlassen der Hose inmitten fremder Horden das Gegenmittel für den Körperimageneid ist, unter dem so viele der Popkultur verschriebene Bürger und Pornosüchtige – jene, die gnadenlos mit den Bildern des »perfekten« Körpers von heute bombardiert werden – leiden. Wenn man für Tunick Modell steht, wird man mit dem Anblick (und den Gerüchen) anatomischer Vielfalt konfrontiert. Plötzlich wird man sich der Tatsache bewusst, dass die Supermodels der Welt

Kleidung und Accessoires

Damen tragen niemals Kondom-Ohrringe, Slips, die schamlos über den Grenzen ihrer Kleidung sichtbar werden, oder etwas, das mit dem Playboy-Bunny versehen ist (selbst wenn dies mit ironischer Absicht geschieht). Sie vermeiden um jeden Preis die Zurschaustellung ihrer Furche. Herren tragen niemals Tank-Tops, Jogginghosen, Ohrringe oder die Unterwäsche ihrer Mutter. Schließlich gibt es weder für Damen noch Herren eine Entschuldigung dafür, Unterwäsche für den »Notfall« zu besitzen, vom Tragen ganz zu schweigen. Wenn sie mit Löchern durchsetzt ist oder, Gott behüte!, Flecken aufweist, hat Sie in Ihrer Unterwäschenschublade oder an Ihrer Person nichts zu suchen.

in Wirklichkeit genetische Mutanten sind und die übrigen unter uns einfach nur schöne Menschen. Leider haben die meisten höflichen Menschen weder die Gelegenheit noch die Neigung, an einem solchen Spektakel teilzunehmen. So macht sich im ganzen Land Unsicherheit breit, während die Erwartungen durch die modernen Medien immer höher geschraubt werden.

In Anbetracht dessen wäre es zumindest unschicklich, vom Partner zu fordern, dass er diesen lächerlichen und unmöglichen Erwartungen entspreche, und auf seine Unsicherheiten Jagd zu machen, als sei man auf einer Fuchsjagd. Nur bösartige und unzufriedene Menschen beklagen sich über die körperlichen Nachteile eines Lovers oder drängen ihn gar, sich unters Messer zu begeben. Entscheidungen hinsichtlich körperlicher Vergrößerungen sollten einzig und allein vom individuellen Besitzer der betreffenden Körperteile getroffen werden und nicht aufgrund des Drucks eines ungehobelten Kavaliers. Tatsächlich obliegt es als Geliebtem eines anderen Menschen Ihrer Verantwortung, dem Partner zu helfen, sodass dieser sich in seiner Haut, so wie Mutter Natur ihn geschaffen hat, wohl fühlt. Wenn Penisumfang, Penislänge, Körbchengröße, Schamlippengröße und/oder die Elastizität der Scheide zu Ihren wichtigsten Prioritäten zählen, empfehlen wir Ihnen sehr, sich von längeren intimen Beziehungen mit Menschen fern zu halten, die Ihre Normen nicht erfüllen. Es muss nicht erst darauf hingewiesen werden, dass Sie einen möglichen Partner niemals bezüglich seiner vermeintlichen Fehler in Kenntnis setzen.

Sollten Sie der Besitzer eines Körperteils sein, dessen Sie sich schämen, weil er nicht Ihre selbst auferlegten Normen erfüllt, können wir Sie nur bedauern. Auch wenn wir befürchten, dass Folgendes auf taube Ohren stoßen wird, müssen wir beharrlich sein: Bitte überlegen Sie für einen Augenblick, wie irrational, selbstzerstörerisch und schrecklich unelegant es ist, in Bezug auf Mängel derartige Zwangsvorstellungen zu haben, dass der Sexualgenuss dadurch gehemmt wird. Aller Wahrscheinlichkeit nach sind Sie der Einzige, der diesen anstößigen Körperteil so wenig sexy findet, während andere nur bemerken werden, wie wenig sexy Ihre unsichere Haltung ist. Sie täten gut daran, Geld für eine Operation zu sparen oder Ihr Lebensschicksal im Vergleich zu dem aller kranken und hungernden Kinder auf der Welt gnädig als höchst wünschenswert zu akzeptieren.

Träumen der Penisvergrößerung gebe man sich am besten innerhalb der Grenzen der eigenen Phantasie hin, statt sie in der realen Welt aktiv zu verfolgen, denn Ihre ewige Suche wird mit Sicherheit nicht mehr Ergebnisse bringen als die Arbeit des Sisyphus.

Für Herren, die von Zweifeln bezüglich der Größe ihres Exemplars geplagt werden, gibt es Folgendes zu bedenken. Zuerst sollten die Betreffenden sich mit der Tatsache trösten, dass die Situation selten so schrecklich ist, wie sie annehmen, egal, ob das Exemplar besonders groß oder besonders klein ist. Ferner sollten Sie Ihre »missliche Lage« niemals (auf keinen Fall) in einer Kleinanzeige erwähnen. Wir können nicht deutlich genug betonen, wie viele Männer (zumindest die gut ausgestatteten) diesen Fehler machen. Dies ist genauso ungehobelt, wie den Eltern der Freundin mitzuteilen, dass sie beim oralen Sex gut ist, so unangemessen, wie mit Dinnergästen über den ach so angenehmen Stuhlgang zu sprechen, den Sie an diesem Morgen hatten, so fehl am Platz, wie Ihren Riesenschwanz in Ihrer Kleinanzeige zu erwähnen. Sie müssen auch davon Abstand nehmen, während einer Verabredung davon zu sprechen – zumindest nicht im Ernst. Fassen Sie nicht über den Tisch, um zärtlich die Hand Ihrer Gefährtin zu ergreifen, ihr tief in die Augen zu blicken und feierlich zu verkünden: »Da gibt es etwas, das du wissen solltest ...« oder: »Ich bin nicht so wie andere Männer ...« Es sei denn, Sie haben überhaupt keinen Penis. Und Sie sollten mit Sicherheit nicht die Partnerinnen erwähnen, die gegebenenfalls beim Anblick Ihres Exemplars schreiend davongerannt sind.

Falls Sie unerwartet entdecken, dass der Er eine Sie oder die Sie ein Er ist, und Sie das Gefühl haben, dass man Sie irregeführt hat (ähnlich wie Steve Sanders in jener klassischen Episode des TV-Meisterstücks Beverly Hills 90210), *greifen Sie nicht zu Beschimpfungen oder Faustschlägen. Befreien Sie sich ruhig aus der peinlichen Situation, und sagen Sie kurz: »Ich habe das Gefühl, dass ich maßlos irregeführt wurde. Guten Tag, der Herr, ehm, die Dame!«*

Warum, fragen Sie? Zum einen funktioniert eine Warnung niemals so, wie Sie es sich wünschen – sie wird den potenziellen Partner entweder erschrecken oder seine Neugier erwecken. Doch selbst wenn der Betreffende angewidert ist, wird er wahrscheinlich lange genug in der Nähe bleiben, um seine Neugier zu befriedigen (und eine gute Geschichte haben, die er Freunden erzählen kann). Wenn seine Neugier seine automatischen und daher rüden Annahmen und Reaktionen nicht übertrumpft, haben Sie möglicherweise gerade den einen Menschen verscheucht, der Ihnen wie ein Glasschuh gepasst hätte. Potenzielle Freier auf diese Weise zu informieren weist auf ein medizinisches Problem hin. Und all jene in Ihrer Vergangenheit zu erwähnen, die von der Größe eines gewissen Körperteils angetan waren, ist genauso unmanierlich. Man sollte nie gezwungen sein, sich die unzähligen anderen Personen, die der mögliche Partner mit in sein Bett genommen hat, vorzustellen.

Die einzige Situation, in der es akzeptabel sein könnte, die Größe Ihrer Männlichkeit zu erwähnen, besteht dann, wenn diese Größe tatsächlich der Penisgröße eines Hengstes gleichkommt und das Gespräch einen gewagteren Ton annimmt. Stellen Sie sich beispielsweise folgendes Szenario vor: Sie sind zusammen unterwegs, alles läuft gut, Sie haben ein paar Cocktails zu sich genommen, zweideutige Anmerkungen kommen Ihnen locker über die Lippen, Ihre Partnerin erzählt eine zweideutige Geschichte, die sich ereignet hat, als sie früher mit ihrer Band zelten war, und Sie erwidern bescheiden: »Ich will mich ja nicht selbst anpreisen, aber ich, also, ich habe da etwas in meiner Hose, das man als, ehm, Tuba bezeichnen könnte.« Ein Augenzwinkern. Wenn Ihre Partnerin weitere Einzelheiten wissen möchte, können Sie sehr vage darüber sprechen, ohne auf die schrecklichen Einzelheiten einzugehen. Wenn die Betreffende Sie nicht weiter drängt, lachen Sie darüber. Sie haben sie »gewarnt«.

Ein Wort zum Schluss

Wie bei allen Themen der Etikette können Sie nur für sich selbst verantwortlich sein. Höfliches Benehmen wird am besten durch das eigene Beispiel verbreitet. Daher tun Damen oder Herren, die sich unter eleganten, höflichen und attraktiven Menschen aufhalten wollen, gut daran, immer nach Eleganz, Höflichkeit und Attraktivität zu streben. Es beginnt mit Ihnen, liebe Freunde, und wenn Ihnen das Glück hold ist – und fürwahr, es bevorzugt gute Manieren –, dann könnten Sie einen ähnlich wohlerzogenen Bürger auch in Ihrem Schlafgemach wieder finden.

Danksagung

Für unsere Familien, die uns gutes Benehmen gelehrt haben: Allyson, Taylor, Jane und Bob Sharkey, Sandy Sharkey und Jim Williams sowie Becky, Hannah, Muz und Malcolm Taylor. Für Joey Cavella und Jack Wright, unsere beiden Lieblingsherren. Dave Jacobs und Gio Dechiara, die uns harte Fragen zur Etikette gestellt haben. Die Nerve Gang und Spring Street Networks für ihre moralische und andere Unterstützung. Das Team bei Plume: Ryan Harbage, Trena Keeting, Brant Janeway und Katie Walker. Jay Mandel bei William Morris. Miss Manners, Emily Post und andere, die uns die Handhabung von Gabeln gelehrt und die schmutzigen Sachen uns überlassen haben. Und schließlich die Leser auf der ganzen Welt, weil sie die kultiviertesten Tiere in Sachen Sex sind, die zwei Rat gebende Damen sich wünschen können.

Register